EU SOU MALALA

MALALA YOUSAFZAI

com Christina Lamb

Eu sou Malala

A história da garota que defendeu o direito
à educação e foi baleada pelo Talibã

Tradução
Caroline Chang
Denise Bottmann
George Schlesinger
Luciano Vieira Machado

21ª reimpressão

PRÊMIO   NOBEL
COMPANHIA DAS LETRAS

Grafia atualizada segundo o Acordo Ortográfico da Língua Portuguesa de 1990, que entrou em vigor no Brasil em 2009.

Título original
I Am Malala: The Girl Who Stood Up for Education and Was Shot by the Taliban

Capa
Mario J. Pulice e Ploy Siripant

Foto de capa
Antonio Olmos

Preparação
Officina de Criação

Revisão
Carmen T. S. Costa
Márcia Moura

Dados Internacionais de Catalogação na Publicação (CIP)
(Câmara Brasileira do Livro, SP, Brasil)

Yousafzai, Malala, 1997-
Eu sou Malala : a história da garota que defendeu o direito à educação e foi baleada pelo Talibã / Malala Yousafzai com Christina Lamb. — 1ª ed. — São Paulo : Companhia das Letras, 2013.

Título original : I Am Malala : The Girl Who Stood Up for Education and Was Shot by the Taliban.
Vários tradutores.
ISBN 978-85-359-2343-8

1. Ativistas políticas — Biografia 2. Direito à educação 3. Mulheres — Direitos 4. Paquistão — Condições sociais 5. Yousafzai, Malala, 1997- I. Lamb, Christina. II. Título.

13-10962   CDD-920.72

Índice para catálogo sistemático:
1. Defensora da educação para meninas : Biografia 920.72

[2016]
Todos os direitos desta edição reservados à
EDITORA SCHWARCZ S. A.
Rua Bandeira Paulista, 702, cj. 32
04532-002 — São Paulo — SP
Telefone: (11) 3707-3500
Fax: (11) 3707-3501
www.companhiadasletras.com.br
www.blogdacompanhia.com.br
facebook.com/companhiadasletras
instagram.com/companhiadasletras
twitter.com/cialetras

A todas as garotas que enfrentaram a injustiça e foram silenciadas.
Juntas seremos ouvidas.

Sumário

EU SOU MALALA

Prólogo

O dia em que meu mundo mudou

Venho de um país criado à meia-noite. Quando quase morri, era meio-dia.

Há um ano saí de casa para ir à escola e nunca mais voltei. Levei um tiro de um dos homens do Talibã e mergulhei no inconsciente do Paquistão. Algumas pessoas dizem que não porei mais os pés em meu país, mas acredito firmemente que retornarei. Ser arrancada de uma nação que se ama é algo que não se deseja a ninguém.

Hoje, quando abro os olhos de manhã, anseio por ver meu velho quarto, com as minhas coisas, as roupas todas no chão e os troféus que ganhei na escola nas prateleiras. Mas agora moro em um país que fica a cinco horas de distância de minha querida terra natal, o Paquistão, e de minha casa, no vale do Swat. Meu país fica séculos atrás deste em que estou agora. Aqui existem todas as comodidades que alguém pode imaginar. Há água corrente em todas as torneiras — quente ou fria, como você preferir —; luz a um toque do interruptor, dia e noite, sem necessidade de lamparinas a óleo; fogões nos quais se cozinha sem precisar comprar bujões de gás no mercado. Aqui tudo é tão moderno que podemos até mesmo encontrar comida pronta e embalada.

Quando me ponho à frente da janela e observo a paisagem, vejo edifícios altos, longas avenidas cheias de carros movendo-se em filas organizadas, gramados bem cuidados e calçadas limpas por onde caminhar. Fecho os olhos e por um momento volto a meu vale — às montanhas de topo coberto de neve, aos campos verdes ondulantes, aos refrescantes rios azuis. Meu coração sorri quando me lembro dos habitantes do Swat. Meu pensamento me leva até a escola e lá eu me reúno com minhas colegas e professoras. Encontro Moniba, minha melhor amiga, e nos sentamos juntas, conversando e brincando, como se eu nunca tivesse saído de lá.

Então eu me recordo de que estou em Birmingham, Inglaterra.

Tudo mudou em uma terça-feira, 9 de outubro de 2012. Não era a melhor das datas, uma vez que estávamos bem no meio das provas escolares. Mas, como gosto de livros, as provas não me incomodam tanto quanto a algumas de minhas colegas.

Naquela manhã chegamos à pequena ruela lamacenta, próxima da avenida Haji Baba, em nossa habitual procissão de riquixás pintados em cores vivas, lançando fumaça de óleo diesel, cada qual carregando cinco ou seis meninas. Desde a época do Talibã, a escola não tem mais placa, e o portão ornamental de bronze em um muro branco, do lado oposto ao pátio do artesão, não dá sinais do que existe além dele.

Para nós, meninas, aquele portão é como a entrada mágica para um mundo especial. Assim que o atravessamos, imediatamente tiramos nossos *hijabs*, da mesma maneira como o vento afasta uma nuvem em um dia de sol, e subimos correndo os degraus. No topo da escada fica um pátio aberto, com portas dando para as nossas salas de aula, onde largamos nossas mochilas. Então nos reunimos para o encontro matinal sob o céu, de costas para as montanhas, em pé, atentas. Uma menina comanda: "*Assaan bash*", que significa "descansar". Batemos nossos saltos no chão e respondemos: "*Allah!*". A menina então fala: "*Hoo she yar*", que quer dizer "atenção". Batemos nossos saltos mais uma vez: "*Allah!*".

A escola foi fundada por meu pai antes de eu nascer, e na parede acima de nós vê-se o nome "Escola Khushal" pintado, orgulhosamente, em letras vermelhas e brancas. Vamos à escola seis manhãs por semana, e, como menina de quinze anos da turma 9, minhas aulas são compostas de declamações de equações químicas, dos estudos de gramática urdu, da redação de histórias em inglês com morais como "A pressa é inimiga da perfeição" e de desenhos de diagramas da circulação sanguínea — a maior parte de minhas colegas quer ser médica. É difícil imaginar que alguém possa ver isso como ameaça. Porém, do lado de fora da escola, não há apenas o barulho e a loucura de Mingora, a principal cidade do Swat, mas também homens que, como os do Talibã, pensam que meninas não devem receber educação formal.

Aquela manhã de terça-feira começou como qualquer outra, embora um pouco mais tarde do que o normal. Era época de provas, e então as aulas tinham início às nove horas em vez de às oito, o que era bom, pois não gosto de acordar cedo e consigo dormir mesmo com o cacarejar dos galos e o chamado do muezim para as orações. Meu pai foi o primeiro a tentar me acordar: "Hora de levantar, *jani mun*". Essa é a expressão persa para "alma gêmea", e ele sempre me chama assim no começo do dia. "Só mais uns minutinhos, *Aba*, por favor", implorei, escorregando ainda mais para debaixo da colcha. Então minha mãe entrou no quarto: "*Pisho?*". Ela me trata por *pisho*, que significa "gata". A essa altura me dei conta da hora e gritei, "*Bhabi*, estou atrasada!". Em nossa cultura, todo homem é "irmão" e toda mulher é "irmã". É esse o modo como consideramos um ao outro. Quando meu pai levou minha mãe à escola pela primeira vez, todos os professores se referiram a ela como "esposa de meu irmão", ou *bhabi*. O apelido carinhoso pegou, e agora todos a chamamos de *Bhabi*.

Eu dormia no cômodo comprido que fica na parte da frente de nossa casa. Os únicos móveis eram uma cama e um criado-mudo, que comprei com parte do dinheiro que recebi como prêmio por fazer campanha pela paz em nosso vale e pelo direito de meninas frequentarem a escola. Em algumas das prateleiras ficavam os troféus de plástico dourado que ganhei por ser a primeira da turma. Apenas em dois anos eu não ficara em primeiro lugar — nas duas vezes fui derrotada por minha adversária, Malka-e-Noor. Estava determinada a não deixar que isso acontecesse de novo.

A escola não ficava muito longe da minha casa, e eu costumava fazer o percurso a pé, mas desde o início de 2012 passei a ir com as outras meninas, usando o riquixá. Na volta, tomava o ônibus. Eu gostava do ônibus porque nele eu não suava tanto como quando caminhava, além de conversar com minhas amigas e fofocar com Usman Ali, o motorista, a quem chamávamos de Bhai Jan, ou "irmão", e que fazia todas nós rirmos com suas histórias malucas. De casa até a escola são apenas cinco minutos de caminhada, seguindo pela margem do córrego, passando pelo grande letreiro do Instituto de Transplante Capilar do dr. Humayun, onde, brincávamos, um de nossos professores carecas decerto se tratara, pois de repente começou a ter cabelo.

Passei a tomar o ônibus porque minha mãe começou a sentir medo de que eu andasse sozinha. Tínhamos recebido ameaças o ano inteiro. Algumas estavam nos jornais, outras vinham na forma de bilhetes ou de mensagens transmitidos pelos moradores. Minha mãe andava preocupada comigo, mas a milícia talibã nunca atacara uma menina e eu estava mais preocupada com a hipótese de que eles talvez visassem meu pai, que sempre os criticava publicamente. Seu grande amigo Zahid Khan havia sido morto em agosto, com um tiro no rosto, a caminho da mesquita, e eu sabia que todo mundo vivia dizendo a meu pai: "Cuidado, você será o próximo".

Não se podia entrar de carro em nossa rua. Por isso eu descia do ônibus uma quadra abaixo, perto do rio, atravessava um portão de ferro e subia um lance de escada. Imaginei que, se alguém quisesse me atacar, seria ali, nos degraus. Como meu pai, sempre fui de sonhar acordada, e às vezes, durante as aulas, minha mente flanava e eu pensava que no caminho de volta para casa um terrorista podia aparecer e atirar em mim naquela escada. Então me perguntava o que faria. Talvez tirasse meu sapato e batesse nele, mas logo depois me dava conta de que, se agisse assim, não haveria diferença entre mim e o terrorista. Seria melhor dizer: "Certo, atire em mim, mas primeiro me escute. O que você está fazendo é errado. Pessoalmente, nada tenho contra você. Só quero ir à escola".

Eu não estava assustada, mas passei a verificar, à noite, se o portão de casa estava mesmo trancado. E comecei a perguntar a Deus o que acontece quando a gente morre. Contei tudo à minha melhor amiga, Moniba. Morávamos na mesma rua quando pequenas, somos amigas desde a época do ensino fundamental e dividíamos tudo: músicas do Justin Bieber, filmes da série *Crepúsculo*, os melhores cremes clareadores. Seu sonho era virar designer de moda, apesar de saber que sua família jamais concordaria; então dizia a todo mundo que queria ser médica. É difícil, para as meninas de nossa sociedade, ser qualquer coisa que não professora ou médica — isso, se quiserem trabalhar. Eu era diferente. Nunca escondi minha vontade, quando deixei de querer ser médica para ser inventora ou política. Moniba sempre sabia quando algo não ia bem comigo. "Não se preocupe", eu lhe dizia. "Os talibãs nunca pegaram uma menina."

Quando nosso ônibus chegou, descemos a escadaria correndo. As outras meninas cobriram a cabeça antes de sair para a rua e subir pela parte traseira do veículo. O ônibus, na verdade, é uma *dyna*, uma Toyota TownAce branca com três bancos paralelos, um ao longo de cada lateral e um no meio. Estava lotado, com vinte meninas e três professoras. Eu me acomodei à esquerda, entre Moniba e Shazia Ramzan, que estudava uma série abaixo da nossa. Carregávamos nossas pastas de provas contra o peito, e as mochilas estavam no chão.

Depois disso, minhas lembranças se embaralham. Eu me lembro de que dentro da *dyna* fazia muito calor e estava abafado. Os dias mais frios demoravam a chegar, e só o topo das montanhas longínquas da cordilheira Hindu Kush tinha um pouco de neve. O fundo do veículo, onde estávamos sentadas, não tinha janelas, apenas uma proteção de plástico grosso cujas laterais batiam na lataria. Era amarelada demais, empoeirada demais, não dava para ver nada através dela. Só o que podíamos observar era um pedacinho de céu limpo e azul, além de olhar de relance para o Sol — naquela hora do dia, um círculo amarelo flutuando na poeira que cobria tudo.

Também recordo que o ônibus virou à direita na rua principal, na altura do posto de controle do Exército, e dobrou a esquina depois do campo de críquete abandonado. Não me lembro de mais nada.

Em meus devaneios sobre o ataque, meu pai está no ônibus e é atingido comigo. Então aparecem homens em todos os lugares e saio para procurar Ziauddin.

Na realidade, o que aconteceu foi que o ônibus parou de repente. À nossa esquerda estava a tumba coberta de grama de Sher Mohammad Khan, o ministro da Fazenda do primeiro governante do Swat, e à nossa direita a fábrica de salgadinhos. Devíamos estar a menos de duzentos metros do posto militar.

Não conseguíamos ver adiante, mas um jovem barbudo, vestido em cores claras, invadiu a pista e, acenando, fez o ônibus parar.

"Este é o ônibus da Escola Khushal?", perguntou a Bhai Jan. O motorista achou aquela uma pergunta idiota, já que o nome estava pintado na lateral do ônibus. "Sim", respondeu.

"Quero informações sobre algumas das crianças", o homem disse.

"Então você deve ir à secretaria da escola", orientou-o Bhai Jan.

Enquanto ele falava, outro rapaz, de branco, aproximou-se pela traseira do veículo. "Olhe, é um daqueles jornalistas que vêm pedir entrevistas a você", disse Moniba. Desde que eu começara a falar em público com meu pai, para fazer campanha pela educação de meninas e contra aqueles que, como o Talibã, querem nos esconder, muitas vezes apareciam jornalistas, até mesmo estrangeiros, mas nunca daquele jeito, no meio da rua.

O homem usava um gorro de lã tradicional e tinha um lenço sobre o nariz e a boca, como se estivesse gripado. Parecia um estudante universitário. Então avançou para a porta traseira do ônibus e se debruçou em nossa direção.

"Quem é Malala?", perguntou.

Ninguém disse nada, mas várias das meninas olharam para mim. Eu era a única que não estava com o rosto coberto.

Foi então que ele ergueu uma pistola preta. Depois fiquei sabendo que era uma Colt .45. Algumas meninas gritaram. Moniba me contou que apertei sua mão.

Minhas amigas disseram que o homem deu três tiros, um depois do outro. O primeiro entrou perto do meu olho esquerdo e saiu abaixo do meu ombro esquerdo. Caí sobre Moniba, com sangue espirrando do ouvido. Os outros tiros acertaram as meninas que estavam perto de mim. A segunda bala entrou na mão esquerda de Shazia. A terceira atingiu seu ombro esquerdo, acertando também a parte superior do braço direito de Kainat Riaz.

Minhas amigas mais tarde me contaram que a mão do rapaz tremia ao atirar.

Quando chegamos ao hospital, meu cabelo longo e o colo de Moniba estavam cobertos de sangue.

Quem é Malala? Malala sou eu, e esta é minha história.

PARTE I

ANTES DO TALIBÃ

سوري سوري په گولو راشي   د بي ننگئ آواز د رامه شه مئينه

Sorey sorey pa golo rashey
Da be nangai awaz de ra ma sha mayena

Prefiro receber com honra seu corpo crivado de balas
A ter notícias de sua covardia no campo de batalha

Poema tradicional pachto

1. Nasce uma menina

No dia em que nasci, as pessoas da nossa aldeia tiveram pena de minha mãe, e ninguém deu os parabéns a meu pai. Vim ao mundo durante a madrugada, quando a última estrela se apaga. Nós, pachtuns, consideramos esse um sinal auspicioso. Meu pai não tinha dinheiro para o hospital ou para uma parteira; então uma vizinha ajudou minha mãe. O primeiro bebê de meus pais foi natimorto, mas eu vim ao mundo chorando e dando pontapés. Nasci menina num lugar onde rifles são disparados em comemoração a um filho, ao passo que as filhas são escondidas atrás de cortinas, sendo seu papel na vida apenas fazer comida e procriar.

Para a maioria dos pachtuns, o dia em que nasce uma menina é considerado sombrio. O primo de meu pai, Jehan Sher Khan Yousafzai, foi um dos poucos a nos visitar para celebrar meu nascimento e até mesmo nos deu uma boa soma em dinheiro. Levou uma grande árvore genealógica que remontava até meu trisavô, e que mostrava apenas as linhas de descendência masculina. Meu pai, Ziauddin, é diferente da maior parte dos homens pachtuns. Pegou a árvore e riscou uma linha a partir de seu nome, no formato de um pirulito. Ao fim da linha escreveu "Malala". O primo riu, atônito. Meu pai não se importou. Disse que olhou nos meus olhos assim que nasci e se apaixonou. Comentou com as pessoas: "Sei que há algo diferente nessa criança". Também pediu aos amigos para jogar frutas secas, doces e moedas em meu berço, algo reservado somente aos meninos.

Meu nome foi escolhido em homenagem a Malalai de Maiwand, a maior heroína do Afeganistão. Os pachtuns são um povo orgulhoso, composto de muitas tribos, dividido entre o Paquistão e o Afeganistão. Vivemos como há séculos, seguindo um código chamado Pachtunwali, que nos obriga a oferecer hospitalidade a todos e segundo o qual o valor mais importante é *nang*, a honra. A pior coisa que pode acontecer a um pachtum é a desonra. A vergonha é algo terrível para um homem pachtum. Temos um ditado: "Sem honra, o mundo não vale nada". Lutamos e travamos tantas infindáveis disputas internas que nossa palavra para primo — *tarbur* — é a mesma que usamos para inimigo. Mas sempre nos unimos contra forasteiros que tentam conquistar nossas terras. Todas as crianças pachtuns crescem ouvindo a história de como Malalai inspirou o Exército afegão a derrotar o britânico na Segunda Guerra Anglo-Afegã, em 1880.

Malalai era filha de um pastor de Maiwand, pequena cidade de planícies empoeiradas a oeste de Kandahar. Quando tinha dezessete anos, seu pai e seu noivo se juntaram às forças que lutavam para pôr fim à ocupação britânica. Malalai foi para o campo de batalha com outras mulheres da aldeia, para cuidar dos feridos e levar-lhes água. Então viu que os afegãos estavam perdendo a luta e, quando o porta-bandeira caiu, ergueu no ar seu véu branco e marchou no campo, diante das tropas.

"Jovem amor!", cantou. "Se você não perecer na batalha de

Maiwand, então, por Deus, alguém o está poupando como sinal de vergonha."

Malalai foi morta pelos britânicos, mas suas palavras e sua coragem inspiraram os homens a virar a batalha. Eles destruíram uma brigada inteira — uma das piores derrotas da história do Exército britânico. Os afegãos construíram no centro de Cabul um monumento à vitória de Maiwand. Mais tarde, ao ler alguns livros de Sherlock Holmes, ri ao ver que foi nessa batalha que o dr. Watson se feriu antes de se tornar parceiro do grande detetive. Malalai é a Joana d'Arc dos pachtuns. Muitas escolas de meninas no Afeganistão têm o nome dela. Mas meu avô, que era professor de teologia e imã da aldeia, não gostou que meu pai me desse esse nome. "É um nome triste", disse. "Significa luto, sofrimento."

Quando eu era bebê, meu pai cantava uma música escrita pelo famoso poeta Rahmat Shah Sayel, de Peshawar. A última estrofe é assim:

Oh, Malala de Maiwand,
Ergue-te mais uma vez para fazer os pachtuns entenderem o
significado da honra,
Tuas palavras poéticas movem mundos,
Eu imploro, ergue-te mais uma vez.

Meu pai contava a história de Malalai a toda pessoa que viesse à nossa casa. Eu a adorava, assim como amava ouvir as músicas que ele cantava para mim e a maneira como meu nome flutuava ao vento quando alguém o chamava.

Morávamos no lugar mais lindo do mundo. Meu vale, o vale do Swat, é um reino celestial de montanhas, cachoeiras generosas e lagos de água cristalina. "Bem-vindo ao paraíso", diz a placa colocada na entrada do Swat. O nome original era Uddyana, que significa "jardim". Temos campos de flores silvestres, minas de esmeraldas, rios cheios de truta. As pessoas costumam chamar o Swat de Suíça do Oriente — tivemos até mesmo o primeiro resort de esqui do Paquistão. Os ricos do país costumavam aparecer nas férias, para aproveitar nosso ar limpo, nossa paisagem e nosso festival de música e dança sufi. E assim também faziam muitos estrangeiros, aos quais chamávamos de *angrezan* — britânicos — independentemente de sua nação de origem. Até mesmo a rainha da Inglaterra visitou a região. Ficou hospedada no Palácio Branco, construído com o mesmo mármore usado no Taj Mahal.

Temos uma história especial, também. Hoje o Swat é parte da província de Khyber Pakhtunkhwa, ou KPK, como muitos paquistaneses a chamam, mas costumava ser separado do resto do Paquistão. Já fomos um Estado principesco, juntamente com as terras vizinhas de Chitral e Dir. Na época colonial nossos reis deviam obediência aos britânicos, mas governavam seus domínios. Quando os britânicos concederam a independência à Índia, em 1947, e a dividiram, nós ficamos com o então recém-criado Paquistão, mas permanecemos autônomos. Usamos a moeda paquistanesa, a rupia, mas o governo só pode interferir em assuntos de política externa. O *wali* administrava a justiça, mantinha a paz entre tribos rivais e coletava o *ushur* — um imposto correspondente a 10% da renda da população —, com o qual construía estradas, hospitais e escolas.

Estamos a apenas 160 quilômetros de Islamabad, a capital do Paquistão, em linha reta, mas era como se vivêssemos em outro país. A viagem levava pelo menos cinco horas, por uma estrada que corta o desfiladeiro Malakand, um vasto aglomerado de montanhas onde há muito tempo nossos ancestrais, levados pelo pregador Mullah Sadullah (conhecido pelos britânicos como Faquir Louco), combateram as forças britânicas entre os montes escarpados. Dessas forças participava Winston Churchill, que escreveu um livro a respeito, e ainda chamamos um dos picos de Cume de Churchill, apesar de ele não ter sido muito lisonjeiro ao referir-se a nosso povo. Ao final do desfiladeiro fica um altar com o domo coberto de vegetação, onde as pessoas jogam moedas para agradecer o fato de chegar ali em segurança.

Ninguém que eu conhecesse jamais fora a Islamabad. Antes de os problemas começarem, a maior parte das pessoas, como minha mãe, nunca havia saído do Swat.

Vivíamos em Mingora, o maior município do vale — a única cidade da região. Em outros tempos era um lugar pequeno, mas muita gente acabou mudando para lá, vinda das vilas das redondezas. Então Mingora se tornou populosa e suja. Foram construídos hotéis, universidades, um campo de golfe e um mercado famoso, onde se podem comprar nossas tradicionais rendas, pedras preciosas e tudo o que se possa imaginar. Pelo mercado passa o córrego Marghazar, de um marrom leitoso por causa das sacolas plásticas e do lixo nele jogados. Não é limpo como os córregos das áreas montanhosas ou como o largo rio Swat, fora da cidade, onde se pescam trutas e para onde íamos nos fins de semana. Nossa casa ficava no bairro de Gulkada, que significa "lugar das flores" mas que costumava ser chamado de Butkara, ou "lugar das ruínas budistas". Perto de onde morávamos há um campo onde se espalham estranhas ruínas — estátuas de leões sentados, colunas quebradas, figuras sem cabeça e, mais estranho ainda, centenas de guarda-sóis de pedra.

O Islã veio para o vale no século xi, quando o sultão Mahmud de Ghazni invadiu o Swat, vindo do Afeganistão, e tornou-se nosso rei. Mas nos tempos antigos o Swat era um reino budista. Os budistas chegaram no século ii, e seus monarcas governaram por mais de quinhentos anos. Exploradores chineses relataram que havia 1,4 mil monastérios budistas às margens do rio Swat. O som mágico de seus sinos ressoava pelo vale. Os templos se foram há muito, mas em quase todos os lugares do Swat, entre prímulas e flores silvestres, é possível encontrar seus vestígios. Costumávamos fazer piqueniques perto da gravura rupestre de um buda gordo e sorridente, de pernas cruzadas sobre uma flor de lótus. Muitas histórias contam que o próprio Senhor Buda veio para cá, pois é um lugar de muita paz. Dizem que parte das cinzas do Senhor Buda permanecem na estupa principal.

As ruínas de Butkara são um lugar mágico para brincar de esconde-esconde. Certa vez, alguns arqueólogos estrangeiros que trabalharam ali nos contaram que no passado aquele foi um local de peregrinação, cheio de belos templos ornados por domos de ouro, onde os reis budistas foram enterrados. Meu pai escreveu um poema, "As relíquias de Butkara", e com ele resumiu perfeitamente o modo como o templo e a mesquita podem existir lado a lado: "Quando a voz da verdade se levanta dos minaretes/ Buda sorri/ E a cadeia rompida da história se reconecta".

Vivíamos à sombra da cordilheira Hindu Kush, onde os homens caçavam cabritos monteses e galos dourados. Nossa casa é térrea, de alvenaria. Do lado esquerdo, uma escada leva até a cobertura, uma laje plana, grande o suficiente para nós, crianças, jogarmos críquete. Era nosso playground. Muitas vezes, quando o Sol se punha, meu pai e seus amigos se reuniam ali para descansar e beber chá. Às vezes eu também ficava sentada naquele lugar, observando a fumaça erguer-se do fogo das cozinhas e ouvindo o canto noturno dos grilos.

Nosso vale é cheio de árvores frutíferas, nas quais crescem os mais doces figos e ameixas e pêssegos, e em nosso jardim havia uvas, goiabas e caquis. No pátio à frente de nossa casa, um damasqueiro dava frutos deliciosos. Nós e os passarinhos sempre disputávamos as frutas — os passarinhos adoram aquela árvore. Até mesmo os pica-paus a visitam.

Desde que consigo me lembrar, minha mãe sempre conversou com os pássaros. Nos fundos da casa havia uma varanda onde as mulheres se reuniam. Sabíamos como era passar fome; então minha mãe sempre preparava refeições extras, para dar de comer às famílias pobres. Se houvesse algum resto, ela alimentava as aves. Gostamos de compor *tapae*, poemas de dois versos, e mamãe cantava um deles enquanto distribuía arroz aos pássaros: "Não matem as pombas do jardim./ Você mata uma, e as outras não virão".

Eu gostava de me sentar no terraço na cobertura de casa para observar as montanhas e devanear. A maior de todas era o monte Ilam, de formato piramidal. Para nós, trata-se de uma montanha sagrada, e tão alta que sempre usa um colar de nuvens fofinhas. Até mesmo no verão seu pico fica coberto de neve. Na escola aprendemos que no ano 327 a.C., antes mesmo de os budistas chegarem ao Swat, Alexandre, o Grande, varreu o vale com milhares de elefantes e soldados, no percurso entre o Afeganistão e o rio Indo. Os habitantes do Swat subiram as montanhas, acreditando que ali, naquela altitude, os deuses os protegeriam. Mas Alexandre era um líder paciente e determinado. Construiu uma rampa de madeira, pela qual suas catapultas e flechas subiram ao topo da montanha. E avançou até lá, para se apoderar da estrela de Júpiter, símbolo de seu poder.

Sentada no terraço, eu via as mudanças que as estações provocavam nas montanhas. No outono, ventos frios chegam até nós, vindos da cordilheira. No inverno, a neve torna tudo branco, com longas estalactites pendendo do alto das casas como adagas, que nós adorávamos quebrar. Corríamos pelos arredores, fazendo bonecos e ursos de neve e tentando pegar os flocos gelados. Na primavera o Swat torna-se verdejante. As flores dos eucaliptos voam para dentro das casas, cobrindo tudo de branco, e o vento traz o gosto pungente dos campos de arroz. Nasci no verão, e talvez por isso seja essa minha época favorita do ano — apesar de em Mingora o verão ser quente e seco, e o córrego onde as pessoas jogam lixo exalar um cheiro podre.

Quando nasci, éramos muito pobres. Morávamos num casebre simples de dois cômodos, do outro lado da rua onde ficava a primeira escola fundada por meu pai e um de seus amigos. Eu dormia com meus pais num dos cômodos, e o outro era reservado aos hóspedes. Não tínhamos banheiro nem cozinha. Minha mãe preparava as refeições numa fogueira acesa no chão e lavava nossas roupas numa pia da escola. Nossa casa estava sempre cheia de pessoas recém-chegadas do interior. A hospitalidade é uma parte importante da cultura pachtum.

Dois anos depois de meu nascimento, meu irmão Khushal veio ao mundo. Nasceu em casa, como eu, pois ainda não podíamos pagar hospital. Seu nome, assim como a da escola de meu pai, são uma homenagem ao herói pachtum Khushal Khan Khattak, guerreiro e poeta. Minha mãe queria muito um menino e não escondeu a alegria quando ele nasceu. A mim, Khushal parecia muito magro e pequeno, como um junco que pode se quebrar com o vento. Mas era a menina dos olhos de minha mãe, seu *ladla*. O menor desejo de Khushal parecia uma ordem. Ele queria chá o tempo todo, nosso tradicional chá misturado com leite e açúcar e cardamomo. Mamãe se cansou disso e um dia fez um chá tão amargo que ele perdeu o gosto pela coisa. Ela queria um novo berço para Khushal. Quando nasci, meu pai não pôde comprar um, e por isso usei um velho berço de madeira, de terceira ou quarta mão, que pertenceu aos vizinhos. Papai recusou-se a atender o desejo de minha mãe. "Malala dormiu nesse berço", declarou. "Khushal fará o mesmo." Então, quase cinco anos mais tarde, veio outro menino, Atal, de olhos brilhantes e curiosos como um esquilo. Com ele, afirmou meu pai, a família estava completa. É pequena para os padrões do Swat, onde a maior parte das pessoas tem sete ou oito filhos.

Eu brincava mais com Khushal porque nossa diferença de idade é de apenas dois anos, mas brigávamos o tempo todo. Então, chorando, ele procurava mamãe, enquanto eu corria até meu pai. "O que houve, *jani?*", ele perguntava. Como ele, nasci com dupla articulação, e por isso consigo dobrar meus dedos para trás e estalar os tornozelos quando caminho, o que faz com que os adultos se contorçam.

Minha mãe é muito bonita, e meu pai a adora. Trata-a como a um vaso de porcelana chinesa muito frágil, sem jamais encostar-lhe um dedo, ao contrário de como a maioria dos pachtuns trata as mulheres. O nome dela, Tor Pekai, significa "tranças negras", embora seu cabelo seja castanho. É que seu pai, Janser Khan, sintonizava a Rádio Afeganistão pouco antes de ela nascer e ouviu o nome. Eu gostaria de ter a pele da cor do lírio branco, traços delicados e olhos verdes como ela, mas herdei a tez cor de oliva, o nariz largo e os olhos castanhos de meu pai. Na nossa cultura, todos temos apelidos — além de minha mãe me chamar de *Pisho* desde que nasci, alguns primos meus me chamam de *Lachi*, a palavra pachto para "cardamomo". Pessoas de pele negra são muitas vezes chamadas de brancas, e pessoas baixas, de altas. Temos um divertido senso de humor. Meu pai era conhecido na família como *Khaistar Dada*, que significa "bonito".

Um dia, quando eu tinha por volta de quatro anos, perguntei a meu pai: "*Aba*, qual é a sua cor?". Ele respondeu: "Não sei, um pouco branco, um pouco negro".

"É como quando alguém mistura chá com leite", falei.

Ele riu muito, mas quando garoto não gostava de sua pele escura e por isso ia para o campo em busca de leite de búfala para esfregar no rosto, pensando que isso o deixaria mais claro. Só passou a se sentir à vontade com a própria cor quando conheceu minha mãe. Ser amado por uma moça tão bela lhe deu confiança.

Em nossa sociedade, os casamentos são geralmente arranjados pelas famílias, mas o deles aconteceu por amor. Eu não me cansava de ouvir a história de como os dois se conheceram. Eles vinham de aldeias vizinhas, em um vale remoto da região de Shangla, no norte do Swat, e se viam quando meu pai ia estudar na casa do tio dele, que era ao lado da casa da tia da minha mãe. Eles viram o suficiente um do outro para saber que se gostavam. Mas para os pachtuns é um tabu dizer esse tipo de coisa. Então meu pai lhe mandava poemas — que minha mãe não sabia ler.

"Passei a admirar a inteligência de seu pai", diz ela.

"E eu, a beleza de sua mãe", ele comenta, rindo.

Havia, porém, um grande problema. Meus dois avôs não se davam. Assim, quando meu pai anunciou o desejo de pedir a mão de mamãe em casamento, estava claro que nenhuma das famílias aceitaria o fato de bom grado. Meu avô paterno disse que a decisão cabia a meu pai e concordou em enviar um barbeiro como mensageiro — é esse o modo tradicional de os pachtuns fazerem isso. Meu avô materno recusou o pedido, mas meu pai, persistente, persuadiu o pai a enviar o mensageiro mais uma vez. A *hujra* de Janser Khan era o ponto de encontro das pessoas que gostavam de conversar sobre política, e meu pai estava sempre lá. Por isso ele e Janser Khan acabaram se conhecendo. Meu avô obrigou Ziauddin a esperar nove meses, mas finalmente concordou com o casamento.

Mamãe vem de uma família de mulheres fortes e homens influentes. Sua avó — minha bisavó — ficou viúva quando os filhos eram pequenos. O mais velho, Janser Khan, foi preso com apenas nove anos de idade, em consequência de uma rixa com outra família. Para vê-lo solto, minha bisavó andou quase 64,5 quilômetros sozinha, em meio às montanhas, para pedir a ajuda de um primo poderoso. Penso que mamãe faria o mesmo por nós. Embora ela não saiba ler nem escrever, meu pai lhe conta tudo sobre seu dia, as coisas boas e as ruins. Mamãe brinca muito com ele, dá conselhos e avalia suas amizades, opinando sobre quem é amigo genuíno e quem não é. Meu pai diz que ela sempre tem razão. A maior parte dos homens pachtuns nunca faz isso, pois dividir problemas com a esposa é visto como covardia. "Ele até pede a opinião dela!", comentam sobre meu pai, na tentativa de insultá-lo. Costumo ver meus pais felizes, rindo. Quem nos observa sabe que somos uma família harmoniosa.

Minha mãe é muito religiosa e reza cinco vezes por dia, embora não na mesquita, pois só os homens podem frequentá-la. Ela desaprova a dança porque diz que Deus não gostaria disso, mas adora se enfeitar com coisas bonitas, roupas bordadas, colares c pulsciras dourados. Acho que sou um pouco decepcionante para ela, pois puxei a meu pai e não ligo para roupas e joias. Fico entediada no mercado, mas adoro dançar a portas fechadas com minhas amigas de escola.

Passávamos a maior parte do tempo com nossa mãe. Ziauddin ficava um bom tempo fora, pois é um homem muito ocupado. Não apenas com sua escola, mas também com sociedades literárias e *jirgas*, além de se empenhar no salvamento do meio ambiente e do vale. Ele cresceu em uma aldeia atrasada, mas, graças aos estudos e à força de sua personalidade, conseguiu conquistar uma vida digna para nós e um nome conceituado.

As pessoas gostam de ouvi-lo falar e eu adorava as noites em que recebíamos visitas. Sentávamos no chão em torno de uma toalha de plástico, que minha mãe dispunha com alimentos. Comíamos com a mão direita, como é nosso costume, fazendo pequenas bolas de arroz e carne. Quando a escuridão descia, sentávamos à luz das luminárias de querosene, espantando as moscas enquanto nossas silhuetas projetavam sombras dançantes nas paredes. Nos meses de verão, quando trovões e raios explodiam lá fora, eu engatinhava para junto dos joelhos de meu pai.

Ouvia-o, absorta, contar histórias de tribos inimigas, líderes e santos pachtuns, muitas vezes na forma de poemas que ele lia com voz melodiosa, às vezes chorando. Como a maior parte das pessoas no Swat, somos da tribo Yusafzai. Nós, Yusafzai, somos originários de Kandahar e formamos uma das maiores tribos pachtuns, espalhada pelo Paquistão e pelo Afeganistão.

Nossos ancestrais chegaram ao Swat no século XVI, vindos de Cabul, onde ajudaram um imperador timúrida a reconquistar o trono após ter sido deposto por sua própria tribo. O imperador os recompensou com cargos importantes na corte e no Exército. Mas seus amigos e parentes o alertaram de que os Yusafzai vinham se tornando tão poderosos que acabariam por derrubá-lo. Então, certa noite, ele convidou todos os chefes para um banquete e, enquanto comiam, jogou seus homens sobre eles. Aproximadamente seiscentos chefes foram massacrados. Apenas dois escaparam e fugiram para Peshawar, junto com os homens de suas tribos. Depois de algum tempo foram visitar as tribos do Swat, a fim de conquistar apoio para poder voltar ao Afeganistão. Mas ficaram tão encantados com a beleza do vale que decidiram ficar por lá e forçaram a saída das demais tribos.

Dividiram a terra entre seus homens. Obedeciam a um sistema peculiar chamado *wesh*, de acordo com o qual a cada cinco ou dez anos todas as famílias se mudavam de aldeia e a terra do novo povoado era distribuída entre os homens. Esse sistema garantia que todos tivessem a chance de trabalhar nos bons terrenos, assim como nos maus. Pensava-se que desse modo clãs rivais não teriam motivo para lutar entre si. As aldeias eram governadas por *khans*. As pessoas comuns, como artesãos e trabalhadores, eram seus súditos e pagavam-lhes um aluguel em espécie — habitualmente, uma parte da colheita. Também ajudavam a compor as forças militares do *khan*: cada pequena área de terra fornecia um homem armado. O *khan* mantinha centenas deles, tanto para os conflitos internos quanto para o ataque e o saqueio de outras aldeias.

Como os Yusafzai não tinham um governante único, havia disputas infindáveis entre os *khans* e até mesmo dentro de uma única família. Todos os pachtuns possuem rifles — embora hoje em dia não andem por aí armados, como ocorre em outras áreas pachtum —, e meu bisavô costumava contar histórias sobre batalhas com armas de fogo, que viu quando menino. No início do século xx, porém, preocupados com a usurpação de seus domínios por parte dos britânicos, que àquela altura controlavam a maioria das terras das vizinhanças, e cansados do infindável derramamento de sangue, eles decidiram procurar um homem imparcial para governar toda a área e resolver as contendas.

Depois de algumas tentativas frustradas, em 1917 os *khans* escolheram Miangul Abdul Wadood, um homem iletrado, como rei. Nós o chamamos, de maneira afetuosa, de Badshah Sahib. Ele conseguiu estabelecer a paz no vale. Tirar o rifle de um pachtum é como tirar sua vida; Miangul não podia desarmá-los. Então construiu fortes nas montanhas de todo o Swat e criou um exército. Foi reconhecido pelos britânicos como chefe de Estado em 1926 e empossado como *wali*, que é a nossa palavra para "soberano". Estabeleceu o primeiro sistema de telefonia, construiu a primeira escola primária e pôs fim ao sistema *wesh*, pois a mudança constante entre aldeias impedia que as famílias vendessem as terras e tivessem incentivos para construir casas melhores ou para plantar árvores frutíferas.

Em 1949, dois anos após a criação do Paquistão, Miangul abdicou em favor de seu filho mais velho, Miangul Abdul Haq Jehanzeb. Meu pai sempre diz que "Badshah Sahib trouxe paz; seu filho trouxe prosperidade". Pensamos no reinado de Jehanzeb como uma época de ouro em nossa história. Ele estudou numa escola britânica em Peshawar e, talvez pelo fato de ter um pai iletrado, era apaixonado por escolas e construiu várias delas, além de hospitais e estradas. Nos anos 1950 eliminou o sistema segundo o qual as pessoas eram obrigadas a pagar impostos aos *khans*. Mas não havia liberdade de expressão, e quem criticasse o *wali* corria o risco de ser expulso do vale. Em 1969, o ano em que meu pai nasceu, Jehanzeb abdicou e nós nos tornamos parte da Província da Fronteira Noroeste do Paquistão, a mesma que há alguns anos mudou seu nome para Khyber Pakhtunkhwa.

Nasci como filha orgulhosa do Paquistão, embora, como todos os *swatis*, pense em mim primeiro como *swati*, depois como pachtum e finalmente como paquistanesa.

Perto de casa, em nossa rua, morava uma família com uma menina de minha idade, chamada Safina, e dois meninos, Babar e Basit, com idades próximas às de meus irmãos. Jogávamos críquete na rua, mas eu sabia que, à medida que nós, meninas, crescêssemos, seríamos obrigadas a nos recolher à casa. Das mulheres, espera-se que cozinhem e que sirvam seus pais e irmãos. Enquanto os homens e os meninos podem andar livremente pela cidade, minha mãe não tinha autorização para sair de casa sem que um parente do sexo masculino a acompanhasse, mesmo que esse parente fosse um garotinho de cinco anos de idade. É a tradição.

Decidi muito cedo que comigo as coisas não seriam assim. Meu pai sempre disse: "Malala será livre como um pássaro". Eu sonhava em subir até o topo do monte Ilam, como Alexandre, o Grande, para tocar Júpiter. Sonhava também em ir mais além do vale. Mas, ao observar meus irmãos correndo para subir no terraço, empinando suas pipas com destreza, movimentando a linha para a frente e para trás a fim de ver quem seria o primeiro a cortar o fio que mantinha no ar a pipa do outro, eu me perguntava quão livre uma filha poderia ser.

2. Meu pai, o falcão

Eu sempre soube que papai tinha dificuldades com as palavras. Quando elas entalavam, ele repetia a mesma sílaba várias vezes, como um disco arranhado, enquanto esperávamos que a próxima finalmente desse o ar da graça. Ele dizia ter a impressão de que um muro desabava em sua garganta. Letras como "m", "p" e "k" eram como inimigos à espreita. Brinco com ele, dizendo que um dos motivos pelos quais me chama de "Jani" é sua dificuldade em pronunciar "Malala". A gagueira é terrível para um homem que tanto ama a poesia. Tanto no lado materno como no paterno da família há tios com o mesmo problema. Mas o de Ziauddin, quase com certeza, era pior por causa de seu pai, cuja voz soava como um instrumento poderoso, que fazia as palavras retumbarem.

"Fale de uma vez, filho", ele rosnava sempre que meu pai empacava no meio de uma frase. O nome de meu avô paterno era Rohul Amin, que significa "espírito honesto" e é o nome santo do anjo Gabriel. Ele tinha tanto orgulho disso que se apresentava às pessoas com um verso famoso, no qual seu nome aparece. Mas era um homem impaciente, até mesmo nos seus melhores momentos, e se irritava com coisas pequenas, como a fuga de uma galinha ou uma xícara quebrada. Seu rosto ficava vermelho e ele jogava chaleiras e panelas no chão. Não conheci minha avó, mas papai conta que ela costumava brincar com meu avô: "Por Deus, assim como você só nos brinda com cara feia, quando eu morrer, que Deus lhe dê uma esposa que nunca sorri".

Vovó se preocupava tanto com a gagueira de meu pai que, quando ele era pequeno, chegou a levá-lo a um curandeiro. Foi uma longa jornada de ônibus, e uma caminhada de uma hora para subir a colina onde o homem vivia. Um sobrinho de mamãe, Fazli Haqim, precisou carregar meu pai nos ombros. O curandeiro se chamava Lewano Pir, ou Santo dos Loucos, porque era conhecido por conseguir acalmar lunáticos. Quando entraram, o *pir* pediu que meu pai abrisse a boca, e então cuspiu dentro dela. Pegou um pouco de *gur*, o melaço da cana de açúcar, e o mastigou. Então o tirou da própria boca e deu a massa disforme para minha avó, com a recomendação de ministrar um pouco por dia a meu pai. O tratamento não curou a gagueira. Na verdade, algumas pessoas acharam até que ela piorou. Por isso, quando meu pai tinha treze anos e disse a meu avô que ia se inscrever num concurso em que as pessoas tinham de falar em público, viu-o ficar estupefato. "Como é possível?", perguntou meu avô, rindo. "Você demora um ou dois minutos para pronunciar uma só frase!"

"Não se preocupe", respondeu meu pai. "Você escreve o discurso e eu o decoro."

Meu avô era famoso por seus discursos. Lecionava teologia numa faculdade federal, na aldeia vizinha de Shahpur. Também era o imã da mesquita local, e um orador fascinante. Seus sermões, às sextas-feiras, eram tão populares que as pessoas vinham, a pé ou montadas em jumentos, das montanhas apenas para ouvi-lo.

Meu pai nasceu numa família grande. Tem um irmão bem mais velho, Said Ramzan — a quem chamo de tio Khan Dada —, e cinco irmãs. Sua aldeia natal, Barkana, era muito primitiva. A família se empilhava em um casebre térreo, feito de pau a pique, cheio de goteiras por onde entrava água quando chovia ou nevava. Como na maior parte das famílias, as meninas ficavam em casa e os meninos iam à escola. "Elas apenas esperavam o momento de se casar", diz meu pai.

Escola não foi a única coisa que faltou às minhas tias. De manhã, enquanto meu pai recebia creme de leite ou leite, suas irmãs tomavam chá sem leite algum. Se houvesse ovos, eram só para os meninos. Quando uma galinha era morta para o jantar, as meninas recebiam as asas e as coxas, ao passo que a carne suculenta do peito era degustada por meu pai, seu irmão e meu avô. "Desde bem cedo eu sentia que era diferente de minhas irmãs", meu pai diz.

Não havia muito a fazer na aldeia. Era pequena demais até mesmo para um campo de críquete, e apenas uma família tinha televisão. Nas sextas-feiras, os irmãos se esgueiravam na mesquita para ver, maravilhados, meu avô no púlpito, pregando à congregação durante uma hora ou mais. Esperavam o momento em que sua voz se erguia e praticamente balançava as vigas.

Meu avô estudou na Índia, onde ouviu grandes oradores e líderes, entre eles Mohammad Ali Jinnah (o fundador do Paquistão), Jawaharlal Nehru, Mahatma Gandhi e Khan Abdul Ghaffar Khan, grandes líderes pachtum que fizeram campanha pela independência. Baba, como eu o chamava, até mesmo testemunhou o momento em que o país se libertou dos colonizadores britânicos, à meia-noite de 14 de agosto de 1947. Tinha um velho aparelho de rádio, que meu tio ainda guarda, no qual adorava ouvir notícias. Seus sermões com frequência eram ilustrados com acontecimentos mundiais ou históricos, e recheados por narrativas do Corão e do Hadith, compilação das palavras do Profeta. Ele também gostava de falar sobre política. O Swat tornou-se parte do Paquistão em 1969, e muitos *swatis* se mostraram descontentes com isso, reclamando do sistema jurídico paquistanês, que, diziam, era muito mais lento e menos eficiente do que seus velhos costumes tribais. Meu avô recriminava o sistema de classes, a continuidade no poder por parte dos *khans* e o abismo entre ricos e pobres.

Meu país pode não ser muito antigo, mas infelizmente já tem golpes militares registrados em sua história. Quando meu pai tinha oito anos, um general chamado Muhammad Zia-ul-Haq tomou o poder. Até hoje suas fotos se espalham pelo Paquistão. Era um homem assustador, com olheiras escuras como as dos pandas, dentes graúdos que pareciam em posição de alerta e cabelo engomado grudado na cabeça. Zia prendeu o primeiro-ministro eleito de então, Zulfikar Ali Bhutto, conseguiu acusá-lo de traição e enforcou-o na prisão de Rawalpindi. Até hoje as pessoas falam do sr. Bhutto como uma pessoa de grande carisma. Dizem que foi o primeiro líder do Paquistão a defender o povo, embora fosse um *khan*, um senhor feudal com vastas propriedades repletas de mangueiras. Sua execução chocou a todos e denegriu a imagem do Paquistão no mundo. Os americanos, por exemplo, cortaram a ajuda que davam ao país.

A fim de conquistar apoio interno, o general Zia lançou uma campanha de islamização, decidido a transformar o Paquistão em um país oficialmente muçulmano, e fez do Exército o defensor das fronteiras ideológicas e geográficas de nosso país. Disse ao povo que era seu dever obedecer ao governo, pois este seguia princípios islâmicos. Queria até mesmo ditar como devíamos rezar, e estabeleceu *salat*, ou comitês de orações, em todos os distritos, até mesmo em nossa remota aldeia. Apontou 100 mil fiscais de reza. Antes disso os mulás eram apenas motivo de piadas — meu pai dizia que em festas de casamento eles ficavam a um canto e iam embora cedo. Mas sob o governo de Zia passaram a ser influentes e eram enviados a Islamabad para orientação e sermões. Até meu avô teve de ir.

Foi sob o regime de Zia que a situação das mulheres paquistanesas se tornou ainda mais restrita. Jinnah, nosso fundador, dizia: "Nenhuma luta jamais logrará êxito sem que as mulheres participem lado a lado com os homens. Há duas forças no mundo: uma é a espada e a outra é a caneta. Há uma terceira força, mais poderosa: a das mulheres". Mas o general Zia estabeleceu leis islâmicas que reduziram o valor do testemunho de uma mulher nos tribunais, que passou a equivaler à metade do testemunho de um homem. Logo nossas prisões estavam cheias de casos como o da menina de treze anos que foi raptada, engravidou e acabou trancafiada em uma cela sob a acusação de adultério, porque não conseguiu quatro homens para testemunhar a seu favor. As mulheres não podiam nem mesmo abrir contas bancárias sem a permissão de um homem. Nunca fomos bons em hóquei, mas Zia fazia as jogadoras de hóquei feminino usarem calças largas em vez de shorts, e proibiu às mulheres a prática de alguns esportes.

Muitas de nossas *madrasas*, as escolas religiosas, foram abertas naquela época, e em todas elas o que conhecemos como *deenyat*, estudos religiosos, foram substituídos por estudos islâmicos, os *Islamiyat*, que as crianças paquistanesas ainda têm de cursar. Nossos livros didáticos foram reescritos para descrever o Paquistão como uma "fortaleza do Islã", e isso fazia parecer que o país existia bem antes de 1947. Os textos também denunciavam hindus e judeus. Quem lesse esses livros acreditaria que vencemos as três guerras que travamos e perdemos para nosso grande inimigo, a Índia.

Tudo mudou quando meu pai tinha dez anos. Logo depois do Natal de 1979, os russos invadiram o Afeganistão. O general Zia deu asilo a todos os refugiados afegãos, que cruzaram a fronteira aos milhões. Vastos campos de barracas brancas brotaram em nossa província, a maior parte em volta de Peshawar. Alguns estão lá até hoje. O maior serviço de inteligência paquistanês, o ISI, que pertence aos militares, começou um programa massivo de treinamento de refugiados afegãos, recrutados nos campos, como membros da resistência, os *mujahedins*. Embora os afegãos sejam soldados renomados, o coronel Imam, oficial que encabeçava o programa, reclamava que tentar organizá-los era como "pesar sapos numa balança".

A invasão russa mudou o papel de Zia. De pária internacional, ele virou o grande defensor da liberdade na Guerra Fria. O país ficou novamente amigo dos americanos, porque naquela época a União Soviética era o principal inimigo dos Estados Unidos. No vizinho Irã, o xá fora deposto numa revolução, alguns meses antes, fazendo a CIA perder sua principal base na região. O Paquistão assumiu o lugar do Irã. Bilhões de dólares inundaram o erário público, vindos dos Estados Unidos e de outros países ocidentais. Armas também vieram, a fim de ajudar o ISI a treinar os afegãos para dar combate ao Exército Vermelho, soviético. O general Zia foi convidado para uma reunião com Ronald Reagan, presidente americano à época, na Casa Branca, e com a primeira-ministra britânica Margaret Thatcher, no número 10 da Downing Street. Ambos o encheram de elogios.

O primeiro-ministro Bhutto havia nomeado Zia como chefe das Forças Armadas porque pensava que ele não era muito inteligente e por isso não seria uma ameaça. Chamava-o de seu "macaco". Mas Zia acabou se mostrando muito esperto. Fez do Afeganistão um ponto de mobilização não apenas para o Ocidente, que procurava frear a expansão do comunismo soviético, mas também para os muçulmanos do Sudão ao Tajiquistão, que consideravam o Paquistão uma nação islâmica amiga sob ataque de infiéis. O mundo árabe, em particular a Arábia Saudita, também passou a mandar dinheiro — o que correspondia a tudo que os Estados Unidos enviavam —, além de combatentes voluntários, incluindo um milionário saudita chamado Osama bin Laden.

Nós, pachtuns, nos dividimos entre Paquistão e Afeganistão, sem reconhecer as fronteiras que os britânicos nos impuseram há mais de cem anos. Por isso, durante a invasão soviética ao Afeganistão, nosso sangue correu por motivos religiosos e nacionalistas. Os imãs das mesquitas falavam sobre isso com frequência em seus sermões, condenando os russos como infiéis e urgindo o povo a unir-se à jihad, argumentando que esse era seu dever como bons muçulmanos. Foi no governo de Zia que a jihad tornou-se o sexto pilar de nossa religião, acima dos outros cinco, que todo muçulmano aprende à medida que cresce: a crença num Deus único; *namaz*, orações cinco vezes ao dia; dar *zakat*, isto é, esmolas; *roza*, o jejum que vai da aurora até o pôr do sol durante o mês do Ramadã; e *Haj*, a peregrinação a Meca que todo muçulmano sem deficiências físicas deve realizar uma vez na vida. Meu pai diz que em nossa parte do mundo essa ideia de jihad foi muito incentivada pela CIA. As crianças dos campos de refugiados recebiam até mesmo livros escolares produzidos por uma universidade americana que ensinavam a aritmética básica com a utilização de linguagem de guerra. Os livros apresentavam problemas matemáticos como: "Se de 10 russos infiéis 5 são mortos por 1 muçulmano, restam 5" ou "15 balas – 10 balas = 5 balas".

Alguns meninos que moravam no distrito de meu pai foram lutar no Afeganistão. Ele lembra que certo dia um *maulana* chamado Sufi Mohammad apareceu na aldeia e convidou os rapazes a se juntar a ele no combate aos russos, em nome do Islã. Muitos concordaram e partiram, às vezes armados somente com machados e bazucas. Não tínhamos como saber que, anos depois, a organização criada por aquele mesmo *maulana* se tornaria o Talibã do Swat.

Naquela época meu pai tinha apenas doze anos e era jovem demais para lutar. Mas os russos acabaram ficando no Afeganistão por dez anos, durante a maior parte da década de 1980. Assim, quando se tornou adolescente, Ziauddin também pensou em se tornar um jihadista. Embora hoje em dia ele não seja muito assíduo em suas orações, naquele tempo costumava sair de casa ao alvorecer e caminhar até a mesquita, que ficava em outra aldeia, onde estudava o Corão com um *talib*. Naquela época, *talib* significava apenas "estudioso da religião". Juntos eles estudaram todos os trinta capítulos do Corão, tanto a recitação como a interpretação, algo que poucos meninos fazem.

O *talib* falava sobre a jihad em termos tão gloriosos que meu pai ficou encantado. Não cessava de afirmar que a vida na Terra era breve e que havia poucas oportunidades para os rapazes de nossa aldeia — inclusive para meu pai, cuja família possuía uma propriedade pequena. Ziauddin não queria ir para o sul, a fim de trabalhar nas minas de carvão, como muitos de seus colegas de escola. Era um trabalho duro e perigoso, e os caixões de homens mortos em acidentes chegavam várias vezes por ano. O melhor que a maioria dos jovens podia almejar era ir para a Arábia Saudita ou para Dubai, nos Emirados Árabes, e trabalhar na construção civil. Assim, a ideia de um paraíso com 72 virgens parecia bastante atraente. Todas as noites meu pai rezava a Deus: "Oh, Alá, por favor, faça alguma guerra entre muçulmanos e infiéis para que eu possa morrer a Seu serviço e ser um mártir".

Durante algum tempo sua identidade muçulmana pareceu mais importante do que qualquer outra coisa. Ele começou a assinar o nome como Ziauddin Panchpiri — *panchpiri* é uma seita religiosa — e pela primeira vez deixou a barba crescer. Tratava-se, diz meu pai, de uma espécie de lavagem cerebral. Ele acredita que poderia ter sido convencido a se tornar um homem-bomba se houvesse tal coisa naqueles dias. Porém, como questionador desde menino, meu pai raramente comprava as coisas por aquilo que pareciam ser, embora a educação em escolas do governo fosse pura decoreba e os alunos não devessem pedir explicações aos professores.

Mais ou menos na época em que rezava a fim de ir para o céu como um mártir, Ziauddin conheceu Faiz Mohammad, irmão de minha mãe, e começou a ter contato com a família, a frequentar a *hujra* de meu avô. A família de minha mãe era muito envolvida com a política local, pertencia a partidos nacionalistas seculares e se posicionava contra a guerra. Um poema famoso foi escrito naquela época por Rahmat Shah Sayel, o mesmo poeta de Peshawar que escreveu os versos sobre Malalai. Ele descreveu o conflito no Afeganistão como uma "guerra entre dois elefantes" — Estados Unidos e União Soviética —, e não como "nossa" guerra. Advertiu que nós, pachtuns, éramos "como a grama esmagada pelos cascos de duas bestas selvagens". Meu pai costumava recitar esse poema quando eu era pequena, mas naquela época eu não sabia o que aquelas palavras significavam.

Ziauddin admirava muito Faiz Mohammad e julgava que suas palavras faziam muito sentido, em especial quanto à intenção de pôr fim ao sistema feudal e capitalista em nosso país — onde as mesmas famílias ricas controlavam as coisas havia anos, ao passo que os pobres só ficavam cada vez mais pobres. Papai se viu dividido entre dois extremos: o secularismo e o socialismo de um lado e o Islã militante de outro. Acabou em algum lugar no meio de ambos.

Ziauddin adorava meu avô e me contava histórias maravilhosas sobre ele, mas também me dizia que vovô jamais conseguiria chegar aos altos padrões que estabelecia para as outras pessoas. Baba era um orador tão popular e tão apaixonado que poderia ter se tornado um grande homem, se tivesse sido mais diplomático e se deixado consumir menos por rivalidades com parentes que tinham mais dinheiro. Na sociedade pachtum, é difícil engolir um membro da família que seja mais popular, mais rico ou mais influente que você. Baba tinha um primo que também se ligara à faculdade como professor. Quando conseguiu o emprego, esse primo informou sua idade como sendo muito menor que a de meu avô. As pessoas de nosso povo não sabem exatamente suas datas de nascimento — minha mãe, por exemplo, não tem ideia de quando nasceu. Costumamos nos referir aos anos em função de grandes acontecimentos, como um terremoto. Mas meu avô sabia que seu primo era muito mais velho que ele. Ficou tão bravo que fez a jornada de um dia de ônibus até Mingora para falar com o ministro da Educação do Swat. "Sahib", ele disse, "tenho um primo que é dez anos mais velho que eu e vocês o registraram como sendo dez anos mais novo." Então o ministro respondeu: "Está bem, *maulana*, como quer que eu o registre? Você gostaria de ter nascido no ano do terremoto de Quetta?". Meu avô concordou. Então sua nova data de nascimento passou a ser 1935, com o que ele se tornou muito mais jovem que o primo.

Essa rivalidade familiar fazia que meu pai sofresse na mão de seus primos. Eles sabiam que papai era inseguro quanto à sua aparência porque na escola os professores sempre favoreciam os meninos de pele clara. Seus primos o detinham no caminho da escola para casa, provocando-o por ser baixinho e de pele escura. Em nossa sociedade é preciso se vingar de tais desfeitas, mas meu pai era muito menor que seus primos.

Além disso, achava que nunca fazia o bastante para agradar meu avô. Baba tinha uma letra muito bonita e meu pai passava horas treinando a escrita cursiva, mas meu avô jamais o elogiou.

Minha avó tentava animar Ziauddin — era seu filho favorito e ela acreditava que grandes coisas lhe estavam reservadas. Amava-o tanto que abria mão de sua porção de carne ou de leite só para oferecê-la a ele. Estudar, porém, não era fácil, pois não havia eletricidade na aldeia naquela época. Meu pai costumava ler à luz da lamparina a querosene, na *hujra*. Uma noite, pegou no sono. A lamparina caiu no colchão, mas felizmente minha avó chegou antes que um incêndio começasse. Foi a confiança de minha avó que deu a meu pai coragem para encontrar um meio-termo, um caminho honrado para trilhar. Foi esse caminho que, anos mais tarde, ele me mostraria.

Mas até mesmo minha avó ficou furiosa com ele certa vez. Homens religiosos vindos de um centro espiritual chamado De- rai Saydan tinham o costume de viajar pelas aldeias, mendigando farinha. Certo dia, alguns desses *sayyeds* foram até a casa de meus avós, que haviam saído. Meu pai rompeu o lacre do baú de ma- deira onde eram guardadas as provisões de milho e encheu as tigelas deles. Quando meus avós voltaram, ficaram furiosos e lhe deram uma surra.

Os pachtuns são conhecidos pela frugalidade (embora gene- rosos com os hóspedes), e meu avô era especialmente cauteloso com dinheiro. Se um dos filhos acidentalmente derrubasse comi- da, ficava ensandecido. Muito disciplinado, não conseguia enten- der por que as crianças não o espelhavam nesse sentido. Como professor, tinha direito a um desconto na mensalidade escolar dos filhos, para a prática esportiva ou para que eles se juntassem aos escoteiros. Era um desconto tão pequeno que a maior parte dos professores nem sequer se dava ao trabalho de pedi-lo, mas meu avô forçou meu pai a candidatar-se a ele. Papai detestou fazer esse tipo de coisa. Enquanto esperava do lado de fora da sala do dire- tor, sentia a testa inundada de suor. Uma vez lá dentro, percebeu que sua gagueira piorara. "Parecia que minha honra estava em jogo por cinco rupias", ele me disse. Meu avô nunca lhe compra- va livros novos. Em vez disso, pedia a seus melhores alunos que guardassem seus livros velhos e os entregassem a meu pai no final do ano. Assim, ele era obrigado a ir até as casas desses alunos, para recolher os volumes. Sentia vergonha, mas não tinha opção, se não quisesse acabar analfabeto. Todos os seus livros traziam o nome de outros meninos, jamais o dele.

"Não é que utilizar livros usados seja uma prática ruim", ele diz. "Só que eu queria muito um livro novo, sem marcas de outro aluno e comprado com o dinheiro de meu pai."

Sua aversão pela frugalidade de Baba fez dele um homem muito generoso, tanto do ponto de vista material quanto em espírito. Por isso papai decidiu acabar com a tradicional rivalidade em relação aos primos. E, quando a esposa do diretor adoeceu, doou sangue para salvá-la. O homem ficou surpreso e pediu desculpas por tê-lo atormentado. Quando me conta histórias de sua infância, meu pai sempre diz que, embora fosse um homem difícil, Baba lhe deu o presente mais importante de todos: a educação. Enviou-o para o colégio secundarista do governo, a fim de que ele aprendesse inglês e recebesse uma educação moderna em vez de mandá-lo para uma *madrasa*. Essa escolha o sujeitou, como imã, às críticas de outros religiosos. Também lhe transmitiu um profundo amor pelo aprendizado e pelo conhecimento, assim como uma consciência aguda quanto a direitos — que meu pai transmitiu para mim. Em seus sermões de sexta-feira, meu avô falava sobre os pobres e os proprietários de terras, e sobre como o verdadeiro Islã é contrário ao feudalismo. Além do urdu, ele falava persa e árabe e tinha um profundo respeito pelas palavras. Lia para meu pai os grandes poemas de Saadi, Allama Iqbal e Rumi. Fazia isso com tanta paixão e entusiasmo que era como se estivesse falando para a congregação, na mesquita.

Meu pai ansiava por ser eloquente, com um discurso sem solavancos. Sabia que meu avô queria desesperadamente que ele obtivesse um diploma de doutor, mas, embora fosse um aluno muito inteligente e um poeta dedicado, era fraco em matemática e ciências, e por isso se achava uma decepção. Foi para deixar meu avô orgulhoso que ele decidiu participar da competição de oratória que o distrito realizava anualmente. Todo mundo achou que estivesse louco. Seus professores e amigos tentaram dissuadi--lo, e meu avô relutou em escrever-lhe um discurso. Mas acabou elaborando um belo texto, que meu pai ensaiou inúmeras vezes, memorizando todas as palavras enquanto caminhava pelas colinas — não havia privacidade em seu lar — e as recitava para o céu e para os pássaros.

Não havia muito o que fazer nas redondezas. Então, quando o dia do concurso chegou, o ajuntamento de pessoas foi enorme. Outros rapazes, conhecidos como bons oradores, fizeram seus discursos. Finalmente meu pai foi chamado. "Fiquei na tribuna", ele me disse, "com as mãos tremendo e os joelhos batendo, tão baixinho que mal conseguia ver o público, e tão aterrorizado que os rostos ficaram indistintos. As palmas das minhas mãos suavam, minha boca estava seca como um papel." Papai tentou desesperadamente não pensar nas consoantes traiçoeiras que tinha de enfrentar, prontas para fazê-lo tropeçar. Mas, quando começou a falar, as palavras ressoaram de um jeito muito fluente pela sala, como lindas borboletas alçando voo. Sua voz não retumbava como a de Baba, mas transmitia paixão. Assim, à medida que falava, ele ia ganhando confiança.

Ao final do discurso houve apupos e aplausos. Melhor ainda, quando subiu ao palco para receber a taça do primeiro lugar, ele viu o pai aplaudindo, feliz por receber tapinhas nas costas daqueles à sua volta. "Foi a primeira coisa que fiz que o levou a sorrir."

Depois disso meu pai passou a participar de todos os concursos do distrito. Meu avô escrevia os discursos, e meu pai quase sempre tirava o primeiro lugar, conquistando a reputação de ótimo orador. Ele foi capaz de transformar sua fraqueza em força. Pela primeira vez Baba começou a elogiá-lo diante de outras pessoas. Ele se gabava: "Ziauddin é *shaheen*", nossa palavra para falcão, ave que voa muito acima de todas as outras. "Você deve mudar seu nome para Ziauddin Shaheen", recomendou. Durante algum tempo meu pai acatou a sugestão, porém mais tarde removeu o nome, pois se deu conta de que, embora voe muito alto, o falcão é um pássaro cruel. Então passou a se chamar Ziauddin Yusafzai, o sobrenome de nosso clã.

3. Crescendo numa escola

Minha mãe começou a frequentar a escola aos seis anos e a abandonou com a mesma idade. Ela era uma exceção na aldeia, pois seu pai e seus irmãos incentivavam-na a estudar. Era a única menina numa classe de garotos. Carregava com orgulho a bolsa com os livros e declarava que era mais inteligente que os meninos. Mas todos os dias deixava as primas brincando em casa e as invejava. Não parecia fazer sentido frequentar a escola para depois terminar cozinhando, limpando e tendo filhos. Por isso, um dia ela vendeu os livros por nove *annas*, gastou o dinheiro em doces e nunca mais voltou a estudar. Seu pai não falou nada. Mamãe diz que ele nem notou, pois saía bem cedo, depois de um café da manhã com pão de milho e manteiga, a pistola alemã numa correia sob um braço, e passava os dias ocupado com a política local ou resolvendo conflitos. Além disso, tinha mais sete filhos para cuidar.

Mamãe só se arrependeu de ter abandonado a escola quando conheceu meu pai. Ele havia lido muitos livros, escrevia poemas que ela não sabia ler e ambicionava estabelecer sua própria escola. Como esposa de um homem assim, minha mãe queria ajudá-lo a atingir seu objetivo. Até onde meu pai pode se lembrar, sempre sonhou em ter uma escola. Para alguém como ele, sem amigos influentes nem fortuna, foi muito difícil concretizar esse sonho. Ziauddin considera que não há nada mais importante que o conhecimento. Lembra-se de como era fascinado pelo rio de sua aldeia, e como ficava desconcertado por não saber de onde a água vinha e para onde ia — até aprender sobre o ciclo da água, desde as chuvas até os mares.

Ele estudou em uma escola pequena. Muitas de suas aulas foram ministradas embaixo de uma árvore, no chão. Não havia banheiros e os alunos tinham de ir aos campos para responder ao chamado da natureza. Mas meu pai diz que teve muita sorte. Suas irmãs — minhas tias — não frequentaram escola alguma, como milhões de meninas em meu país. Para Ziauddin, a falta de educação é a raiz de todos os problemas do Paquistão. A ignorância permite que os políticos enganem as pessoas e que maus administradores sejam reeleitos. Ele acredita que a escolarização deve ser acessível a todos, ricos e pobres, meninos e meninas. A escola que meu pai sonhava teria carteiras e uma biblioteca, computadores, cartazes educativos bem chamativos nas paredes e, o mais importante, banheiros.

Meu avô, porém, tinha um sonho diferente para seu filho mais novo — queria que ele obtivesse um título de doutor. Na verdade, esperava que ajudasse no orçamento doméstico, como o filho mais velho já fazia. O irmão de meu pai, Said Ramzam, trabalhou durante anos como professor em uma escola local. Ele e a família viviam com meu avô e sempre guardavam parte do salário. Essa economia foi usada para acrescentar uma *hujra* de alvenaria, para hóspedes, ao lado da casa. Titio trazia toras de madeira das montanhas para fazer fogo e então, depois da escola, trabalhava nos campos onde nossa família criava alguns búfalos. Também ajudava Baba nas tarefas pesadas, como limpar a neve acumulada na cobertura da casa.

Quando ofereceram a meu pai, como prêmio por suas notas altas, uma vaga para estudar inglês na Faculdade Jahanzeb, a melhor instituição de ensino do Swat, meu avô não quis financiá-lo. Sua educação em Déli fora gratuita — ele vivia em mesquitas, como um *talib*, e os moradores locais forneciam comida e roupas aos estudantes. O curso na Jahanzeb era gratuito, mas meu pai precisava de dinheiro para viver. O Paquistão não oferece empréstimos a estudantes e Ziauddin jamais pusera os pés em um banco. A faculdade fica em Saidu Sharif, cidade irmã de Mingora, e ele não conhecia ninguém lá que pudesse hospedá-lo. E não havia outra faculdade em Shangla. Se não fosse para Jahanzeb, jamais conseguiria sair da aldeia e realizar seu sonho.

Sem esperanças, meu pai chorou de frustração. A mãe, que ele amava tanto, morrera pouco antes de sua graduação. Sabia que, se ela ainda estivesse viva, ficaria a seu lado. Implorou ao pai que repensasse sua decisão, mas nada conseguiu. Sua única chance era um cunhado de Karachi. Meu avô sugeriu que ele talvez pudesse acolher meu pai, que então faria a faculdade lá. O cunhado chegaria à aldeia, acompanhado da esposa, irmã de meu pai, em breve. Iam oferecer condolências pela morte de minha avó.

Meu pai rezou para que eles concordassem. Mas quando chegaram, exaustos depois de três dias viajando de ônibus, e meu avô perguntou sobre a possibilidade, o cunhado recusou de imediato. Meu avô ficou tão furioso que se recusou a falar com ele e a filha durante toda a estadia de ambos na aldeia. Parecia que a última chance de meu pai se fora e que ele acabaria como o irmão, dando aulas em uma escola local. Tio Khan Dada lecionava em Sewoor, uma aldeia a cerca de uma hora e meia de sua casa, montanha acima. A escola não tinha nem mesmo sede. Os professores usavam o grande salão da mesquita, onde lecionavam para mais de cem crianças entre cinco e quinze anos.

Os habitantes de Sewoor dividem-se em *gujars*, *kohistanis* e *mians*. Estes últimos são considerados nobres, donos de terras, ao passo que *gujars* e *kohistanis* estão entre o que chamamos de "pessoas das montanhas", camponeses que pastoreiam búfalos. Seus filhos costumam andar sujos e são menosprezados pelos pachtuns, embora estes também sejam pobres. "São sujos, pretos e ignorantes", diziam. "Que sejam analfabetos também." Comentava-se que os professores não gostavam de lecionar nessas escolas distantes e costumavam fazer acordos para que apenas um deles fosse trabalhar a cada dia. Se a escola contasse com dois professores, por exemplo, cada um trabalhava três dias e assinava o ponto pelo outro. Se houvesse três professores, cada um dava aula por apenas dois dias. O objetivo principal era manter as crianças em silêncio mostrando-lhes uma vara comprida, pois os professores não conseguiam imaginar que a educação pudesse ter alguma utilidade para elas.

Meu tio era mais cioso de seus deveres. Gostava das pessoas das montanhas e tinha respeito pela vida dura que levavam. Então ia à escola praticamente todos os dias e realmente tentava ensinar algo às crianças. Depois de se formar, meu pai começou a ir com ele, como voluntário, e lá sua sorte mudou. Conheceu um homem chamado Nasir Pacha, que passara anos na Arábia Saudita, trabalhando na construção civil, ganhando dinheiro para mandar à família. Ziauddin contou-lhe que se formara e conquistara uma vaga na Faculdade Jahanzeb. Mas omitiu não ter condições de aceitá-la. Não queria constranger seu pai.

"Por que não vem viver conosco?", convidou Nasir Pacha.

"Ufa, por Deus, como fiquei feliz!", disse-me meu pai. Pacha e sua esposa Jajai se tornaram a segunda família de Ziauddin. Tinham casa em Spal Bandi, uma bela aldeia montanhosa no caminho para o Palácio Branco, que meu pai descreve como um lugar romântico e cheio de inspiração. Meu pai foi para lá de ônibus, e a aldeia lhe pareceu tão grande, comparada com sua vila natal, que ele até pensou ter chegado a uma cidade. Como hóspede, era tratado de modo excepcional. Jajai substituiu minha falecida avó e se tornou a mulher mais importante na vida de meu pai. Quando algum aldeão reclamava, dizendo a ela que Ziauddin flertava com alguma menina que morava do outro lado da estrada, Jajai o defendia. "Ziauddin é limpo como um ovo", afirmava. "Em vez de se ocuparem dele, preocupem-se com suas filhas."

Foi em Spal Bandi que meu pai conheceu, pela primeira vez, mulheres que tinham liberdade e que não ficavam escondidas, como em sua aldeia. Elas se reuniam em um belo local no topo da montanha, para conversar sobre o cotidiano. Era incomum que mulheres tivessem um ponto de encontro fora de casa. Também foi lá que meu pai conheceu seu mentor, Akbar Khan, que não frequentou a faculdade mas emprestou dinheiro para que meu pai cursasse uma. Como minha mãe, Akbar Khan não tinha educação formal, mas possuía outro tipo de sabedoria. Meu pai costumava contar a história da gentileza de Akbar Khan e de Nasir Pacha para ilustrar que, se você ajuda alguém em necessidade, pode ser que também receba ajuda inesperada.

Ziauddin entrou na faculdade em um momento importante da história do Paquistão. Naquele verão, enquanto ele percorria as montanhas, o general Zia, ditador do país, morreu em um misterioso acidente aéreo. Dizia-se que fora causado por uma bomba escondida em uma caixa de mangas. Durante o primeiro semestre de meu pai na faculdade, ocorreram eleições, vencidas por Benazir Bhutto, filha do primeiro-ministro executado quando Ziauddin era menino. Benazir foi a primeira mulher a se tornar primeira-ministra no Paquistão, e a primeira, em todo o mundo islâmico, a participar de um governo. O país começou a ter mais otimismo quanto ao futuro.

Organizações estudantis que haviam sido banidas sob o regime de Zia tornaram-se muito ativas. Meu pai passou a se envolver mais em política, ampliando sua reputação de bom orador e debatedor. Tornou-se secretário-geral da Federação Pakhtoon de Estudantes (PSF), que reivindicava direitos iguais para os pachtuns. Os empregos mais importantes — no exército, na burocracia e no governo — eram sempre ocupados por punjabis, que pertenciam à maior e mais poderosa província do país.

Outra organização estudantil importante era a Islami Jamaat Talaba, ligada ao partido religioso Jamaat e-Islami, influente em muitas universidades do Paquistão. Eles ofereciam livros didáticos gratuitos aos estudantes, mas tinham posições profundamente intolerantes. Seu passatempo favorito era patrulhar universidades e sabotar concertos de música. O partido fora próximo do general Zia e se saíra mal nas eleições. O presidente desse grupo estudantil na Faculdade Jahanzeb era Ihsan ul-Haq Haqqani. Embora ele e meu pai fossem rivais, admiravam um ao outro e mais tarde se tornaram amigos. Haqqani dizia ter certeza de que meu pai teria sido presidente da PSF se viesse de uma família de *khans*. Política estudantil significava sobretudo debates e carisma, mas política partidária exigia dinheiro.

Um dos debates mais acalorados naquele primeiro ano foi sobre um romance, *Os versos satânicos*, escrito por Salman Rushdie, que alguns consideraram uma paródia do Profeta passada em Bombaim. Os muçulmanos consideraram o livro blasfemo, e ele provocou tanta indignação que, parecia, ninguém falava em outra coisa. O curioso foi que, no início, ninguém deu atenção à publicação — na verdade, o livro nem sequer estava à venda no Paquistão. Mas então um mulá próximo do serviço de inteligência escreveu uma série de artigos para os jornais em urdu, classificando o romance como ofensivo ao Profeta e dizendo que os bons muçulmanos tinham o dever de protestar contra ele. Logo os mulás de todo o país denunciaram o livro, pedindo seu banimento. Demonstrações furiosas foram realizadas. A mais violenta delas aconteceu em Islamabad, a 12 de fevereiro de 1989, quando bandeiras americanas foram incendiadas em frente ao Centro Norte-Americano (embora Rushdie e seus editores fossem britânicos). A polícia disparou contra a multidão, e cinco pessoas foram mortas. A raiva não se espalhou apenas pelo Paquistão. Dois dias depois, o aiatolá Khomeini, líder supremo do Irã, emitiu uma fátua, ou decreto islâmico, pedindo o assassinato de Rushdie.

A faculdade onde meu pai estudava organizou uma discussão exaltada em uma sala lotada. Para alguns, o livro deveria ser banido e queimado, e a fátua precisava ser mantida. Meu pai também via o livro como ofensivo ao Islã, mas, como defensor ferrenho da liberdade de expressão, argumentou que a resposta precisava ser intelectual. "Primeiro, vamos ler o livro. Então, por que não responder com outro livro, nosso?", sugeriu. "Será que o Islã é uma religião tão fraca que não pode tolerar que escrevam um livro que lhe seja contrário?", vociferou no debate. "Não o *meu* Islã!"

Nos primeiros anos após a formatura, meu pai trabalhou como professor de inglês numa faculdade particular bem conceituada. Mas o salário era baixo, apenas 1600 rupias por mês, o que significa cerca de 12 libras esterlinas. Meu avô reclamava, dizendo que meu pai não contribuía com as despesas da casa. O salário tampouco era suficiente para que ele economizasse com vistas ao casamento com sua adorada Tor Pekai.

Um de seus colegas era Mohammad Naim Khan. Ele e meu pai haviam completado juntos o bacharelado e o mestrado em inglês e eram apaixonados por educação. Também se sentiam frustrados com o ensino, para ambos muito limitado e sem imaginação. Nem professores, nem alunos podiam emitir opiniões. O controle era tão estrito que se desaprovava a amizade entre os professores. Meu pai ansiava pela liberdade de criar e gerir sua própria escola. Queria incentivar os alunos a pensar de forma independente e odiava a maneira como o sistema corrente recompensava a obediência em detrimento da curiosidade e da criatividade. Então, quando Naim perdeu o emprego depois de uma discussão com a administração da faculdade, os dois decidiram fundar sua própria escola.

A ideia original era abri-la na aldeia de Shahpur, onde a necessidade era urgente. "Como uma loja em uma comunidade onde não há lojas", papai explicou. Mas, quando foram até lá para procurar um prédio, viram cartazes em todo canto, com o anúncio da abertura de uma escola. Alguém chegara antes deles. Por isso os dois amigos decidiram montar uma escola de inglês em Mingora. Concluíram que, como o Swat era um ponto turístico, haveria demanda para o ensino da língua.

Como meu pai continuava lecionando, Naim vasculhava as ruas todos os dias, procurando um imóvel para alugar. Certo dia telefonou para meu pai, excitado, dizendo que encontrara o lugar ideal. Ficava no andar térreo de um prédio de dois andares, num local confortável chamado Landikas, com um pátio fechado onde os alunos poderiam se reunir. Os antigos locatários haviam montado ali a Escola Ramada, batizada em homenagem à rede de hotéis — numa viagem à Turquia, os proprietários viram um hotel Ramada e decidiram usar o mesmo nome. Mas a escola acabara fechando, o que talvez devesse servir como um alarme vermelho para os dois sócios. Além disso, o prédio ficava na margem do rio onde as pessoas jogavam lixo. O cheiro, no calor, era insuportável.

Meu pai foi ver o local depois do trabalho. Era uma noite perfeita, estrelada, com a lua cheia bem acima das árvores, o que ele tomou como um sinal. "Eu estava tão feliz!", relembra. "Meu sonho começava a se tornar realidade."

Os dois sócios investiram na escola todas as suas economias, cerca de 60 mil rupias. Tomaram emprestadas outras 30 mil rupias para pintar o prédio, alugar uma casinha do outro lado da rua, onde viveriam, e saíram batendo nas portas, à procura de alunos. A demanda para o ensino de inglês, infelizmente, acabou não sendo tão grande. E os dois tiveram algumas despesas inesperadas. O envolvimento de meu pai com discussões políticas continuava. Todos os dias seus amigos ativistas se reuniam para o chá. "Não podemos pagar por esses encontros sociais!", Naim reclamava. Também ficava claro que, embora os dois fossem muito amigos, julgavam difícil trabalhar como sócios.

Além de tudo isso, havia a horda de hóspedes que chegava de Shangla, agora que meu pai tinha um lugar onde eles podiam ficar. Nós, pachtuns, não podemos recusar a visita de parentes e amigos, mesmo quando inconveniente. Não respeitamos a privacidade, e visita com hora marcada não existe. Você pode ir até a casa de alguém sempre que desejar, e ficar o tempo que quiser. Era um pesadelo para uma pessoa tentando começar um negócio, e Naim se sentia incomodado com isso. Propôs a meu pai que, se algum deles recebesse familiares, deveria pagar multas. Ziauddin tentava convencer os amigos e parentes de Naim a se hospedar, para que ele também fosse multado.

Depois de três meses, Naim estava farto. "Essa é uma tarefa hercúlea", protestou. "Não aguento mais!"

A essa altura, os dois ex-amigos mal falavam um com o outro. Por isso, chamaram alguns anciãos locais para mediar a situação. Meu pai queria manter a escola, e concordou em devolver a parte de Naim no investimento. Só não tinha ideia de como fazer isso. Felizmente, outro antigo amigo de faculdade, chamado Hidayatullah, concordou em substituir Naim e tornou-se sócio da escola. Ele e meu pai foram de casa em casa, dizendo às pessoas que haviam fundado um novo tipo de escola. Meu pai é tão carismático que, segundo Hidayatullah, é capaz de ficar amigo dos seus amigos se você o convidar para a sua casa. Mas, apesar de as pessoas ficarem felizes por conversar com ele, preferiam mandar os filhos para escolas já estabelecidas.

O nome do estabelecimento homenageava Khushal Khan Khattack, um dos maiores heróis de meu pai, guerreiro poeta de Akora, ao sul do Swat, que no século XVII tentou unificar as tribos pachtum contra os mongóis. Perto da entrada, os dois sócios pintaram uma frase: "Estamos comprometidos a construir para você o chamado da nova era". Ziauddin também desenhou um brasão com uma famosa citação de Khattack em pachto: "Cinjo minha espada em nome da honra afegã". Ele queria que nós nos inspirássemos em nossos grandes heróis, mas de um modo adequado a nossos tempos: com canetas, não com espadas. Assim como Khattack desejou que os pachtuns se unissem contra um inimigo estrangeiro, nós devemos nos unir contra a ignorância.

Infelizmente, nem todos estavam convencidos disso. Quando a escola abriu, só tinha três alunos. Mesmo assim meu pai insistiu em começar o dia em grande estilo, cantando o hino nacional. Então seu sobrinho Aziz, que fora até lá para ajudá-los, hasteou a bandeira do Paquistão.

Com tão poucos alunos, não havia dinheiro para equipar a escola. E eles logo se viram sem crédito. Nenhum dos dois podia contar com auxílio financeiro da família. Mais: Hidayatullah não ficou feliz em descobrir que meu pai ainda tinha dívidas com várias pessoas desde a época da faculdade, de modo que sempre chegavam cartas com a cobrança dos débitos.

As coisas ficaram ainda piores quando meu pai foi registrar

a escola. Depois de esperar durante horas, finalmente foi recebido no desorganizado escritório do oficial de educação, sentado atrás de enormes pilhas de papel, cercado por funcionários-parasitas bebendo chá. "Que tipo de escola é essa?", perguntou o homem, rindo ao ler a ficha de inscrição. "Quantos professores você tem? Três! Vocês, professores, não têm preparo. Todo mundo acha que pode abrir uma escola da noite para o dia!"

As demais pessoas do escritório riam também, ridicularizando meu pai, que ficou bravo. Estava claro que o oficial queria dinheiro. Nós, pachtuns, não toleramos ser menosprezados, e meu pai não estava disposto a pagar propina, muito menos por algo a que tinha direito. Além do mais, ele e o sócio mal tinham dinheiro para comer, que dirá para subornos. O custo para obter o registro era de cerca de 13 mil rupias. Ou mais, se achassem que você era rico. E das escolas esperava-se que regularmente pagassem um bom almoço, com galinha ou truta, para as autoridades. O oficial encarregado telefonava para marcar uma inspeção e fazia um pedido detalhado para seu almoço. Meu pai resmungava: "Somos uma escola, não uma granja".

Assim, quando o oficial sugeriu o pagamento de propina, Ziauddin se voltou contra ele com toda a força de seus anos de política estudantil. "Por que você está fazendo todas essas perguntas? Estou numa repartição pública ou numa delegacia? Num tribunal? Sou um criminoso?" Meu pai decidiu desafiar aqueles oficiais e proteger outros proprietários de escolas de tal abuso e corrupção. Sabia que, para fazê-lo, precisaria lançar mão de alguma forma de poder. Juntou-se a uma organização chamada Associação de Escolas Particulares do Swat. Era pequena naquela época, apenas quinze pessoas, e meu pai logo se tornou vice-presidente.

Os demais diretores de escolas consideravam o pagamento de propina um mal necessário. Mas meu pai argumentou que, se todos se unissem, seria possível resistir. "Dirigir uma escola não é um crime", dizia. "Por que pagar propina? Vocês não estão dirigindo bordéis, estão educando crianças! E os oficiais do governo não são seus chefes. Trabalham para vocês. Recebem salário para servi-los. São vocês que educam os filhos *deles*."

Ziauddin logo se tornou presidente da organização e a ampliou até ela abarcar cerca de quatrocentos diretores de escolas. Com isso, eles se viram em posição de poder. Mas meu pai sempre foi mais romântico, e menos um homem de negócios. Àquela altura as coisas se tornaram tão difíceis que eles se viram sem crédito na mercearia local, e não podiam comprar nem mesmo chá e açúcar. Para tentar aumentar a receita, abriram uma lanchonete na escola. Saíam de manhã e compravam lanches para revender às crianças. Ziauddin trazia milho e ficava acordado até tarde, fazendo e embalando pipoca.

"Eu ficava muito deprimido e às vezes desanimava ao ver os problemas à nossa volta", disse Hidayatullah. "Mas, quando está em crise, Ziauddin ganha força e seu espírito se levanta."

Meu pai insistia em que eles deviam pensar grande. Um dia Hidayatullah voltou de suas tentativas de granjear mais alunos e o encontrou sentado no escritório, conversando sobre anúncios com o chefe local da televisão paquistanesa. Assim que o homem se foi, Hidayatullah explodiu em risos. "Ziauddin, nós não temos nem televisão! Se fizermos um anúncio, não poderemos assisti-lo." Mas meu pai é um homem otimista e as questões práticas nunca o detiveram.

Certo dia ele avisou Hidayatullah que iria à sua aldeia por alguns dias. Ia se casar, mas não havia contado a nenhum amigo de Mingora por não ter dinheiro para recebê-los. Nossas cerimônias de casamento incluem festas que duram vários dias. Na verdade, como minha mãe costuma lembrar, Ziauddin não compareceu à cerimônia propriamente dita. Só apareceu no último dia, quando os membros da família erguem o Corão e um xale sobre a cabeça, além de oferecer um espelho para o qual os noivos olham. Para muitos casais formados por casamentos arranjados, essa é a primeira vez que um vê o rosto do outro. Depois um menininho é levado até os noivos e senta-se no colo deles, para encorajar o nascimento de um filho.

É tradição nossa a noiva receber algum móvel ou uma geladeira de sua família, bem como peças e alianças de ouro da família do noivo. Mas meu avô não se dispôs a comprar muitas coisas, e então meu pai teve de emprestar mais dinheiro para adquiri-las. Depois do casamento, minha mãe passou a morar com meu avô e meu tio. Ziauddin voltava à aldeia a cada duas ou três semanas para vê-la. O plano era estabelecer a escola e, uma vez obtido êxito, mandar buscar a esposa. Mas Baba continuou reclamando dos gastos e tornou a vida de minha mãe muito difícil. Ela possuía um dinheirinho próprio, que usou para contratar uma van e se mudou para Mingora. O casal não fazia ideia de como iria se virar. "Só sabíamos que meu pai não nos queria lá", disse Ziauddin. "Naquela época fiquei triste com meu pai, mas depois me senti grato por ele me ter feito mais independente."

No entanto, papai se esquecera de contar tudo ao sócio. Hidayatullah ficou horrorizado quando o viu voltar para Mingora com a esposa. "Não temos condições de sustentar uma família!", disse a Ziauddin. "Onde ela vai morar?"

"Está tudo bem", replicou meu pai. "Ela vai cozinhar para nós e lavar nossa roupa."

Minha mãe ficou entusiasmada por estar em Mingora. Para ela, tratava-se de uma cidade moderna. Quando jovem, sempre que ela e as amigas falavam de seus sonhos à beira do rio, quase todas diziam querer se casar, ter filhos e cozinhar para o marido. Minha mãe, porém, dizia: "Quero morar em uma cidade e poder mandar buscar kebabs e *naan* em vez de cozinhar". A vida, no entanto, não era bem como ela esperara. O casebre tinha apenas dois cômodos. Hidayatullah e meu pai dormiam em um deles; o outro era reservado ao pequeno escritório. Não havia cozinha, nem água encanada. Quando minha mãe chegou, Hidayatullah precisou se mudar para o escritório e dormir numa cadeira dura de madeira.

Papai consultava minha mãe para tudo. "Pekai, ajude-me a resolver esta confusão", ele pedia. Mamãe ajudava até mesmo a caiar as paredes da escola, segurando as lanternas para que os dois homens pudessem pintá-las quando a energia elétrica era cortada.

"Ziauddin é um homem de família. Ele e a esposa são incomumente próximos", contou-me Hidayatullah. "A maioria de nós não aguenta a esposa, mas Ziauddin não consegue viver sem a dele."

Em poucos meses mamãe engravidou. O primeiro bebê, uma menina, chegou em 1995, natimorta. "Acho que havia algum problema de higiene naquele lugar lamacento", diz meu pai. "Eu imaginava que as mulheres conseguiam parir sem ir para o hospital, como minha mãe e minhas irmãs faziam lá no interior. Minha mãe deu à luz dez filhos desse jeito."

A escola continuava no prejuízo. Passavam-se os meses e eles não conseguiam pagar em dia os salários dos professores ou o aluguel. O ourives não cessava de pedir o que lhe era devido pelas alianças e anéis de casamento. Meu pai lhe preparava um bom chá e oferecia biscoitos, na esperança de mantê-lo satisfeito. Hidayatullah ria. "Você acha que ele vai ficar feliz com chá? Ele quer é dinheiro."

A situação ficou tão desesperadora que meu pai foi forçado a vender as alianças de ouro. Na nossa cultura, as joias do casamento são como um elo entre o casal, e as mulheres muitas vezes as vendem para ajudar o marido a montar algum negócio ou para pagar as passagens de uma viagem ao exterior. Minha mãe já havia oferecido suas joias para financiar a ida do sobrinho de meu pai à faculdade, coisa que ele prometera custear. Felizmente, Jehan Sher Khan, primo de Ziauddin, ofereceu-se para isso. Mamãe não sabia que as joias haviam sido apenas parcialmente pagas. Ficou furiosa quando descobriu que meu pai, ao vendê-las, nem sequer conseguiu um bom preço por elas.

Parecia que as coisas não podiam ficar piores, mas ficaram. A região foi atingida por cheias repentinas. Certo dia, choveu sem parar e no final da tarde foi dado o alerta de que haveria uma enchente. Os habitantes tinham de deixar a vila. Minha mãe estava no interior. Hidayatullah procurou Ziauddin para ajudá-lo a levar tudo para o primeiro andar, a salvo das águas que subiam rapidamente. Mas não conseguiu encontrá-lo em parte alguma. Preocupado, foi à rua, gritando seu nome. A busca quase lhe custou a vida. A rua estreita ao lado da escola estava totalmente inundada, e a água logo lhe bateu no pescoço. Além disso, perto dele fios elétricos caídos dançavam ao vento. Hidayatullah, paralisado de medo, observava os fios se tocarem, pouco acima da superfície. Se tivessem caído na água, ele teria sido eletrocutado.

Quando finalmente encontrou meu pai, este lhe contou que ouvira uma mulher gritar que o marido ficara preso na casa. Então foi salvá-lo. Também ajudou a tirar a geladeira do casal das águas. Hidayatullah ficou furioso. "Você salvou o marido dessa senhora, mas não as suas próprias coisas! Foi por causa do grito de uma mulher?"

Quando as águas baixaram e eles puderam voltar para casa e para a escola, encontraram tudo destruído: móveis, tapetes, livros, roupas e o aparelho de rádio estavam cobertos por uma camada de lama de cheiro putrefato. Eles não tinham onde dormir e nenhuma roupa limpa para vestir. Por sorte, um vizinho, o sr. Aman-ud-din, lhes ofereceu abrigo naquela noite. Foi necessária uma semana para limpar os destroços. Nenhum dos dois estava na cidade quando, dez dias depois, houve uma segunda enchente e o prédio de novo ficou cheio de lama. Uns dias mais tarde eles receberam a visita de um oficial da WAPDA, a companhia de água e energia, alegando que o relógio estava errado e exigindo propina. Meu pai recusou-se a dá-la. Por isso o oficial enviou-lhe uma multa enorme. Eles não tinham como pagá-la, e então meu pai precisou pedir a um de seus amigos políticos para usar sua influência.

Parecia que a escola estava destinada a não existir. Mas meu pai não ia abrir mão de seu sonho tão facilmente. Além disso, ele tinha uma família para sustentar. No dia 12 de julho de 1997, eu nasci. Minha mãe foi auxiliada por uma vizinha que já havia feito outros partos. Meu pai permaneceu na escola, esperando, e foi para casa correndo quando recebeu a notícia. Minha mãe estava preocupada por ter de lhe dizer que era uma menina, não um menino, mas ele afirma que me olhou nos olhos e ficou encantado.

"Malala foi uma menina de sorte", diz Hidayatullah. "Quando ela nasceu, nossa sorte mudou."

Mudou sim, mas não de imediato. Quando o Paquistão completou cinquenta anos, em 14 de agosto de 1997, houve desfiles e comemorações por todo o país. Meu pai e seus amigos, porém, disseram que não havia nada a celebrar, pois o Swat apenas sofrera desde que se tornara parte do Paquistão. Usaram tarjas pretas nos braços como sinal de protesto, dizendo que não havia motivos para festas, e foram presos. As autoridades aplicaram-lhes uma multa que eles não tinham como pagar.

Não muito tempo depois de meu nascimento, ficaram vagos os cômodos acima da escola e nos mudamos para lá. As paredes eram de alvenaria e havia água corrente, uma melhoria em relação a nosso casebre lamacento. Mas ainda vivíamos apertados, porque dividíamos a morada com Hidayatullah e quase sempre tínhamos hóspedes.

Aquela primeira escola era bem pequena, com curso primário misto. Quando nasci, havia cinco ou seis professores e aproximadamente cem alunos, cada um pagando 100 rupias por mês. Meu pai era professor, contador e diretor. Também varria o chão, caiava as paredes e limpava os banheiros. Costumava subir nos postes de eletricidade para pendurar faixas de propaganda da escola. Tinha tanto pavor de altura que quando chegava ao topo da escada seus pés tremiam. Se a bomba d'água parava de funcionar, ele descia ao poço para consertá-la. Eu chorava quando o via desaparecer lá embaixo, pensando que ele não voltaria. Depois de pagar o aluguel e os salários, sobrava pouco para a comida. Bebíamos chá verde, pois não podíamos comprar leite. Mas depois de algum tempo o dinheiro começou a entrar e meu pai decidiu planejar uma segunda escola, que queria chamar de Academia de Educação Malala.

Eu brincava no pátio da escola. Meu pai diz que mesmo antes de saber falar eu caminhava vacilante sala de aula adentro e me comportava como se fosse uma professora. Algumas das mulheres da equipe escolar, como a srta. Ulfat, me colocavam no colo como se eu fosse um bichinho de estimação. Aos três ou quatro anos, fui colocada em turmas de crianças bem mais velhas. E ficava maravilhada ao ouvir todas as coisas que eram ensinadas. Às vezes eu imitava os gestos das professoras. Posso dizer que cresci em uma escola.

Conforme meu pai já descobrira com Naim, não é fácil ser amigo e sócio ao mesmo tempo. Hidayatullah também acabou indo embora para começar sua própria escola. Eles dividiram os alunos, cada um ficando com o correspondente a dois anos escolares. Nada disseram aos estudantes, pois queriam que as pessoas pensassem que a escola estava prosperando e que por isso passara a ocupar dois prédios. Embora Hidayatullah e meu pai não se falassem naquela época, ele sentia saudade de mim e por isso costumava me visitar.

Foi numa dessas visitas, em uma tarde de setembro de 2001, que houve uma grande comoção. Os amigos de meu pai apareceram para contar que ocorrera um grande ataque em dois prédios de Nova York. Dois aviões haviam mergulhado neles. Eu tinha apenas quatro anos e era muito nova para entender. Até mesmo os adultos tinham dificuldade em imaginar a cena — os maiores prédios no Swat são o hospital e o hotel, que têm dois ou três andares. Parecia algo muito distante. Eu não fazia ideia do que eram Nova York e os Estados Unidos. A escola era meu mundo, e meu mundo era a escola. Não nos demos conta de que o Onze de Setembro mudaria nossas vidas, e que um dia levaria a guerra para o vale.

4. A aldeia

Nossa tradição comemora o *woma* (que significa "sétimo") no sétimo dia de vida de uma criança, para que a família, os amigos e os vizinhos visitem o recém-nascido. Meus pais não fizeram o *woma* para mim porque não podiam comprar a carne e o arroz necessários para alimentar os convidados. E Baba não os ajudaria porque eu não era menino. Quando meus irmãos nasceram e meu avô quis financiar a celebração, meu pai recusou o auxílio porque Baba me deixara de lado. Ele, porém, era o único avô que eu tinha, porque o pai de minha mãe morreu antes de eu nascer. Baba e eu éramos muito próximos. Meus pais dizem que herdei as qualidades de ambos os avôs: bem-humorada e inteligente como o pai de minha mãe e faladora como o pai de meu pai. Baba tinha uma barba longa e branca. Eu adorava ir visitá-lo na aldeia.

Sempre que me via, ele me cumprimentava com uma canção, pois ainda se preocupava com o triste significado de meu nome e por isso tentava torná-lo mais alegre: "*Malala Maiwand wala da*

67

tapa tool jehan ke da khushala", isto é, "Malala é de Maiwand, a pessoa mais feliz do mundo".

Viajávamos nos feriados de Eid. Vestíamos nossas melhores roupas e nos amontoávamos na Carruagem Voadora, o micro-ônibus com laterais pintadas em cores vivas, cheio de correias ruidosas, e íamos para o norte, para Barkana, a aldeia de nossa família em Shangla. Eid acontece duas vezes ao ano — Eid ul-Fitr ou Pequeno Eid marca o fim do mês de jejum do Ramadã, e Eid ul-Azha, ou Grande Eid, comemora a disposição do profeta Abraão em sacrificar seu primogênito Ismael a Deus. As datas são anunciadas por um conselho especial de religiosos, que observa o surgimento da lua crescente. Assim que as ouvíamos no rádio, partíamos.

Na noite anterior mal dormíamos, de tanta excitação. A jornada normalmente levava cerca de cinco horas, desde que a estrada não tivesse sido lavada por chuvas ou deslizamentos de terra. A Carruagem Voadora partia bem cedo. Íamos até a estação de ônibus de Mingora, nossas malas pesadas, cheias de presentes para a família: xales bordados e caixas de doces de rosa e pistache, assim como medicamentos que eles não conseguiam encontrar na aldeia. Algumas pessoas levavam sacos de açúcar e farinha, e a maior parte da bagagem era amarrada num montinho no capô do micro-ônibus. Então nos enfiávamos lá dentro, brigando pelos lugares perto da janela, embora os vidros, encrustados de poeira, não deixassem enxergar nada lá fora. As laterais dos micro-ônibus do Swat são pintadas com cenas de flores pink e amarelas, tigres cor de laranja fluorescente e montanhas nevadas. Meus irmãos gostavam quando pegávamos o veículo pintado com jatos militares F-16 ou mísseis nucleares; meu pai dizia que se nossos políticos não tivessem gastado tanto para fabricar a bomba atômica, talvez tivéssemos dinheiro para escolas.

Saíamos do mercado, passando pelas placas que mostravam bocas vermelhas, sinalizando dentistas, pelos carrinhos lotados de gaiolas de madeiras — por sua vez cheias de galinhas brancas de olhos úmidos e bicos vermelho-carmim — e pelas joalherias com vitrines repletas de alianças de ouro. As últimas lojas, à medida que nos dirigíamos para o norte, saindo de Mingora, eram barracos de madeira que pareciam se escorar uns nos outros, diante dos quais havia pilhas de pneus recondicionados para as estradas esburacadas mais à frente. Então entrávamos na rodovia principal, construída pelo último *wali*, que segue o rio Swat à nossa esquerda e abraça os despenhadeiros à direita, com suas minas de esmeraldas. Encimando o rio, víamos restaurantes para turistas com enormes janelas de vidro, nos quais jamais estivéramos. Na estrada passávamos por crianças de rosto empoeirado, encurvadas, com enormes fardos de grama sobre as costas, e homens conduzindo rebanhos de cabras peludas que vagueavam de um lado para outro.

À medida que rodávamos, a paisagem mudava para arrozais de um verde viçoso e escuro, e pomares com damasqueiros e figueiras. Às vezes passávamos por pequenas marmorarias sobre córregos que corriam brancos como o leite, por causa das substâncias químicas jogadas neles. Isso deixava meu pai louco. "Olhe, Malala, o que esses criminosos fazem para poluir nosso lindo vale", ele sempre dizia. A estrada deixava o rio e se dobrava em direção ao norte, através de desfiladeiros estreitos encimando terrenos íngremes cobertos por abetos, cada vez mais para o alto, até que nossos ouvidos começavam a estalar. No cume de algumas montanhas havia ruínas, sobre as quais voejavam abutres, e restos de velhos fortes construídos pelo primeiro *wali*. O micro-ônibus resfolegava e roncava, o motorista praguejando quando caminhões nos ultrapassavam em curvas cegas, além das quais viam-se profundos penhascos. Meus irmãos adoravam aquilo, e atazanavam a mim e à mamãe apontando para as carcaças de veículos nas encostas das montanhas.

Finalmente chegávamos à Curva do Céu, o portão de entrada para Shangla Top, um estreito montanhoso que faz você se sentir no topo do mundo. Lá em cima ficávamos mais altos do que os picos rochosos a nossa volta. Bem ao longe podíamos ver a neve de Malam Jabba, nossa estação de esqui. No acostamento havia nascentes frescas e quedas-d'água, e, quando parávamos para usar o banheiro e beber um pouco de chá, o ar era puro, perfumado de cedro e pinho. Aspirávamos tudo que podíamos. Shangla é formado por uma montanha depois da outra, e vê-se só uma pequena parte do céu. Depois desse ponto a estrada desce durante algum tempo e então segue o rio Ghwurban, transformando-se num caminho pedregoso. A única maneira de cruzar o rio é usando pontes de corda ou um sistema de polias por meio do qual as pessoas içam a si mesmas de uma margem a outra, numa cadeira de metal. Os estrangeiros as chamam de "pontes suicidas", mas nós as adoramos.

Se você olhar para um mapa do Swat, verá que é um longo vale composto por vales menores, que chamamos de *darae* e que se projetam como os galhos de uma árvore. Nossa aldeia fica na metade do caminho, a leste, na *dara* de Kana, cercada por escarpas tão estreitas que não há nem mesmo lugar para um campo de críquete. Nós chamamos nossa aldeia de Shahpur, mas na verdade há um colar de três aldeias ao longo do pé do vale — Shahpur, a maior; Barkana, onde meu pai cresceu; e Karshat, onde minha mãe morava. Nos dois extremos há uma enorme montanha — Tor Ghar, a Montanha Negra, ao sul, e Spin Ghar, a Montanha Branca, ao norte.

Normalmente ficávamos em Barkana, na casa de meu avô, na qual meu pai cresceu. Como todas as casas da região, tinha cobertura plana, feita de pedra e barro. Eu preferia ficar em Karshat, com meus primos maternos, porque eles moram em uma casa de alvenaria com banheiro e porque havia um monte de crianças para brincar. Minha mãe e eu ocupávamos os aposentos femininos, no andar de baixo, onde as mulheres passavam os dias cuidando das crianças e preparando comida para servir aos homens na *hujra*, no andar superior. Eu dormia com minhas primas Anisa e Sumbul em um quarto que tinha um relógio com o formato de uma mesquita e uma cômoda encostada na parede que continha uma espingarda e alguns pacotes de tinta para cabelo.

Na aldeia o dia começava ao alvorecer, e até mesmo eu, que odeio acordar cedo, me levantava com o som dos galos cacarejando e o tilintar de pratos anunciando o café da manhã que as mulheres preparavam para os homens. De manhã o sol reflete no topo da Tor Ghar. Quando nos levantávamos para a *fair*, a primeira das cinco orações do dia, olhávamos à esquerda e víamos o pico dourado de Spin Ghar, a Montanha Branca, acesa pelos primeiros raios do sol, como uma mulher branca usando uma *jumar tika*, a corrente de ouro que elas colocam na testa.

Frequentemente vinha a chuva, para lavar tudo, e as nuvens se deixavam ficar sobre as plataformas verdes das colinas, onde as pessoas cultivavam alimentos, como rabanete e nozes. Espalhadas em torno havia colmeias. Eu adorava o grudento mel local, que comíamos com nozes. Mais abaixo no rio, no final de Karshat, viviam búfalos asiáticos. Também havia um alpendre com uma roda-d'água que fornecia energia para fazer funcionar enormes moinhos, que transformavam o trigo em farinha, a qual os rapazes então derramavam em sacas. Ao lado, um alpendre menor continha um painel do qual saía uma mixórdia de fios. O governo não provia eletricidade às vilas, e por isso muitos aldeões obtinham dali sua energia elétrica.

No decorrer do dia, enquanto o sol ia alto no céu, mais e mais extensões da Montanha Branca eram banhadas por raios dourados. Então, quando a noite chegava, ela era tomada pelas sombras, à medida que o sol subia a Montanha Negra. Regulávamos nossas orações por aquela sombra na montanha. Quando o Sol alcançava um certo rochedo, fazíamos nossas orações da tarde, as *asr*. Então, à noitinha, quando o pico alvo da Montanha Branca estava até mais belo do que de manhã, fazíamos as *makkan*, ou orações da noite. Era possível ver a Montanha Branca de todos os lugares, e meu pai me contou que costumava pensar nela como um símbolo de paz para nossa terra, uma bandeira branca ao final do nosso vale. Quando criança, ele imaginava que aquele pequeno vale era o mundo todo, e que se alguém ousasse ir além do ponto onde as duas montanhas beijavam o céu, inevitavelmente cairia.

Embora nascida na cidade, eu compartilhava com meu pai o amor à natureza. Amava o solo rico, o verdor das plantas, das lavouras, os búfalos e as borboletas amarelas que voavam a meu redor enquanto eu caminhava. A aldeia era muito pobre, mas quando chegávamos nossos parentes organizavam um grande banquete. Havia tigelas com frango, arroz, espinafre local e cordeiro temperado, que as mulheres coziam sobre o fogo, seguidas por pratos com maçãs crocantes, fatias de um bolo amarelo e uma grande chaleira contendo chá com leite. Nenhuma criança tinha brinquedos ou livros. Os meninos jogavam críquete em um barranco, e até mesmo a bola era feita de sacos plásticos amarrados com elásticos de borracha.

A aldeia era um lugar esquecido. A água precisava ser carregada da fonte. As poucas casas de alvenaria eram construídas por famílias cujos filhos ou pais haviam partido para o sul a fim de trabalhar nas minas, ou no Golfo, de onde mandavam dinheiro. Existem 40 milhões de pachtuns, dos quais vivem fora da terra natal cerca de 10 milhões. Meu pai disse que é triste o fato de eles não poderem voltar, uma vez que precisam continuar trabalhando para manter a família. Havia famílias compostas só por mulheres. Os homens voltavam apenas uma vez por ano, para fazer um novo bebê, e retornavam nove meses depois.

Espalhadas de alto a baixo pelas montanhas, as casas de pau a pique, como a de meu avô, muitas vezes desmoronavam nas cheias. Às vezes as crianças morriam de frio no inverno. Não havia hospital. Apenas Sharpur contava com uma clínica. Se alguém ficasse doente nas outras aldeias, precisava ser carregado até Sharpur, pelos familiares, em uma maca de madeira que chamávamos jocosamente de "ambulância de Shangla". Se houvesse algum problema sério, seria necessário fazer uma longa viagem de ônibus até Mingora, a menos que a família do doente tivesse a sorte de conhecer alguém que possuísse um carro.

Os políticos costumam aparecer só em época de eleição, prometendo estradas, eletricidade, água tratada e escolas, e dando dinheiro e geradores para pessoas influentes, que chamamos de "interesseiros" e que devem instruir suas comunidades sobre como votar. Evidentemente, isso só se aplica aos homens — as mulheres de nossa região não votam. Então eles sumiam na direção de Islamabad, se fossem eleitos para a Assembleia Nacional, ou para Peshawar, se fossem eleitos para a Assembleia Provincial, e não tínhamos mais notícia deles nem de suas promessas.

Minhas primas faziam troça de mim por causa de meus trejeitos urbanos. Eu não gostava de andar descalça, lia livros, tinha um sotaque diferente e usava gírias de Mingora. Minhas roupas muitas vezes eram compradas em lojas e não feitas em casa, como as delas. Meus parentes me perguntavam se eu gostaria de cozinhar galinha para eles e eu respondia que não: "A galinha é inocente, não devemos matá-la". Eles me achavam moderna porque eu vivia em uma cidade. Não sabiam que os habitantes de Islamabad ou mesmo de Peshawar me tomariam como muito atrasada.

Às vezes subíamos as montanhas e às vezes descíamos o rio

em passeios familiares. Era um rio muito grande, profundo e rápido demais para atravessar quando as neves derretiam, no verão. Os meninos pescavam, usando como iscas minhocas amarradas em um fio que pendia de uma longa vara. Alguns assoviavam, acreditando que isso atrairia os peixes — que não são particularmente saborosos. Têm bocas muito ásperas e duras. Nós os chamamos de *chaqwartee*. Às vezes um grupo de meninas descia o rio para um piquenique com potes de arroz e *sherbet*. Nossa brincadeira favorita eram os casamentos de faz de conta. Formávamos dois grupos. Cada um deles representava uma família, e cada família tinha que dar uma filha em casamento. Então fazíamos a cerimônia. Todo mundo me queria na sua "família", por eu ser de Mingora — e "moderna", de acordo com as meninas. A mais bonita era Tanzela, e muitas vezes a deixávamos para o outro grupo, a fim de tê-la de novo como nossa noiva.

O mais importante de tudo eram as joias. Pegávamos brincos, pulseiras e colares para adornar a noiva, cantando músicas de Bollywood enquanto desempenhávamos a tarefa. Pintávamos seu rosto com a maquiagem que pegávamos de nossas mães e mergulhávamos suas mãos em calcário quente e bicarbonato de sódio, para torná-las brancas, e pintávamos suas unhas com henna. Quando ficava pronta, a noiva começava a gemer e a chorar e nós alisávamos seu cabelo, na tentativa de convencê-la a não se preocupar. "O casamento faz parte da vida", dizíamos. "Seja boa com sua sogra e com seu sogro, assim eles vão tratá-la bem. Cuide de seu marido e seja feliz."

Às vezes havia casamentos de verdade, com grandes festejos que duravam dias a fio e deixavam a família falida ou endividada. As noivas vestiam roupas soberbas e eram cobertas de ouro, com colares e alianças dados como dote pelos dois lados da família. Li que Benazir Bhutto insistiu em usar apenas anéis enfeitados com vidro em seu casamento, para dar o exemplo, mas o costume de adornar a noiva permanece. Às vezes um caixão de compensado vinha de uma das minas. As mulheres então se juntavam na casa da esposa ou da mãe da vítima, e um lamentoso pranto que me deixava arrepiada ecoava por todo o vale.

À noite a aldeia ficava muito escura, apenas com lamparinas de querosene brilhando nas casas das colinas. Nenhuma das mulheres mais velhas tinha educação formal, mas todas nos contavam histórias e recitavam *tapae*. Minha avó era muito boa nisso, e seus poemas normalmente falavam sobre o amor ou sobre ser pachtum. Um deles dizia: "Nenhum pachtum deixa a sua terra por vontade própria./ Ou ele a deixa por pobreza, ou por amor". Nossas tias nos assustavam com histórias de fantasmas, como a de Shalgwatay, o homem dos vinte dedos, que, nos advertiam, dormiria em nossa cama. Chorávamos de terror. Na verdade, todos nós temos vinte dedos, pois em pachto a palavra para "dedo" vale tanto para os dos pés quanto para os das mãos. Assim, na verdade, todos tínhamos vinte dedos, mas não nos dávamos conta disso. Para fazer com que nos lavássemos, as tias nos contavam sobre uma mulher assustadora chamada Shashaka, que perseguia, com suas mãos enlameadas e seu bafo podre, quem não tomasse banho ou não lavasse o cabelo, transformando a criança em uma mulher suja, com a cabeleira igual a um ninho de ratos e cheia de insetos. Shashaka podia até mesmo matar. No inverno, quando não queriam que os filhos ficassem fora de casa, os pais contavam a história do leão ou do tigre que sempre precisam dar o primeiro passo na neve. Apenas depois que o leão ou o tigre supostamente deixasse sua pegada éramos liberados para sair à rua.

À medida que ficávamos mais velhos, a aldeia começava a parecer entediante. O único aparelho de televisão permanecia na *hujra* de uma das famílias mais ricas. Ninguém tinha computador.

As mulheres cobriam o rosto sempre que saíam de perto de seus *purdah* e não podiam se encontrar nem falar com homens que não fossem seus familiares próximos. Eu usava roupas mais modernas e não cobria o rosto, nem mesmo quando me tornei adolescente. Um de meus primos, furioso, perguntou a meu pai: "Por que ela não está coberta?". Ziauddin respondeu: "Ela é minha filha. Cuide dos seus problemas". Mas parte da família pensava que as pessoas espalhariam boatos sobre nós, dizendo que não seguíamos devidamente o *pashtunwali*.

Tenho muito orgulho de ser pachtum, mas às vezes penso que nosso código de conduta tem muito a dizer, sobretudo no que diz respeito ao tratamento dispensado às mulheres. Uma delas, chamada Shahida, que trabalhou para nós e tinha três filhas pequenas, me contou que, aos dez anos, seu pai a vendeu para um velho que já tinha uma esposa, mas queria outra, mais nova. Meninas desapareciam não só quando se casavam. Havia na aldeia uma garota linda de quinze anos chamada Sima. Todo mundo sabia que estava apaixonada. Quando via o amado, ela o fitava com seus belos olhos enfeitados por cílios negros, que todas as meninas invejavam. Na nossa sociedade, uma moça flertar com um homem causa vergonha à família. Mas os homens podem flertar! Mais tarde nos disseram que Sima cometera suicídio. Descobrimos, porém, que a própria família a envenenara.

Temos um costume chamado *swara*, segundo o qual uma menina pode ser dada a outra tribo para resolver uma desavença. Oficialmente, foi banido, mas na prática ainda existe. Em nossa aldeia havia uma viúva, Soraya, casada com um viúvo de um clã que tinha uma desavença com a família dela. Ninguém pode se casar com um viúvo sem a permissão da própria família. Quando os parentes de Soraya souberam da união, ficaram furiosos. Ameaçaram a família do viúvo até que uma *jirga* de anciãos da aldeia foi convocada para resolver a disputa. A *jirga* decidiu que a família do viúvo devia ser punida, entregando sua moça mais bela para se casar com o homem menos aceitável do clã rival. O rapaz era um joão-ninguém, tão pobre que o pai da moça teve de pagar todas as despesas. Por que a vida de uma menina tem de ser arruinada para resolver uma desavença com a qual ela nada tem a ver?

Quando eu reclamava dessas questões, meu pai dizia que as coisas eram piores no Afeganistão. Um ano antes de eu nascer, o Talibã, liderado por um mulá caolho, havia dominado o país e incendiava as escolas de meninas. Também obrigava os homens a deixar a barba crescer e as mulheres a usar burcas — roupa que nos dá a sensação de caminhar dentro de uma peteca de tecido, com apenas um pequeno visor pelo qual enxergar. Pelo menos nós não tínhamos de vestir isso. O Talibã, dizia meu pai, havia até mesmo proibido mulheres de rir alto ou de usar sapatos brancos, pois essa é a cor do Profeta, e as prendia e espancava se usassem esmalte nas unhas. Eu tremia quando ele me contava essas coisas.

Eu lia livros como *Ana Karênina*, de Leon Tolstói, e os romances de Jane Austen. Confiava nas palavras de meu pai: "Malala é livre como um pássaro". Quando ouvia as histórias sobre as atrocidades que aconteciam no Afeganistão, eu celebrava o Swat. Aqui uma menina pode ir à escola, eu dizia. Mas o Talibã estava logo ali, na esquina, e era pachtum como nós. Para mim, o vale era um lugar ensolarado. Não pude ver as nuvens se juntando atrás das montanhas. Meu pai costumava falar: "Vou proteger sua liberdade, Malala. Pode continuar sonhando".

5. Por que não uso brincos e por que os pachtuns não dizem "obrigado"

Aos sete anos, eu era a primeira da classe. E ajudava colegas com dificuldades. "Malala é uma garota genial", dizia o pessoal da minha turma. Eu também era conhecida por participar de tudo: peteca, teatro, críquete, arte e até mesmo canto, embora não fosse muito boa nisso. Então, quando uma garota chamada Malka-e--Nur (o nome significa "rainha da luz") entrou em nossa turma, não me preocupei nem um pouco. Ela dizia que desejava ser a primeira mulher paquistanesa a assumir o comando do Exército. Sua mãe era professora em outra escola, algo bastante incomum, porque nossas mães não trabalhavam fora de casa. Para começar, ela não era de falar muito em sala de aula. A competição sempre acontecia entre mim e minha melhor amiga, Moniba, que tinha uma bela caligrafia e fazia apresentações de que os examinadores gostavam, mas eu sabia que podia vencê-la. Assim, quando fizemos os exames finais e Malka-e-Nur passou em primeiro lugar, fiquei perturbada. Em casa eu não parava de chorar, e minha mãe teve de me consolar.

Naquela época mudamos de onde morávamos, na mesma rua de Moniba, para um lugar onde eu não tinha nenhuma amiga. Naquela nova rua havia uma garota chamada Safina, um pouco mais nova que eu, e começamos a brincar juntas. Ela era mimada, tinha um monte de bonecas e uma caixa de sapatos cheia de joias. Mas não parava de olhar um de meus poucos brinquedos, um celular de plástico cor-de-rosa, presente de meu pai. Ele vivia falando ao celular e eu, que adorava imitá-lo, fingia fazer ligações no meu. Um dia, o telefone desapareceu.

Pouco tempo depois vi Safina brincando com um telefone exatamente igual. "Onde você conseguiu esse telefone?", perguntei. "Eu o comprei no mercado", ela respondeu.

Hoje sei que ela poderia ter dito a verdade, mas naquele momento pensei: "Safina agiu assim comigo e vou fazer o mesmo com ela". Eu costumava ir à sua casa para estudar; então, toda vez que estava lá, me punha a colocar suas coisas no bolso, principalmente bijuterias, como brincos e colares. Era fácil. A princípio, roubar me dava calafrios, mas isso logo passou. Pegar as coisas de Safina — joias de mentirinha — tornou-se uma compulsão. Eu não sabia como parar.

Certo dia voltei da escola e corri para a cozinha, como de costume, para fazer um lanche. "Oi, Bhabi!", chamei. "Estou faminta!" Silêncio. Minha mãe estava sentada no chão, pilando temperos, açafrões-da-índia e cominho de colorido brilhante, que enchiam o ar com seu aroma, e não disse uma palavra. Continuou pilando, e nem sequer olhou para mim. O que eu tinha feito? Fiquei muito triste e fui para meu quarto. Quando abri meu armário, vi que todas as coisas que eu roubara haviam desaparecido. Eu fora descoberta.

Minha prima Reena entrou no quarto. "Eles sabiam que você andava roubando", disse ela. "Esperavam que confessasse, mas você foi em frente."

Senti uma terrível dor de estômago. De cabeça baixa, voltei para onde estava minha mãe. "O que você fez foi errado, Malala. Quer nos cobrir de vergonha por não podermos comprar coisas como aquelas?"

"Não é verdade!", menti. "Eu não as roubei."

Mas mamãe sabia que eu as tinha roubado. "Foi Safina quem começou", protestei. "Ela roubou o celular cor-de-rosa que Aba comprou para mim."

Mamãe ficou impassível. "Safina é mais nova e você deveria orientá-la, dar-lhe o exemplo."

Comecei a chorar e a pedir mil perdões. "Não conte a Aba", pedi. Meu pai e eu tínhamos uma ligação especial e eu não queria desapontá-lo. É uma sensação terrível ver-se diminuída aos olhos dos próprios pais.

Aquela não foi a primeira vez que me comportei mal. Quando pequena, fui ao mercado com minha mãe e vi um monte de amêndoas numa carroça. Pareciam tão deliciosas que não pude resistir a pegar um punhado. Minha mãe me repreendeu e pediu desculpas ao dono da carroça. Ele estava furioso e não havia jeito de acalmá-lo. Naquela época ainda tínhamos um pouco de dinheiro, então ela procurou na bolsa para ver de quanto dispunha. "O senhor pode vendê-las por dez rupias?", perguntou. "Não", respondeu ele. "Amêndoas são muito caras."

Minha mãe ficou bastante abalada e contou a meu pai. Imediatamente ele foi até o mercado, comprou todas as amêndoas que estavam na carroça e colocou-as numa travessa de vidro.

"Amêndoas são muito gostosas", disse-me. "Se você as comer com leite antes de ir dormir, fica muito inteligente." Mas eu sabia que ele não tinha dinheiro, e a travessa cheia de amêndoas funcionava como um lembrete de minha culpa. Prometi a mim mesma que nunca mais faria aquilo. E agora eu tinha feito. Minha mãe levou-me à casa de Safina para que eu pedisse desculpas a ela e a seus pais. Foi muito duro. Safina nada disse sobre meu telefone, o que não me pareceu justo. Mas não o mencionei.

Embora eu me sentisse mal, também estava aliviada por tudo aquilo ter acabado. Desde aquele dia nunca mais menti nem roubei. Não disse uma mentira, nem peguei um tostão, nem mesmo as moedas que meu pai costumava deixar pela casa e com as quais tínhamos permissão de comprar guloseimas. Parei também de usar bijuterias, porque me perguntei: "Que são essas quinquilharias que me atraem? Por que perder meu caráter por causa dessas bugigangas de metal?". Mas continuo me sentindo culpada e até hoje peço perdão a Deus em minhas preces.

Minha mãe e meu pai revelam tudo um ao outro, e por isso Aba logo descobriu por que eu andava tão triste. Vi decepção em seus olhos. Eu o tinha frustrado. Queria que ele tivesse orgulho de mim, como acontecia quando eu recebia os troféus de Primeira do Ano na escola. Ou no dia em que nossa professora de jardim de infância, a srta. Ulfat, lhe disse que eu tinha escrito "Só fale em urdu" no quadro-negro, para que aprendêssemos a língua mais rápido.

Meu pai me consolou citando os erros cometidos por alguns de nossos heróis quando estes eram crianças. Ele me contou que Mahatma Gandhi disse: "Não se é digno de desfrutar a liberdade se isso não inclui a liberdade de cometer erros". Na escola líamos histórias sobre Mohammad Ali Jinnah, fundador do Paquistão. Quando criança, em Karachi, ele estudara à luz dos postes de iluminação de rua, porque não tinha luz elétrica em casa. Aconselhou outros garotos a parar de jogar bolas de gude na terra e a passar a jogar críquete, para manter roupas e mãos limpas. Do lado de fora de seu escritório, meu pai colocou uma cópia emoldurada de uma carta escrita por Abraham Lincoln para o professor de seu filho, traduzida para o pachto. É uma carta muito bonita, cheia de bons conselhos:

Ensine-lhe as maravilhas dos bons livros, mas também dê-lhe tempo para meditar sobre o extraordinário mistério dos pássaros no céu, das abelhas ao sol e das flores numa colina verdejante. Ensine-lhe que é mais honroso errar do que enganar os outros.

Penso que todo mundo comete um erro ao menos uma vez na vida. O importante é o que você aprende com esse erro. É por isso que tenho problemas com nosso código *pashtunwali*. Em nossa cultura, temos de nos vingar do mal que nos fazem, mas então a coisa nunca chega ao fim. Se o homem de uma família é morto ou ferido por outro homem, a vingança terá de recuperar o que chamamos de *nang*, isto é, a honra. Pode-se recuperá-la matando um membro da família do agressor. Aí então eles têm de se vingar. E assim por diante. Não existe limite de tempo para a vingança. Temos um ditado: "Um pachtum se vinga depois de vinte anos e outro diz que isso aconteceu muito cedo".

Somos um povo de muitos ditados. Um deles é o seguinte: "A pedra de um pachtum não deve enferrujar na água". Isto é, não devemos esquecer nem perdoar. É por isso que raramente usamos a palavra *manana*, "obrigado". Acreditamos que um pachtum nunca haverá de esquecer um favor que lhe fizeram e é obrigado a retribuir, do mesmo modo como se vingará do mal que lhe impuserem. A gentileza só pode ser retribuída com gentileza e não deve ser paga com um simples "obrigado".

Muitas famílias vivem em condomínios murados, com vigias, para ficar de olho em seus inimigos. Conhecemos muitas vítimas de rixas. Uma delas chamava-se Sher Zaman, que estudou com meu pai e sempre conseguiu notas mais altas que as dele. Meu avô e meu tio costumavam deixar meu pai maluco, zombando: "Você não é tão bom quanto Sher Zaman". A provocação chegou a tal ponto que papai uma vez desejou que as pedras rolassem das montanhas e o triturassem. Mas Zaman não conseguiu entrar na faculdade e teve de ser balconista na farmácia da aldeia. Sua família se desentendeu com seus primos sobre a quem pertenceria uma pequena parcela de floresta. Certo dia, ele e dois de seus irmãos estavam a caminho de suas terras quando sofreram uma emboscada de um tio e alguns de seus homens. Os três foram mortos.

Como pessoa respeitada na comunidade, meu pai com frequência era chamado para mediar conflitos. Ele nunca acreditou em *badal* — vingança — e procurava fazer que as pessoas entendessem que nenhuma das partes teria algo a ganhar com a continuidade da violência, e que seria melhor que cada qual seguisse com sua vida. Havia duas famílias em nossa aldeia, porém, que papai não conseguiu convencer. O conflito já durava tanto tempo que ninguém mais se lembrava de como tudo começara — provavelmente por causa de uma coisinha à toa, visto que somos gente de cabeça quente. Primeiro, um irmão de um lado atacava um tio de outra família. Depois, vice-versa. Isso consumia suas vidas.

Nosso povo diz que se trata de um bom sistema e que nossa taxa de criminalidade é menor do que em regiões não pachtum. Mas eu penso que se alguém mata seu irmão, você não deve matar uma pessoa da família desse alguém. Deve tentar orientá-lo. Eu me inspiro em Kahn Abdul Ghaffar Khan, o homem que alguns chamam de Ghandi da Fronteira, que introduziu a filosofia da não violência em nossa cultura.

O mesmo acontece no caso de roubos. Algumas pessoas, como eu, são descobertas e se comprometem a nunca mais fazer aquilo. Outras dizem: "Ora, não foi nada de importante, foi só uma coisinha à toa". Mas da segunda vez irão roubar algo maior, e da terceira vez algo maior ainda. Em meu país, os políticos não têm escrúpulos. Para começar, são ricos, e nós somos um país pobre — mas mesmo assim eles não param de roubar. A maioria não paga impostos, mas isso é o de menos. Tomam empréstimos de bancos estatais, mas não os devolvem. Descumprem os contratos com o governo usando amigos ou empresas que corrompem com essa finalidade. Muitos possuem apartamentos caros em Londres.

Não entendo como eles podem conviver com suas consciências ao ver que nosso povo vive faminto ou em meio à contínua escuridão, provocada pelos infindáveis cortes de energia elétrica, ou com crianças incapazes de ir à escola porque seus pais precisam do trabalho delas. Meu pai diz que o Paquistão foi amaldiçoado com um quinhão grande de políticos que só pensam em dinheiro. Não se preocupam com quem está no comando da nação. Ficam felizes em não entrar na cabine de comando; preferem ficar na primeira classe do avião, fechar as cortinas e desfrutar da boa comida e do serviço de bordo enquanto o resto de nós vai sendo massacrado pelo sistema econômico.

Nasci num tipo de democracia no qual, por dez anos, Benazir Bhutto e Nawaz Sharif substituíam um ao outro no poder, sem que seus governos completassem o tempo de mandato e sempre se acusando mutuamente de corrupção. Dois anos depois de meu nascimento, porém, os generais mais uma vez assumiram o controle da nação. Isso aconteceu de maneira tão dramática que mais pareceu coisa saída do cinema. Nawaz Sharif era primeiro-ministro. Desentendeu-se com o chefe das Forças Armadas, general Pervez Musharraf, e o exonerou quando o general se encontrava em um avião das linhas aéreas paquistanesas, a PIA, voltando de uma viagem ao Sri Lanka. Sharif estava tão preocupado com a reação do militar que tentou impedir a aterrissagem. Ordenou que o aeroporto de Karachi apagasse as luzes de pouso e colocasse carros de bombeiros na pista, para bloquear o avião, mesmo ciente de que havia outros duzentos passageiros a bordo e de que o aparelho não tinha combustível suficiente para descer em outro país.

Uma hora depois do anúncio da exoneração de Musharraf na televisão, tanques já estavam nas ruas e tropas tomavam salas de imprensa e aeroportos. O general Iftikhar, comandante local, dominou a torre de controle de Karachi para que o avião pudesse pousar. Musharraf tomou o poder e atirou Sharif numa cela em Forte Attock. Algumas pessoas comemoraram, uma vez que Sharif era impopular, mas meu pai chorou ao ouvir a notícia. Ele pensava que não teríamos mais ditaduras militares. Sharif, acusado de traição, foi salvo por seus amigos da família real saudita, que negociaram seu exílio.

Musharraf foi o quarto governante militar do Paquistão. Como todos os ditadores do país, ele foi à televisão falar ao país, começando com "*Mere aziz hamwatano*" — "meus caros compatriotas" — antes de fazer um longo discurso contra Sharif, dizendo que em seu governo o Paquistão "perdeu a honra, a dignidade e o respeito". Prometeu dar fim à corrupção e ir atrás dos "culpados de saquear e pilhar a riqueza nacional". Também prometeu divulgar publicamente seus bens e sua declaração de renda. Disse que governaria durante um breve período, mas ninguém acreditou. O general Zia prometera ficar no poder noventa dias e permaneceu por mais de onze anos, até ser morto naquele acidente aéreo.

É a velha história, diz meu pai, e tem razão. Musharraf prometeu acabar com o sistema feudal, pelo qual as mesmas poucas famílias controlam o país inteiro, e abrir espaço para rostos novos na política. Mas seu gabinete foi composto pelas velhas figuras de sempre. Mais uma vez nossa nação foi expulsa da Commonwealth e se tornou uma ovelha negra internacional. Os americanos já haviam suspendido, um ano antes, a maioria da ajuda que enviavam ao Paquistão, quando o governo realizou testes nucleares, mas agora quase todos os países boicotam nossa nação.

Diante de uma história como essa, pode-se entender por que o povo do Swat nem sempre acha que foi uma boa ideia integrar-

-se ao Paquistão. De tempos em tempos o Paquistão envia um novo Comissário Delegado, ou CD, para governar o Swat, da mesma maneira como os britânicos faziam na época da colonização. Parecia-nos que esses burocratas iam para nossa província simplesmente para enriquecer antes de voltar para casa. Eles não tinham nenhum interesse no desenvolvimento do vale. Nosso povo costumava ser subserviente porque na administração do *wali* não se admitia nenhuma crítica. Se alguém o ofendia, toda a família do ofensor podia ser expulsa do Swat. Por isso, quando os novos comissários vinham do Paquistão, tornavam-se uma espécie de reis e ninguém os questionava. Os mais velhos olhavam para o passado, para o tempo do último *wali*, com nostalgia. Diziam que naquela época as árvores ainda cobriam as montanhas, que havia escolas a cada cinco quilômetros e que o *wali* os visitava pessoalmente para resolver problemas.

Depois do que aconteceu com Safina, jurei que nunca mais trataria mal uma amiga. Meu pai sempre diz que é importante tratar bem os amigos. Quando ele estava na universidade e não tinha dinheiro para comida e livros, muitos amigos o ajudaram. Quanto a mim, tenho três boas amigas. Safina em meu bairro, Sumbul na aldeia e Moniba na escola. Moniba é minha melhor amiga desde o primário, quando morávamos perto uma da outra e eu a convenci a vir para nossa escola. Ela é uma garota ajuizada, embora muitas vezes nos desentendamos, principalmente quando saímos em excursões da escola. Moniba tem uma família grande, com três irmãs e quatro irmãos. Eu a considero minha irmã mais velha, embora tenha nascido seis meses antes dela. Moniba tem regras que tento seguir. Não há segredos entre nós, e não partilhamos nossos segredos com mais ninguém. Ela não gosta que eu converse com outras garotas e diz que devemos evitar nos relacionar com gente que se comporta mal ou que gosta de se meter em confusão. Sempre me dizia: "Tenho quatro irmãos. Se eu cometer o menor erro, eles podem me proibir de frequentar a escola".

Eu estava tão ansiosa em não desapontar meus pais que procurava ajudar a todos. Um dia nossos vizinhos me pediram para comprar milho no mercado. No caminho, um menino de bicicleta me atropelou. Meu ombro doeu tanto que meus olhos se encheram de lágrimas. Mesmo assim comprei o milho, levei-o até meus vizinhos e fui pra casa. Somente então chorei. Pouco antes eu descobrira a maneira perfeita de tentar recuperar o respeito de meu pai. Na escola correu a notícia de que haveria uma competição para oradores. Moniba e eu resolvemos nos inscrever. Lembrei a história de meu pai, surpreendendo meu avô no concurso de oratória, e quis imitá-lo.

Quando fiquei sabendo do tema, mal consegui acreditar. Era "Honestidade é a melhor política".

A única experiência que tínhamos em falar em público era a de ler poemas na reunião matinal. A melhor oradora era uma garota mais velha chamada Fatima, bonita e que se expressava com muito entusiasmo. Conseguia falar com segurança diante de centenas de pessoas e mantê-las atentas. Moniba e eu queríamos ser como ela e por isso a observávamos com atenção.

Em nossa tradição, os discursos normalmente são escritos por nossos pais, tios ou professores. Costumam ser em urdu ou em inglês, não em nossa língua nativa, o pachto. Pensávamos que falar inglês demonstrava mais inteligência. Claro que estávamos erradas. Pouco importa a língua que você fala; o importante são as palavras que você escolhe para se expressar. O discurso de Moniba foi escrito por um de seus irmãos mais velhos. Ele citou belos poemas de Allama Iqbal, nosso poeta nacional. O meu foi escrito por meu pai. O texto dizia que se você quiser fazer alguma coisa boa, mas escolher um modo ruim de executá-la, o resultado será ruim. Da mesma forma, se você escolhe um método bom para fazer algo ruim, o resultado também será ruim. Papai usou palavras de Lincoln para encerrá-lo: "É mais honroso errar do que enganar os outros".

No dia do concurso, apenas oito ou nove alunos apareceram. Moniba falou bem, com muita compostura, e seu discurso foi mais emotivo e poético do que o meu, embora o meu talvez tivesse a melhor mensagem. Eu estava muito nervosa antes do discurso, tremendo de medo. Meu avô foi assistir. Eu sabia que ele queria muito que eu ganhasse, o que me deixava ainda mais nervosa. Lembrei-me de que meu pai me dissera para respirar profundamente antes de começar, mas então vi todas as pessoas me olhando e fui em frente. Mantive-me firme enquanto as páginas dançavam em minhas mãos trêmulas. Quando terminei o discurso, com as palavras de Lincoln, olhei para meu pai. Ele estava sorrindo.

No final, a comissão julgadora anunciou Moniba como vencedora. Fiquei em segundo lugar.

Não tinha importância. Lincoln também escreveu na carta ao professor de seu filho: "Ensine-lhe a perder com galhardia". Eu quase sempre era a primeira da classe. Mas percebi que, mesmo que você vença três ou quatro vezes, isso não significa que a próxima vitória será sua, a não ser com muito esforço. E às vezes é melhor você contar sua própria história. Comecei a escrever meus próprios discursos e mudei a forma de apresentá-los, fazendo-o de memória e não lendo num papel.

6. Filhos do lixão

À medida que a Escola Khushal começou a atrair mais alunos, nós nos mudamos de novo e finalmente passamos a ter uma televisão. Meu programa favorito era *Shaka Laka Boom*, um desenho animado indiano sobre um menino chamado Sanju que tinha um lápis mágico. Tudo o que ele desenhava se tornava real. Se desenhasse um legume ou um policial, o legume ou o policial apareceriam num passe de mágica. Se desenhasse uma cobra por acidente, bastava apagá-la e a cobra desaparecia. Ele usava o lápis para ajudar as pessoas, e até mesmo salvou seus pais da ação de gângsteres. Eu queria aquele lápis mágico mais do que qualquer coisa no mundo.

À noite eu rezava: "Deus, me dê o lápis do Sanju e eu não vou contar para ninguém. É só deixar na minha cômoda. Vou usá-lo para fazer todo mundo feliz". Assim que terminava de rezar, eu abria a gaveta. O lápis nunca apareceu. Eu sabia direitinho a quem ajudar primeiro. Um pouco mais adiante de nossa casa havia um terreno baldio que as pessoas usavam como depósito de lixo — não há coleta de lixo no Swat. O local logo se tornou um lixão. Eu não gostava de caminhar ali perto, pois o cheiro era horrível. Às vezes víamos ratos pretos correndo por lá, e havia sempre corvos sobrevoando nossas cabeças.

Um dia meus irmãos não estavam em casa e minha mãe pediu que eu jogasse fora umas cascas de batata e de ovos. Franzi o nariz ao entrar no lixão, espantando moscas e cuidando para não pisar em nada que pudesse sujar meus sapatos. Enquanto eu jogava o lixo no monte de restos de alimento em decomposição, vi algo se mexendo e dei um salto. Era uma menina mais ou menos da minha idade. Seu cabelo estava emaranhado e sua pele, coberta de feridas. Sua aparência era bem como eu imaginava ser Shashaka, a mulher suja sobre a qual as lendas da aldeia nos falavam, para fazer com que tomássemos banho. A menina carregava um saco grande e estava separando o lixo em montes, um de latas, outro de tampas de garrafa, outro de vidro e outro de papel. Perto dela, meninos aproximavam do lixo ímãs amarrados em fios de barbante, a fim de encontrar pedaços de metal. Fiquei com vontade de falar com eles, mas tive medo. Naquela noite, quando meu pai voltou da escola, contei sobre as crianças do lixão e implorei que voltasse lá comigo. Ele concordou. Tentou até conversar, mas elas fugiram. Ele explicou que as crianças venderiam o que haviam recolhido por algumas rupias para um entreposto de lixo, que então faria a revenda com um acréscimo para empresas que pudessem usar os materiais. No caminho de volta para casa, vi lágrimas caindo de seus olhos.

"*Aba*, você precisar dar a eles vagas gratuitas na escola", pedi. Ele riu. Minha mãe e eu já o havíamos convencido a dar vagas gratuitas para várias meninas.

Embora sem ter educação formal, mamãe era a pessoa prática da família, a agente, ao passo que meu pai era o palestrante. Ela sempre ajudou as pessoas. Papai ficava bravo quando chegava para o almoço e chamava "Tor Pekai, estou em casa!" apenas para verificar que a esposa tinha saído sem deixar a refeição pronta. Então descobria que ela estava no hospital, visitando algum doente, ou fora auxiliar alguma família. Assim, a zanga passava. Às vezes, porém, ela saía para comprar roupas no Mercado Chinês, e aí as coisas eram diferentes.

Onde quer que morássemos, minha mãe enchia a casa de gente. Eu dividia o quarto com minha prima Anisa, que viera viver conosco para poder estudar, e com uma garota chamada Shehnaz, cuja mãe, Sultana, certa vez trabalhara em nossa casa. Shehnaz e sua irmã também haviam trabalhado juntando lixo, pois seu pai morrera e a família era muito pobre. Um de seus irmãos era mentalmente doente e sempre fazia coisas estranhas, como atear fogo nas roupas ou vender o ventilador elétrico que demos à família para amenizar o calor. Sultana era muito temperamental e minha mãe não a queria na casa, mas meu pai conseguiu uma pequena pensão para ela e um lugar para Shehnaz e seu irmão na escola. Shehnaz nunca tinha frequentado uma escola. Por isso, embora fosse dois anos mais velha que eu, foi colocada duas séries abaixo e passou a morar conosco para que eu pudesse ajudá-la.

Também havia Nuria, cuja mãe, Kharu, ajudava a lavar e limpar nossa casa, e Alishpa, uma das filhas de Khalida, a mulher que auxiliava minha mãe com a comida. Khalida fora vendida como esposa para um homem idoso, que costumava lhe dar surras. Um dia ela conseguiu fugir com as três filhas. Seus pais não a receberam de volta porque, em nossa tradição, uma mulher que abandona o marido envergonha a família. Durante algum tempo Khalida e as filhas também cataram lixo para sobreviver. Sua história era como as dos romances que eu começara a ler.

Àquela altura a escola já se expandira muito e compreendia três prédios — no original, em Landikas, ficava a escola primária;

na rua Yahya funcionava o ensino médio para meninas; perto das ruínas do templo budista situava-se a escola para meninos, com um grande jardim de rosas. Ao todo tínhamos cerca de oitocentos alunos, e, embora a escola não estivesse na verdade dando lucro, meu pai mantinha mais de cem vagas gratuitas. Uma delas era ocupada pelo filho de Sharafat Ali, que ajudara meu pai quando ele estava na faculdade e sem dinheiro. Eram amigos desde os tempos de aldeia. Ali trabalhava na companhia de energia elétrica e sempre que podia dava algumas centenas de rupias a meu pai, que ficou feliz por poder retribuir a gentileza, dando ao menino uma vaga gratuita na escola. Outra vaga era de Kausar, uma menina da minha classe cujo pai bordava roupas e xales — uma habilidade pela qual nossa região é famosa. Quando saíamos em excursões escolares para as montanhas, eu lhe pagava a viagem, pois sabia que ela não tinha dinheiro.

Dar vagas gratuitas a crianças pobres significava que meu pai abria mão de alunos pagantes. Algumas famílias ricas tiraram suas crianças da escola quando se deram conta de que elas estudavam com filhos e filhas de pessoas que limpavam suas casas ou que costuravam suas roupas. Achavam vergonhoso que seus filhos se misturassem com pessoas pobres. Minha mãe dizia que era difícil aquelas crianças aprenderem algo quando não recebiam comida suficiente em casa. Por isso algumas das garotas iam tomar café da manhã conosco. Meu pai brincava, dizendo que nossa morada se tornara uma pensão.

Com tanta gente circulando pela casa, ficava difícil ter concentração para estudar. Eu estava deliciada por contar com um quarto próprio, e meu pai até mesmo comprara uma escrivaninha, onde eu poderia fazer as lições e ler. Mas havia mais duas meninas no aposento. "Preciso de espaço!", eu gritava. Então me sentia culpada, pois sabia que tínhamos sorte. Lembrava-me das crianças que trabalhavam no lixão. E não conseguia tirar da cabeça o rosto sujo da menina que vira ali. Continuava pedindo a meu pai para lhes dar vagas na escola.

Ele tentou me explicar que aquelas crianças eram o arrimo financeiro de suas famílias e que, portanto, mandá-las para a escola, ainda que de graça, significaria fazer toda a família passar fome. Arrumou, então, outra maneira de ajudá-las. Convenceu um amigo rico, Azaday Khan, a financiar a produção de um folheto a ser distribuído pela cidade, perguntando: "*Kia hasool e elum in bachun ka haq nahe?*", ou "Essas crianças não têm direito à educação?". Mandou imprimir milhares desses folhetos e os distribuiu pela cidade e em reuniões locais.

Nessa época meu pai estava se tornando conhecido no Swat. Embora não fosse um *khan*, nem rico, as pessoas lhe davam ouvidos. Sabiam que ele diria algo interessante em workshops e seminários, e que não tinha medo de criticar as autoridades, nem mesmo o Exército, que mais uma vez governava nosso país. Os militares também o conheciam, e amigos lhe disseram que o comandante local o chamava de "perigoso" em público. Meu pai não entendia exatamente o que o militar queria dizer com isso, mas em nosso país, onde o Exército é tão poderoso, não pareceu coisa boa.

Algo que papai detestava eram as "escolas-fantasma". Pessoas influentes em áreas remotas recebiam dinheiro destinado à criação de escolas do governo que nunca viam aluno algum. Elas na verdade usavam os prédios como seus *hujras* ou como local para guardar animais. Descobriu-se até mesmo um homem que recebia aposentadoria como professor sem ter dado um só dia de aula em toda sua vida. Além da corrupção e da má administração, a maior preocupação de Ziauddin naqueles dias era o meio ambiente. Mingora crescia muito depressa — cerca de 175 mil pessoas moravam lá —, e nosso ar, outrora limpo, estava se tornando muito poluído por causa dos veículos e do fogo usado para cozinhar. As belas árvores das nossas colinas e montanhas vinham abaixo para virar madeira. Meu pai dizia que apenas metade da população da cidade tinha acesso à água potável, e mais de metade, como nós, não contava com saneamento básico. Por isso, meu pai e seus amigos organizaram um movimento chamado Conselho Global da Paz, que, apesar do nome pomposo, tinha preocupações locais. O nome era irônico e meu pai muitas vezes ria dele, mas o objetivo era sério: tentar preservar o ambiente do Swat e promover ideias de paz e educação entre os moradores.

Ziauddin adorava escrever poesia, às vezes de amor, mas quase sempre sobre temas controversos como assassinatos por honra e direitos da mulher. Uma vez visitou o Afeganistão para participar de um festival de poesia no Hotel Intercontinental de Cabul, onde leu um texto sobre a paz. No encerramento, seu poema foi mencionado como o mais inspirador, e a audiência pediu-lhe que repetisse estrofes e versos inteiros, exclamando "oh" sempre que um trecho em especial lhe agradava — esse é um modo de demonstrar admiração, mais ou menos como o "bravo!" ocidental. Até mesmo Baba ficou orgulhoso. "Filho, que você possa ser a estrela no céu de nosso conhecimento", ele costumava dizer.

Estávamos orgulhosos também, mas sua visibilidade cada vez maior significava que não o víamos muito. Era sempre nossa mãe quem comprava nossas roupas e nos levava para o hospital quando estávamos doentes, embora na nossa cultura, especialmente para aqueles nascidos no interior, uma mulher não deva fazer tais coisas sozinha. Por isso, um dos sobrinhos de meu pai sempre nos acompanhava. Quando ele estava em casa, reunia os amigos na varanda na cobertura, ao anoitecer, e conversavam sobre política sem parar. O assunto era sempre o mesmo: o Onze de Setembro. O ataque ao World Trade Center mudara o mundo, mas o epicentro de tudo era a nossa região. Osama bin Laden, líder da Al-Qaeda, vivia em Kandahar quando o atentado aconteceu, e os americanos enviaram milhares de tropas ao Afeganistão para pegá-lo, e derrubaram o regime do Talibã que o protegia.

No Paquistão ainda estávamos sob uma ditadura, mas os Estados Unidos precisavam de nossa ajuda, exatamente como nos anos 1980, quando os russos invadiram o Afeganistão. Assim como essa invasão mudou tudo para o general Zia, o Onze de Setembro tirou o general Musharraf da posição de pária internacional. Ele foi convidado para uma reunião na Casa Branca, com George W. Bush, e para outro encontro no número 10 da Downing Street, com Tony Blair. Havia um grande problema, porém. A agência de inteligência do Paquistão, a ISI, praticamente criara o Talibã. Muitos oficiais tinham relações pessoais próximas com alguns líderes talibãs, que conheciam havia anos, além de partilhar de algumas de suas crenças. Um oficial da ISI, o coronel Imam, jactava-se de ter treinado 90 mil talibãs e até mesmo se tornou o cônsul-geral do Talibã em Herat.

Não éramos admiradores do Talibã, pois ouvíramos falar que eles destruíam escolas de meninas e explodiam estátuas gigantes de Buda — havia muitas imagens de Buda no Swat, das quais nos orgulhávamos. E nós, pachtuns, não gostávamos que o Afeganistão fosse bombardeado ou que o Paquistão ajudasse os americanos, mesmo que isso significasse permitir que cruzassem nosso espaço aéreo e interromper o fornecimento paquistanês de armas ao Talibã. Não sabíamos, naquele tempo, que Musharraf também deixara que os americanos usassem nossos campos de pouso.

Alguns religiosos viam Osama bin Laden como um herói. Era possível comprar pôsteres e caixas de doces com a imagem dele no mercado. Esses clérigos afirmavam que o ataque de Onze de Setembro fora uma vingança contra os americanos, por aquilo que vinham fazendo aos outros povos do mundo. Mas negligenciaram o fato de que as pessoas no World Trade Center eram inocentes e nada tinham a ver com a política externa americana, e que o Corão Sagrado diz claramente que é errado matar. Nosso povo busca conspirações por trás de tudo, e muitos argumentaram que o ataque na verdade foi perpetrado por sionistas, e não por Bin Laden, para dar aos Estados Unidos a justificativa de lançar uma guerra contra o mundo muçulmano. Alguns de nossos jornais publicaram notícias de que nenhum judeu fora trabalhar no World Trade Center aquele dia. Meu pai disse que isso era bobagem.

Musharraf afirmou ao povo que não tinha escolha a não ser cooperar com os americanos. Contou que eles declararam: "Ou vocês estão conosco, ou estão com os terroristas". Musharraf também disse que os americanos haviam ameaçado bombardear o Paquistão até fazer com que voltássemos à Idade da Pedra caso não colaborássemos. Mas não estávamos exatamente cooperando, pois a ISI continuava fornecendo armas ao Talibã e dava a seus líderes refúgio em Quetta. A agência até mesmo persuadiu os americanos a deixar seu pessoal evacuar, por via aérea, centenas de soldados paquistaneses que estavam no norte do Afeganistão. O chefe da ISI pediu aos americanos que "segurassem" seu ataque ao Afeganistão até que ele tivesse ido a Kandahar a fim de solicitar ao líder talibã, mulá Omar, que entregasse Bin Laden. Mas, em vez disso, ofereceu-lhe ajuda.

Em nossa província, o *maulana* Sufi Mohammad, que lutara no Afeganistão contra os russos, lançou uma fátua contra os Estados Unidos. Organizou uma grande reunião em Malakand, onde nossos ancestrais haviam combatido os britânicos. O governo paquistanês não o impediu. O governador de nossa província declarou que quem quisesse lutar no Afeganistão contra as forças da OTAN podia realizar esse desejo. Cerca de 12 mil jovens foram ajudar o Talibã. Muitos jamais voltaram. Quase todos morreram, mas, como não há provas, suas esposas não podem ser declaradas viúvas. É muito difícil para elas. O irmão e o cunhado de Wahid Zaman, amigo de meu pai, estavam entre aqueles que foram para o Afeganistão. Seus filhos e suas viúvas ainda os esperam. Lembro-me de tê-los visitado e de me comover com sua saudade. Mesmo assim, tudo isso parecia acontecer muito longe de nosso pacífico e verde vale. O Afeganistão fica a pouco menos de duas centenas de quilômetros do Swat, mas para chegar lá é preciso atravessar Bajaur, uma das áreas tribais entre o Paquistão e o Afeganistão.

Bin Laden e seus homens voaram para as Montanhas Brancas de Tora Bora, no leste do Afeganistão, onde haviam construído uma rede de túneis enquanto combatiam os russos. Escaparam por eles e pelas montanhas, subindo até Kurram, outra área tribal. Na época não sabíamos que Bin Laden estivera no Swat e que permanecera por um ano em uma aldeia distante, beneficiando-se do código de hospitalidade *pashtunwali*.

Todos viam que Musharraf fazia jogo duplo, aceitando o dinheiro dos americanos e ao mesmo tempo ajudando os jihadistas, que a isi chamava de "quadros estratégicos". Os Estados Unidos disseram ter dado ao Paquistão bilhões de dólares, para ajudar na campanha contra a Al-Qaeda, mas não vimos um único centavo desse dinheiro. Musharraf construiu uma mansão perto do lago Rawal, em Islamabad, e comprou um apartamento em Londres. Era frequente a queixa de oficiais americanos de que o governo paquistanês não fazia o suficiente, mas então, de repente, um "peixe grande" foi fisgado. Khalid Sheikh Mohammad, considerado o cérebro do Onze de Setembro, foi encontrado em uma casa a cerca de dois quilômetros da residência oficial do chefe das Formas Armadas, em Rawalpindi. No entanto, o presidente Bush não cessava de elogiar Musharraf, de convidá-lo para ir a Washington e de descrevê-lo como seu amigo. Meu pai e seus companheiros ficaram desgostosos. Diziam que estava claro que os americanos sempre haviam preferido lidar com ditadores no Paquistão.

Desde pequena me interesso por política. Ficava sentada nos joelhos de meu pai, ouvindo tudo que ele e seus amigos discutiam. Mas me preocupava mais com as coisas próximas de nossa casa — com a nossa rua, para ser exata. Contei a minhas amigas na escola sobre as crianças no lixão e afirmei que deveríamos ajudá-las. Nem todas se mostraram dispostas, alegando que as crianças eram sujas e provavelmente doentes, e que seus pais não gostariam que estudassem junto com meninas e meninos como aqueles. Também disseram que não cabia a nós resolver esse tipo de problema. Discordei. "Podemos ficar paradas e esperar que o governo ajude, mas isso não vai acontecer. Se posso ajudar a sustentar uma ou duas crianças, e outra família pode sustentar mais uma ou duas, então conseguiremos ajudar todas elas."

Eu sabia que não adiantaria apelar para o general Musharraf. Em tais circunstâncias, pela minha experiência, se meu pai não pudesse ajudar, havia apenas uma opção. Então escrevi uma carta a Deus.

Querido Deus

Sei que o Senhor vê tudo, mas há tantas coisas que às vezes alguns detalhes podem passar despercebidos, sobretudo agora, com o bombardeio do Afeganistão. Mas acho que o Senhor não ficaria feliz se visse a maneira como algumas crianças da minha rua estão vivendo, num lixão. Deus, me dê força e coragem e me aperfeiçoe, pois quero transformar este mundo num mundo perfeito.

Malala

O problema era que eu não sabia como fazer a carta chegar até Ele. Por algum motivo imaginei que fosse necessário descer bem fundo na Terra. Então, de início, enterrei a carta no jardim. Então pensei que ela iria se estragar e a protegi com um saco plástico. Mas isso não pareceu adiantar muito. Gostamos de colocar textos sagrados em água corrente. Por isso enrolei minha carta, amarrei-a a um pedaço de madeira, enfeitei-a com um dente-de--leão e a coloquei no riacho que deságua no rio Swat. Na certa Deus a encontrou lá.

7. O mufti que tentou fechar nossa escola

Bem na frente da escola, na rua Khushal, onde nasci, ficava a casa de um mulá alto e elegante e de sua família. Seu nome era Ghulamullah e ele dizia ser um mufti, isto é, um erudito islâmico e uma autoridade em leis islâmicas, embora meu pai diga que qualquer pessoa que use um turbante pode se arvorar em *maulana* ou mufti. A escola finalmente ia bem, e meu pai começara a construir uma recepção imponente, com arcada, na entrada do edifício do curso secundário masculino. Pela primeira vez minha mãe tinha condições de usar roupas bonitas e até mesmo de mandar comprar comida fora, como sempre sonhara. O mufti prestava atenção a tudo. Observava as garotas entrando e saindo da escola todos os dias e ficava com raiva, principalmente porque algumas eram adolescentes. "Aquele *maulana* não está nos vendo com bons olhos", disse meu pai certo dia. Ele tinha razão.

Pouco depois o mufti procurou a dona do edifício onde funcionava a escola. "Ziauddin está fazendo um verdadeiro *haram* naquele prédio, e enchendo nosso *mohalla* [bairro] de vergonha", declarou. "Essas garotas deviam estar em regime de *purdah*. Tome o edifício e eu o alugarei para minha *madrasa*. Se você fizer isso, receberá o pagamento agora, além de uma recompensa no outro mundo."

A proprietária se recusou, e o filho dela procurou meu pai em segredo. "Esse *maulana* está começando uma campanha contra você", advertiu. "Nós não vamos entregar-lhe o edifício, mas tenha cuidado."

Meu pai ficou furioso. "Assim como dizemos *nim hakim khatrai jan* — um médico incompetente é um perigo para a vida das pessoas —, podemos afirmar também *nim mullah khatrai iman*, um mulá mal preparado é um perigo para a fé", afirmou ele.

Tenho orgulho de que meu país tenha sido criado como a primeira pátria muçulmana, mas nós ainda não estamos de acordo na questão de saber o que isso significa. O Corão nos ensina *sabar*, isto é, a paciência, mas esquecemos essa palavra com frequência e alguns muçulmanos fundamentalistas pensam que o Islã significa mulheres usando burcas, sentadas em casa, na *purdah*, enquanto os homens fazem *jihad*. Temos muitas linhas do Islã no Paquistão. Nosso fundador, Jinnah, lutava pelo reconhecimento dos direitos dos muçulmanos, mas a maioria da população da Índia era hindu. Era como se houvesse uma briga entre dois irmãos, e eles então concordaram em morar em casas diferentes. Assim, a Índia britânica foi dividida em agosto de 1947, dando nascimento a um Estado muçulmano independente, o Paquistão. O começo não poderia ter sido mais sangrento. Milhões de islamitas vieram da Índia para o Paquistão, enquanto os hindus seguiam o caminho contrário. Nessa travessia, 2 milhões de pessoas foram assassinadas. Muitas eram mortas em trens, que chegavam a Lahore e a Déli cheios de cadáveres. Meu avô escapou da morte por pouco ao voltar de Déli, onde estudou: o trem em que viajava foi atacado por hindus. Agora somos um país com

180 milhões de pessoas, das quais 96% são muçulmanas. Temos também, aproximadamente, 2 milhões de cristãos e mais 2 milhões de *ahmadis*, que se dizem muçulmanos, embora nosso governo negue isso. Infelizmente, essas comunidades minoritárias sofrem ataques frequentes.

Quando jovem, Jinnah morou em Londres, onde estudou advocacia, e queria um país onde reinasse a tolerância. Nosso povo sempre cita o famoso discurso que ele fez poucos dias antes de nossa independência: "Vocês têm liberdade para ir a seus templos, a suas mesquitas ou a qualquer outro lugar de adoração no Estado do Paquistão. Vocês podem pertencer a qualquer religião, casta ou credo — isso não tem nada a ver com os negócios do Estado". Meu pai diz que o problema é que Jinnah conseguiu um território para nós, mas não um Estado. Ele morreu de tuberculose exatamente um ano depois da criação do Paquistão, e desde então os conflitos não pararam. Tivemos três guerras contra a Índia e muitas matanças em nosso próprio país.

Nós, muçulmanos, nos dividimos entre sunitas e xiitas. Partilhamos as mesmas crenças fundamentais e o mesmo livro sagrado, o Corão, mas discordamos quanto a quem teria o direito de liderar os islamitas depois da morte do Profeta, no século VII. O homem escolhido pelo Profeta, quando em seu leito de morte, para ser califa e liderar os fiéis foi Abu Bakr, seu melhor amigo e conselheiro. A palavra "sunita" vem do árabe e significa "aquele que segue as tradições do Profeta". Mas um grupo menor achava que a liderança devia ficar no âmbito da família do Profeta e que seu genro e primo Ali é que deveria ser o califa. Esse grupo passou a ser chamado de "xiita", forma reduzida de Shia-t-Ali, isto é, Partido de Ali.

Todo ano os xiitas fazem uma comemoração chamada Muharram para relembrar o assassinato de Hussein Ibn Ali, neto do Profeta, na batalha de Karbala, em 680. Eles se chicoteiam, num frenesi sangrento, com correntes de metal ou lâminas de navalhas presas a barbantes até as ruas ficarem vermelhas de sangue. Um amigo de meu pai é xiita, e chora toda vez que fala da morte de Hussein. Sua reação é tão emotiva que os acontecimentos de Karbala parecem ter se passado na noite anterior, e não há mais de 1300 anos atrás. Jinnah, fundador do Paquistão, era xiita, assim como a mãe de Benazir Bhutto.

No Paquistão, mais de 80% da população é composta por sunitas — como nós —, mas entre estes existem ainda muitos grupos. De longe, o maior de todos é o dos *barelvis*, que receberam esse nome em homenagem a uma *madrasa* do século XIX situada num lugar chamado Bareilly, no estado indiano de Uttar Pradesh. Em seguida vêm os *deobandi*, que receberam o nome de uma famosa *madrasa* do século XIX também de Uttar Pradesh, mas situada na aldeia de Deoband. Eles são muito conservadores, e a maioria de nossas *madrasas* é *deobandi*. Temos também Ahl--e-hadith, ou povo do hadith, salafistas, dos quais se pode dizer que têm mais influência árabe e são ainda mais conservadores, ou aquilo que os ocidentais chamam de "fundamentalistas". Eles não aceitam nossos santos e santuários — muitos paquistaneses também são místicos e reúnem-se em santuários sufis para dançar e orar. Cada uma dessas linhas do Islã tem diferentes subgrupos.

O mufti da rua Khushal era membro do Tablighi Jamaat, um grupo *deobandi* que promove uma gigantesca assembleia em seu centro de atividades em Raiwind, perto de Lahore, de que participam milhões de pessoas. O general Zia costumava comparecer às assembleias, e na década de 1980, durante a ditadura que ele comandou, os tablighi se tornaram muito poderosos. Grande parte dos imãs designados para pregar nos quartéis era tablighi, e muitos oficiais do Exército se licenciavam e partiam para jornadas de pregação para o grupo.

Uma noite, depois de ter fracassado em sua tentativa de convencer nossa senhoria a anular nossa locação, o mufti reuniu alguns anciãos e formadores de opinião de nosso bairro e os trouxe numa delegação até nossa casa. Eram sete pessoas — alguns tablighi veteranos, um encarregado de mosteiro, um ex-jihadista e um comerciante — que encheram nossa morada.

Meu pai parecia preocupado e nos mandou para a outra sala. Como a casa era pequena, conseguimos ouvir tudo. O mulá Ghulamullah começou a falar: "Estou representando Ulema, Tablighian e Talibã", disse, referindo-se a organizações de eruditos islamitas para se dar ares de importância. "Estou representando bons islamitas, e todos achamos que sua escola de garotas é um *haram* e uma blasfêmia. Achamos também que você deve fechá-la. Garotas não devem frequentar escolas", continuou ele. "Elas são tão sagradas que deviam estar reclusas em um *purdah*; devem ser tão recatadas que não existe nenhum nome de mulher no Corão, visto que Deus não deseja que elas sejam nomeadas."

Meu pai não suportou ouvir mais nada daquilo. "O nome de Maria aparece o tempo todo no Corão", argumentou. "Ela não era uma mulher, e uma boa mulher?"

"Não", disse o mulá. "O nome só figura ali para provar que Isa (Jesus) era o filho de Maria, não o filho de Deus!"

"Pode até ser", respondeu meu pai. "Mas estou mostrando que o Corão cita o nome de Maria."

O mufti se pôs a contestar, mas a paciência de meu pai estava esgotada. Voltando-se para o grupo, disse: "Quando este cavalheiro cruza comigo na rua, olho para ele, cumprimento-o, mas ele não responde, apenas abaixa a cabeça".

O mulá baixou os olhos, embaraçado, pois cumprimentar alguém de forma correta é muito importante no Islã. "Você dirige a escola *haram*", disse ele. "É por isso que não quero cumprimentá-lo."

Então um dos outros homens tomou a palavra. "Ouvi dizer que você é um infiel", disse a meu pai, "mas estou vendo exemplares do Corão em sua sala."

"Mas claro!", respondeu meu pai, espantado pelo fato de ter sua fé contestada. "Sou muçulmano."

"Vamos voltar ao assunto da escola", disse o mufti, percebendo que a conversa não tomava o rumo pretendido. "Existem homens na sala de recepção da escola, eles veem as garotas entrarem, e isso é muito ruim."

"Tenho uma solução", disse meu pai. "Há outro portão na escola. As garotas podem entrar por ele."

O mufti não ficou nem um pouco satisfeito, pois queria que a escola fosse fechada. Mas os anciãos acharam a ideia boa e foram embora.

Meu pai desconfiou de que a história não acabaria ali. O que nós sabíamos e eles ignoravam era que a própria sobrinha do mufti frequentava a escola em segredo. Então, poucos dias depois, meu pai chamou o irmão mais velho do mufti, o pai da garota.

"Estou cansado de seu irmão", desabafou. "Que tipo de mufti é? Está nos enlouquecendo. Será que você não pode fazer alguma coisa para que ele nos deixe em paz?"

"Temo não poder ajudá-lo, Ziauddin", respondeu o homem. "Tivemos problemas em casa também. Ele mora conosco e disse a sua esposa que ela deve se isolar de nós e que nossas esposas devem manter-se longe dele, e isso num espaço pequeno. Nossas esposas são como irmãs para ele, e a dele como uma irmã para nós, mas esse maluco transformou nossa casa num inferno. Por isso sinto muito não poder ajudá-lo."

Meu pai tinha razão em achar que aquele sujeito não ia desistir — os mulás ficaram muito poderosos desde a ditadura de Zia e sua campanha de islamização.

Quando o general Musharraf assumiu o poder, em muitos aspectos mostrou-se diferente de Zia. Embora usasse uniforme, ocasionalmente vestia roupas ocidentais e chamava a si mesmo de chefe do executivo em vez de executor-chefe da lei marcial. Também criava cães, que os muçulmanos consideram impuros. Em vez de islamização, ele iniciou o que chamava de "moderação esclarecida". Abriu nossos meios de comunicação, permitindo novos canais de TV privados, e eliminou algumas restrições, permitindo a exibição de danças na televisão e que mulheres apresentassem noticiários. Permitiu também a comemoração de feriados ocidentais como o Dia dos Namorados e o Ano-Novo. Chegou até a consentir a realização de um concerto de música pop no Dia da Independência, transmitido para todo o país. Fez algo que nossos governantes democráticos não tinham feito, nem mesmo Benazir: aboliu a lei segundo a qual, para que uma mulher provasse ter sido violentada, era necessário apresentar quatro testemunhas do sexo masculino. Nomeou a primeira mulher a presidir um banco estatal e as primeiras a atuar como pilotos de avião e membros da polícia marítima. Chegamos a ter mulheres atuando como guardas no túmulo de Jinnah, em Karachi.

Não obstante, em nossa terra pachtum, na Província da Fronteira Noroeste, as coisas eram muito diferentes. Em 2002, Musharraf realizou eleições tendo em vista uma "democracia controlada". Foram eleições muito estranhas, uma vez que os principais líderes dos partidos, Nawaz Sharifand e Benazir Bhutto, estavam no exílio. Em nossa província, essas eleições resultaram na ascensão ao poder de um governo mulá. A aliança entre Muttahida Majlis e Amal (MMA), grupo de cinco partidos religiosos, incluindo Jamaat Ulema-e-Islami (JUI), o maior deles, que administrava as *madrasas* onde se treinavam os talibãs. Ironicamente, os liberais referiam-se ao MMA como AMM, Aliança entre Mulás e Militares. Dizia-se que esses mulás tinham sido eleitos porque contavam com o apoio de Musharraf. Mas algumas pessoas os apoiavam porque os pachtuns, muito religiosos, estavam furiosos com a invasão americana do Afeganistão e com o fato de os talibãs terem sido removidos do poder.

Nossa região sempre foi mais conservadora que o resto do Paquistão. Durante a jihad afegã construíram-se muitas *madrasas*, a maioria com dinheiro saudita. Como elas davam educação gratuita, um sem-número de jovens passou por lá. Foi o início do que meu pai chama de "arabização" do Paquistão. O Onze de Setembro tornou dominante essa militância. Às vezes, andando ao longo da principal rodovia, eu via edifícios cobertos de mensagens escritas com cal, anunciando treinamento para a luta. "Entre em contato conosco para o treinamento para a jihad", diziam os anúncios, apresentando um número de telefone para o qual se podia ligar. Naquela época, grupos de jihadistas tinham liberdade de fazer o que bem quisessem. Eles coletavam contribuições e faziam recrutamento abertamente. Houve até um diretor de escola que se gabou de que seu maior sucesso foi ter mandado dez meninos do nono ano para o treinamento em Caxemira.

O governo do MMA proibiu lojas de CDs e DVDs e queria criar uma delegacia de costumes, como fizera o Talibã afegão. A ideia era poder parar uma mulher acompanhada por um homem e exigir que ela provasse ser parente desse homem. Felizmente, a delegacia de costumes foi proibida pela Suprema Corte. Ativistas do MMA desfecharam ataques contra cinemas e rasgaram cartazes com figuras de mulheres ou os cobriram com tinta preta. Chegaram até a retirar, das lojas, manequins representando mulheres. Atacavam homens vestidos com roupas em estilo ocidental, em vez das tradicionais *shalwar kamiz,* e obrigavam as mulheres a cobrir a cabeça. Era como se quisessem remover da esfera pública todos os sinais visíveis do mundo feminino.

A escola de ensino médio de meu pai foi aberta em 2003. Naquele ano, meninos e meninas estudavam em salas mistas, mas em 2004 o clima mudou e tornou-se impossível pensar em escolas secundárias mistas. Tudo isso excitou os ânimos do mufti. Um dos funcionários da escola disse a meu pai que Ghulamullah muitas vezes ia à escola e perguntava por que as garotas continuavam entrando e saindo pelo portão principal. Disse também que um dia um funcionário acompanhou uma professora até a rua, para ela pegar um riquixá, e o mulá perguntou: "Por que aquele homem acompanhou-a até a rua? É irmão dela?".

"Não", respondeu o funcionário. "É um colega."

"Mas isso está errado!", protestou o mulá.

Meu pai pediu ao funcionário que o informasse da próxima vez que o mulá aparecesse. Quando isso aconteceu, meu pai saiu com o professor de estudos islâmicos, para interpelar o homem.

"Mulá, você me encostou na parede! Quem é você? Está louco! Precisa consultar um médico. Acha que entro na escola e fico nu? Quando vê um garoto e uma garota, você considera um escândalo. Eles são estudantes. Acho que você devia procurar o dr. Haider Ali!"

O dr. Haider Ali era um psiquiatra tão conhecido em nossa região que dizer "Quer que nós o levemos ao dr. Haider Ali?" era uma brincadeira que significava "Você está louco?".

O mufti ficou calado. Tirou o turbante e colocou-o no colo de meu pai. Para nós, o turbante é um símbolo externo de cavalheirismo e de espírito pachtum, e tirá-lo é considerado uma grande humilhação. Mas então as invectivas recomeçaram: "Eu nunca disse nada disso ao seu funcionário. É mentira dele".

Meu pai já perdera a paciência. "Você não tem nada a ver com esta escola", gritou. "Vá embora!"

O mufti não conseguiu fechar nossa escola, mas sua interferência foi um sinal de quanto nosso país mudara. Meu pai estava preocupado. Ele e seus amigos ativistas faziam reuniões intermináveis não apenas sobre preservação do meio ambiente, mas também sobre educação e democracia.

Em 2004, depois de resistir à pressão de Washington por mais de dois anos e meio, o general Musharraf enviou o Exército às Áreas Tribais sob Controle Federal (Federally Administered Tribal Area, ou FATA), compostas de sete regiões, ao longo da fronteira com o Afeganistão, sobre as quais o governo tinha pouco controle. Os americanos diziam que militantes da al-Qaeda fugidos do Afeganistão durante os bombardeios dos Estados Unidos usavam o lugar como abrigo seguro, aproveitando-se da hospitalidade pachtum. Dali eles administravam campos de treinamento militares e lançavam ataques além-fronteiras contra as tropas da OTAN. Aquela região é muito próxima do Swat. Uma das áreas, Bajaur, fica ao lado do vale. As pessoas que vivem nas FATA são todas de tribos pachtum, e como nós, os Yusafzai, vivem em ambos os lados da fronteira com o Afeganistão.

As sete áreas tribais foram criadas no tempo do colonialismo britânico como "zona de amortecimento" entre o Afeganistão e o que então era a Índia. Até hoje elas são governadas da mesma maneira, por chefes tribais ou anciãos conhecidos como *maliks*. Infelizmente, eles não fazem a menor diferença. Na verdade, as áreas tribais não têm governo algum. São lugares esquecidos, vales rochosos onde as pessoas vivem do contrabando. Sua renda média anual é de 250 dólares, metade da renda do Paquistão. Há pouquíssimos hospitais e escolas, principalmente para garotas, e os partidos políticos estavam proibidos até recentemente. Raríssimas mulheres são alfabetizadas. O povo é conhecido por seu espírito combativo e por sua independência.

Nosso Exército nunca tinha entrado nas FATA. O controle militar era indireto, assim como os britânicos tinham feito. Havia uma discreta presença dos Corpos Fronteiriços, recrutados entre os pachtuns, e não existiam efetivos regulares. Mandar o Exército para lá era uma decisão difícil. Primeiro porque isso significava que as tropas lutariam contra seus próprios irmãos pachtuns.

Além disso, o Exército e seu departamento de inteligência, a ISI, tinham relações estreitas com alguns dos militantes. A primeira região tribal em que o Exército entrou foi o Waziristão do Sul, em março de 2004. Como era de prever, os moradores do local consideraram a entrada um ataque a seu modo de vida. Todos os homens que carregavam armas e centenas de soldados foram mortos quando os habitantes se rebelaram.

O Exército ficou sobressaltado. Alguns soldados recusaram-se a lutar, pois não desejavam enfrentar seu próprio povo. Bateram em retirada doze dias depois e chegaram ao que chamaram de "acordo de paz" com os líderes dos militantes, como Nek Mohammad. Esse acordo de certa forma significava suborná-los para que suspendessem todos os ataques e afastassem os combatentes estrangeiros. Os militantes simplesmente usaram o dinheiro para comprar mais armas e logo retomaram suas atividades. Alguns meses depois aconteceu o primeiro ataque ao Paquistão, feito por um drone dos Estados Unidos.

Em 17 de junho de 2004, um Predator não tripulado jogou um míssil Hellfire contra o líder Nek Mohammad, no Waziristão do Sul, ao que parece quando ele dava uma entrevista por telefone, via satélite. Mohammad e os homens à sua volta morreram de imediato. As pessoas da região não tinham ideia do que era aquilo — à época nós não sabíamos que os americanos tinham condições de fazer uma coisa daquelas. Seja lá o que se pense sobre Nek Mohammad, não estávamos em guerra contra os americanos e ficamos chocados com a evidência de que eles podiam lançar ataques aéreos em nosso território. Nas regiões tribais, os moradores ficaram furiosos, e muitos se integraram a diferentes grupos militantes ou formaram *lashkars,* isto é, milícias locais.

Então houve outros ataques. Os americanos diziam que Ayman al-Zawahiri, o segundo homem depois de Bin Laden, estava escondido em Bajaur e casara-se lá. Em janeiro de 2006, um drone que supostamente o tinha como alvo atacou uma aldeia chamada Damadola, destruindo três casas e matando dezoito pessoas. Os americanos alegaram que Al-Zawahiri fora alertado e fugira. Em 30 de outubro daquele mesmo ano, outro Predator atingiu uma *madrasa* em uma montanha perto da cidade de Khar, matando 82 pessoas, a maioria meninos. Os americanos argumentaram que aquele lugar era usado como campo de treinamento da Al-Qaeda, mostrado nos vídeos do grupo, e que a montanha estava cheia de túneis e depósitos de armas. Poucas horas depois do ataque, um influente clérigo local, Faqir Mohammad, que dirigia a *madrasa*, anunciou que as mortes seriam vingadas com homens-bomba contra os soldados paquistaneses.

Meu pai e seus amigos ficaram preocupados. Chamaram líderes e anciãos locais para uma conferência de paz. A noite de janeiro era muito fria, mas mesmo assim 150 pessoas compareceram.

"Está vindo para cá", meu pai alertou. "A guerra está chegando ao vale. Tratemos de apagar o fogo da militância antes que ele nos alcance."

Mas ninguém ouviu. Alguns até riram, incluindo um líder político sentado na primeira fileira.

"Sr. Khan", meu pai lhe falou, "o senhor sabe o que aconteceu ao povo afegão. Agora eles são refugiados e vivem entre nós. A mesma coisa está ocorrendo em Bajaur. E acontecerá conosco, e não teremos abrigo, nenhum lugar para onde migrar."

O homem tinha uma expressão zombeteira. "Olhe para este professor", ele parecia dizer. "Sou um *khan*. Quem ousaria me expulsar daqui?"

Ziauddin voltou para casa frustrado. "Tenho uma escola, mas não sou líder político nem *khan*. Não tenho plataforma. Sou apenas um homem insignificante."

8. O outono do terremoto

Num agradável dia de outono, quando eu estava na escola primária, nossas carteiras começaram a mexer-se e a tremer. Como as classes ainda eram mistas naquela época, meninos e meninas se puseram a gritar: "Terremoto!". Corremos para fora, como nos orientaram a fazer nesses casos. Todas as crianças se reuniram em volta dos professores como pintinhos ao redor da mamãe galinha.

O vale do Swat situa-se numa falha geológica e por isso temos terremotos com frequência, mas aquele foi diferente. Todos os edifícios pareciam tremer à nossa volta, e a coisa não parava. A maioria de nós chorava, os professores rezavam. A sra. Rubi, minha professora preferida, recomendou-nos que parássemos de chorar e ficássemos calmos, pois logo aquilo passaria.

Quando o tremor parou, todos fomos enviados para casa. Encontramos mamãe sentada numa cadeira, de Corão em punho, recitando versos sem parar. Sempre que acontece algum problema, as pessoas rezam muito. Ela ficou aliviada ao nos ver e nos afagou, derramando lágrimas. Mas os tremores secundários se repetiram ao longo de toda a tarde, e por isso ficamos com muito medo.

Tínhamos mudado mais uma vez, e estávamos morando num apartamento. Para a cidade de Mingora, tratava-se de um edifício alto, de dois andares, com uma grande caixa-d'água no telhado. Minha mãe temia que a caixa caísse sobre nós, e por isso nos mantivemos fora do edifício. Naquela noite, meu pai chegou muito tarde porque foi vistoriar todas as outras escolas antes de voltar para casa.

Ao anoitecer, ainda havia tremores, e minha mãe estava em pânico. Toda vez que acontecia um tremor, achávamos que tinha chegado o dia do Juízo Final. "Ficaremos soterrados em nossas camas!", exclamou mamãe. Insistiu para que saíssemos. Mas meu pai estava exausto, e nós muçulmanos acreditamos que nosso destino é traçado por Deus. Por isso ele me levou, junto com Khushal e Atal, à época apenas um bebê, para a cama.

"Vão para onde quiserem", disse ele a minha mãe e sua prima. "Eu ficarei aqui. Se você acredita em Deus, deve ficar." Penso que quando acontece um grande desastre, e nossas vidas são ameaçadas, lembramo-nos de nossos pecados, perguntamo-nos como vamos encontrar Deus e se haveremos de ser perdoados. Mas Deus também nos deu a faculdade de esquecer; por isso, quando a tragédia passa, continuamos com nossa vida normal. Quando penso no que aconteceu comigo, percebo que me esqueci de muitos detalhes do terremoto e continuo sendo a garota de sempre. Confiei na fé de meu pai, mas também partilhava as preocupações muito justificadas de minha mãe!

O terremoto de 8 de outubro de 2005 revelou-se um dos mais graves da história. Atingiu 7,6 pontos na escala Richter e foi sentido em lugares distantes como Cabul e Déli. Mingora sofreu muito pouco com ele. Apenas alguns edifícios desabaram, mas a vizinha Caxemira e as regiões do norte foram devastadas. Até em Islamabad edifícios desabaram.

Levamos algum tempo para nos dar conta de quão grave foi o tremor. Quando as estações de televisão começaram a mostrar notícias sobre a devastação, vimos aldeias inteiras transformadas em poeira e escombros. Deslizamentos de terra bloqueavam o acesso às partes mais afetadas, e todos os telefones e linhas elétricas foram interrompidos. O terremoto afetou 30 mil km². Os números são inacreditáveis. Mais de 73 mil pessoas morreram, 128 mil ficaram feridas, muitas delas incapacitadas pelo resto de suas vidas. Cerca de 3,5 milhões de pessoas perderam suas casas. Estradas, pontes, água e energia elétrica entraram em colapso. Lugares como Balakot foram quase totalmente destruídos. Muitos dos mortos eram crianças que, como eu, estavam em sala de aula. Seis mil e quatrocentas escolas transformaram-se em ruínas, soterrando 18 mil crianças, que perderam a vida.

Nós nos lembramos do pavor que sentimos naquela manhã e começamos a recolher dinheiro na escola — e cada um trazia o que tinha. Meu pai procurou todos os seus conhecidos, pedindo às pessoas que doassem comida e roupas, além de dinheiro, e minha mãe e eu fizemos uma pilha de cobertores para enviar às vítimas do terremoto. Papai conseguiu doações em dinheiro da Associação de Escolas Particulares do Swat e do Conselho Global para a Paz, e as juntou à quantia que levantamos na escola. O total ultrapassou 1 milhão de rupias. Uma editora de Lahore, que fornecia nossos livros didáticos, enviou cinco caminhões com alimentos e outros artigos de primeira necessidade.

Ficamos preocupadíssimos com os membros de nossa família em Shangla, amontoados entre aquelas montanhas estreitas. Por fim recebemos notícias de um primo. Na pequena aldeia de meu pai, oito pessoas morreram, e muitas casas foram destruídas. Uma delas foi a do mulá local, *maulana* Khadim, que desabou e matou suas quatro belas filhas. Eu queria ir com papai e os caminhões para Shangla, mas ele me disse que seria perigoso demais. Quando voltou, alguns dias depois, estava palidíssimo. Contou-nos que a última etapa da viagem fora muito difícil. Boa parte da estrada caíra no rio e, em muitos lugares, grandes blocos de pedra vindos das montanhas bloqueavam o caminho. Nossa família e nossos amigos disseram ter pensado que era o fim do mundo. Descreveram o barulho das pedras rolando colinas abaixo, enquanto todos saíam correndo de suas casas, recitando o Corão. Descreveram também os gritos que se ouviam quando os telhados desabavam e os uivos dos búfalos e das cabras. Como os tremores continuaram, eles passaram o dia inteiro, e a noite, ao ar livre, aconchegando-se uns aos outros para se aquecer, pois fazia um frio terrível nas montanhas.

Os únicos homens que chegaram para a operação de resgate foram alguns poucos funcionários de uma agência internacional de auxílio, com sede no Swat, e voluntários do Tehrik-e-Nifaz-e-Sharia-e-Mohammadi (TNSM), ou Movimento pelo Cumprimento da Lei Islâmica, grupo fundado por Sufi Mohammad, o mesmo que enviara homens para lutar no Afeganistão. Mohammad estava na cadeia desde 2002, quando o general Musharraf prendeu um grande número de líderes militantes, pressionado pelos americanos, mas sua organização continuou funcionando, dirigida por seu genro, o *maulana* Fazlullah. As autoridades tiveram dificuldades em alcançar lugares como Shangla, porque a maioria das estradas e das pontes foi destruída e os governos locais haviam perecido. Ouvimos um funcionário das Nações Unidas dizer na televisão que foi "o pior pesadelo logístico que a organização teve de enfrentar em sua história".

O general Musharraf classificou o terremoto como uma "prova para a nação" e anunciou que o Exército desenvolvera a Operação Salva-Vidas — nosso Exército adora dar nomes a suas operações. Havia grande número de fotografias de helicópteros militares carregados de suprimentos e de barracas. Mas em muitos vales os veículos não puderam aterrissar, e os pacotes com suprimentos muitas vezes rolavam pelas encostas e caíam nos rios. Em alguns lugares, quando os helicópteros chegavam, os habitantes corriam para a área que eles sobrevoavam, impedindo que se lançasse qualquer coisa com segurança.

Mas alguma ajuda chegou a seu destino. Os americanos agiram com rapidez, pois dispunham de centenas de soldados e de centenas de helicópteros no vizinho Afeganistão, e assim puderam enviá-los e mostrar que estavam nos ajudando naquele nosso momento de necessidade, embora algumas tripulações cobrissem a bandeira americana dos helicópteros, temendo represálias. Nas áreas remotas, eram muitos os que viam um estrangeiro pela primeira vez.

A maioria dos voluntários pertencia a organizações ou instituições islâmicas de caridade, mas alguns vinham de frentes de grupos militantes. O mais visível era o Jamaat ud-Dawa (JUD), braço beneficente do Lashkar e Toiba (LET), que tem ligação estreita com a ISI e deseja libertar a Caxemira, que, acreditamos, deve fazer parte do Paquistão e não da Índia, visto que a maioria de sua população é muçulmana. O líder da LET é um professor de Lahore chamado Hafiz Said, que está sempre na televisão recrutando combatentes para atacar a Índia. Quando o terremoto aconteceu, e nosso governo pouco fez para ajudar, foi o Jamaat ud-Dawa que estabeleceu campos de ajuda patrulhados por homens armados com Kalashnikovs e walkie-talkies. Logo suas bandeiras em preto e branco, com espadas cruzadas, tremulavam por todos os vales e montanhas. Na cidade de Muzaffarabad, na Caxemira Livre, o JUD chegou até a instalar um grande hospital de campanha com máquinas de raios X, uma sala de cirurgia, uma farmácia bem equipada e um departamento odontológico. Médicos, inclusive cirurgiões, ofereceram seus serviços, juntamente com milhares de jovens voluntários.

As vítimas do terremoto elogiaram os ativistas que subiam e desciam montanhas penosamente, atravessando vales desmoronados, levando auxílio a regiões remotas com as quais ninguém se importava. Eles ajudaram a desobstruir e a reconstruir aldeias destruídas, além de puxar o coro das preces e enterrar corpos. Mas até hoje, quando a maioria das instituições beneficentes internacionais já se foi, edifícios destroçados ainda se alinham ao longo da rodovia, as pessoas continuam a esperar ajuda do governo para construir novas casas, e as bandeiras do JUD e seus voluntários permanecem hasteadas. Meu primo, que estudava no Reino Unido, disse que eles arrecadaram muito dinheiro entre os paquistaneses que viviam lá. Mais tarde comentou-se que parte desse dinheiro foi desviada para financiar uma trama destinada a bombardear aviões que partiam da Grã-Bretanha rumo aos Estados Unidos.

Com tanta gente morta, havia muitos órfãos: o número chegava a 11 mil. Em nossa cultura, os órfãos normalmente são adotados por parentes próximos ou distantes, mas o terremoto foi tão terrível que famílias inteiras acabaram dizimadas ou perderam tudo. Por isso não havia condições de adotar crianças. A promessa do governo de que o Estado cuidaria de todas elas não passava de mais uma daquelas promessas governamentais. Meu pai ouviu dizer que muitas crianças foram recolhidas pelo JUD e levadas para suas *madrasas*. No Paquistão, as *madrasas* são uma espécie de sistema de previdência, pois dão comida e alojamento, mas o ensino que ministram não segue o currículo normal. Os meninos aprendem o Corão pela repetição, balançando o corpo para a frente e para trás enquanto recitam. Aprendem também que não há coisas como ciência ou literatura, que dinossauros nunca existiram e que o homem jamais foi à Lua.

Todo o país ficou em estado de choque por muito tempo

depois do terremoto. Já tão infelizes com nossos políticos e ditadores militares, agora, para completar, tínhamos de lidar com um desastre natural. Mulás do TNSM começaram a pregar que o terremoto era um aviso de Deus. Se não melhorássemos nossas maneiras de cumprir os preceitos islâmicos nem introduzíssemos a *sharia*, gritavam eles em vozes estrondosas, estaríamos fadados a novos castigos.

PARTE II

O VALE DA MORTE

د كلي خوا ته طالبان راغلي دينه   رباب منگيه وخت د تير شو

Rabab mangia wakht de tir sho
Da kali khwa ta Talibaan raaghali dena

Música, adeus! É melhor calar até mesmo os sons mais suaves
O Talibã, ali na borda da aldeia, silenciou todos os lábios

9. Mulá FM

Eu tinha dez anos quando o Talibã veio para o vale. Moniba e eu começávamos a ler livros sobre vampiros e queríamos ser como eles. Parecia-nos que os talibãs chegavam à noite, como os vampiros. Eles surgiam em grupos, armados com facas e Kalashnikovs. Apareceram primeiro no norte do Swat, nas áreas montanhosas de Matta. Não se identificavam como talibãs e não se pareciam com os talibãs afegãos que tínhamos visto em fotografias, com turbantes e rímel nos cílios.

Tratava-se de homens de aparência esquisita, com barba e cabelos compridos e desgrenhados, com roupas de camuflagem sobre os *shalwar-kamiz* que usavam com calças acima dos tornozelos. Usavam sapatos de corrida ou sandálias baratas de plástico, e alguns tinham meias na cabeça com buracos na altura dos olhos, e o nariz escondido por trás dos turbantes. Usavam também distintivos pretos em que se lia *Shariat ya Shahadat*, isto é, lei islâmica ou martírio. Alguns portavam turbantes pretos e por isso as pessoas os chamavam de Tor Parki, ou Brigada de Turbantes Pretos. Pareciam tão escuros e sujos que um amigo de meu pai os chamava de "gente sem banheiros nem barbeiros".

O líder era um homem de 28 anos, *maulana* Fazlullah, encarregado de operar a cadeira suspensa por meio da qual atravessávamos o rio Swat. Ele mancava com a perna direita porque tivera pólio quando criança. Estudara na *madrasa* do *maulana* Sufi Mohammad, fundador do TSNM, e se casara com a filha dele. Quando Mohammad foi preso, em 2002, Fazlullah assumiu a liderança do movimento. Pouco antes do terremoto, apareceu em Imam Deri, uma pequena aldeia a poucos quilômetros de Mingora, do outro lado do rio Swat, e instalou uma estação de rádio clandestina.

No vale, a maioria das informações chega pelo rádio porque muitos habitantes não possuem aparelho de televisão ou são analfabetos. Logo todos pareciam falar sobre a nova estação, que ficou conhecida como Mulá FM. Ela fazia transmissões diariamente, entre oito e dez horas da noite, e entre sete e nove da manhã.

No começo, Fazlullah se mostrou muito razoável. Apresentou-se como um reformador islâmico e bom intérprete do Corão. Minha mãe, muito devota, gostava dele, que usava o rádio para estimular o povo a adotar bons hábitos e abandonar as práticas que ele considerava ruins. Dizia que os homens deviam usar barba, parar de fumar e de mascar fumo. Afirmava que as pessoas deviam abandonar o uso de heroína e *chars,* que em nosso idioma significa haxixe. Aconselhava as pessoas a corrigir a maneira de fazer suas abluções para as orações: que área do corpo lavar primeiro e como banhar as partes íntimas.

Às vezes sua voz mostrava sensatez, como quando adultos tentam convencer alguém a fazer alguma coisa que esse alguém não quer, e às vezes era muito exaltada. Chorava com frequência quando afirmava seu amor pelo Islã. Costumava falar por um breve período, e então cedia o lugar para Shah Douran, seu assistente, o homem que costumava vender salgadinhos num triciclo, no mercado. Ambos alertavam as pessoas para que parassem de ouvir música, de assistir a filmes e de dançar. Atos pecaminosos como esses, vociferava Fazlullah, haviam causado o terremoto, e, se as pessoas não parassem com esses atos, provocariam novamente a cólera de Deus. Os mulás quase sempre interpretam errado o Corão e o Hadith quando os ensinam no Paquistão, onde poucos conseguem entender a língua árabe. Fazlullah explorava essa ignorância.

"Isso é verdade, Aba?", perguntei a meu pai. Eu me lembrava de quão assustador fora o terremoto.

"Não, Jani. Ele está enganando as pessoas."

Meu pai disse que naquela tarde a estação de rádio fora o assunto das conversas na sala dos professores da escola. Àquela altura, nossas escolas tinham setenta professores, sendo quarenta homens e trinta mulheres. Alguns não gostavam das pregações de Fazlullah, mas muitos lhes eram favoráveis. As pessoas o consideravam um bom intérprete do Sagrado Corão, e admiravam seu carisma. Gostavam de sua defesa da volta da lei islâmica, pois todos estavam frustrados com o sistema jurídico paquistanês, que substituiu o nosso quando o vale se tornou parte do Paquistão. Casos como disputas de terra, comuns em nossa área, e que costumavam ser resolvidos rapidamente, passaram a demorar dez anos para ir a julgamento. Todos também queriam ver pelas costas os funcionários públicos corruptos enviados para o vale. Era quase como se as pessoas achassem que Fazlullah fosse recriar o velho emirado da época do *wali*.

Seis meses depois de iniciadas as transmissões, as pessoas descartavam seus aparelhos de TV, seus DVDs e CDs. Os homens de Fazlullah os juntavam em enormes amontoados na rua e então os incendiavam, criando nuvens de densa fumaça negra que subiam até o céu. Centenas de lojas de CD e DVD fecharam voluntariamente e seus proprietários foram indenizados pelo Talibã. Meus irmãos e eu ficamos preocupados porque gostávamos de nossa televisão, mas meu pai garantiu que não iria se desfazer dela. Para maior segurança, nós a colocamos num armário e a assistíamos em volume baixo; sabia-se que os talibãs ouviam às portas, entravam e tomavam os aparelhos à força e os destruíam na rua. Fazlullah odiava os filmes de Bollywood, de que tanto gostávamos, e os denunciava como anti-islâmicos. Só o rádio escapava à proibição, e toda música era declarada *haram*, exceto as canções talibãs.

Certo dia meu pai foi visitar um amigo no hospital e encontrou um grande grupo de pacientes ouvindo fitas cassete com sermões de Fazlullah. "Você precisa conhecer *maulana* Fazlullah", disseram-lhe. "É um grande erudito."

"Na verdade, ele é um sujeito que fugiu da escola secundária e cujo nome verdadeiro nem é Fazlullah", respondeu Ziauddin, mas as pessoas não lhe deram atenção. Meu pai ficou deprimido porque a maioria tinha começado a se deixar envolver pelas palavras de Fazlullah, pelo seu romantismo religioso. "É ridículo", dizia meu pai, "mas esse pretenso sábio está difundindo a ignorância."

Fazlullah era especialmente popular em regiões remotas, onde o povo se lembrava de como os voluntários do TNSM tinham ajudado durante o terremoto, quando não se via o menor sinal do governo. Em algumas mesquitas foram fixados alto-falantes ligados à rádio, para que as transmissões pudessem ser ouvidas por todos, na aldeia e nos campos. A parte mais popular era levada ao ar à noite, quando Fazlullah citava nomes de pessoas e suas decisões. "O sr. Fulano fumava haxixe mas parou porque é pecado", "O sr. Cicrano deixou a barba crescer e eu lhe dou os parabéns", "O sr. Beltrano fechou sua loja de CDs voluntariamente", dizia, acrescentando que todos seriam recompensados na outra vida. Os habitantes gostavam de ouvir seu nome citado no rádio. Também gostavam de saber quais vizinhos ainda pecavam, para espalhar boatos.

A Mulá FM fazia piadas sobre o Exército. Fazlullah acusava os funcionários do governo paquistanês de "infiéis" e dizia que se opunham à volta da lei islâmica. Declarava que se eles não a implementassem, seus homens iriam "impô-la e estraçalhá-los". Um de seus temas preferidos era o injusto sistema feudal dos *khans*. Os pobres ficavam felizes ao ver os *khans* receberem críticas. Consideravam Fazlullah uma espécie de Robin Hood e acreditavam que, quando ele tomasse o poder, daria as terras dos *khans* para quem não tinha nada. Alguns *khans* fugiram. Papai não concordava com isso. Era contra os *khans*, mas dizia que os talibãs eram piores.

Hidayatullah, o amigo de meu pai, tornara-se funcionário público em Peshawar e nos alertou: "É assim que esses militantes agem. Querem ganhar os corações e as mentes do povo. Por isso, primeiro analisam os problemas locais e atacam os responsáveis por eles. Desse modo conseguem o apoio da maioria silenciosa. Foi o que fizeram no Waziristão, onde perseguiram bandidos e sequestradores. Depois, quando tomaram o poder, comportaram-se como os criminosos que um dia caçaram".

Os programas de Fazlullah muitas vezes eram dirigidos às mulheres. Talvez ele soubesse que grande parte dos homens pachtuns estava longe de casa, trabalhando em minas, no sul, ou na construção civil, no Golfo. Às vezes anunciava: "Homens, agora saiam. Estou falando para as mulheres". E continuava: "As mulheres devem cumprir suas responsabilidades dentro de suas casas. Somente em casos de extrema necessidade elas podem sair, cobertas com o véu". Em algumas ocasiões seus homens exibiam roupas extravagantes que, afirmavam, tinham tirado de "mulheres decadentes" para envergonhá-las.

Na escola, meus amigos diziam que suas mães ouviam as transmissões, mas nossa diretora, a sra. Maryam, aconselhou-nos a não ouvi-las. Em casa tínhamos apenas o velho rádio, agora quebrado, de meu avô. Mas todas as amigas de minha mãe acompanhavam as transmissões e lhe contavam o que tinham ouvido. Elogiavam Fazlullah, comentavam sobre seu cabelo comprido, seu modo de andar a cavalo e como se comportava como o Profeta. As mulheres lhe contavam seus sonhos, e ele orava por elas. Mamãe gostava dessas histórias, mas meu pai estava horrorizado.

Eu me sentia confusa em relação às pregações de Fazlullah. No Sagrado Corão não está escrito que os homens devem sair de casa e que as mulheres devem trabalhar o dia inteiro dentro dela. Em nossas aulas de estudos islâmicos costumávamos escrever composições intituladas "Que tipo de vida o Profeta levou". Aprendemos que Khadijah, a primeira esposa de nosso Profeta, era uma mulher de negócios, tinha quarenta anos, quinze a mais que Ele. Além disso, fora casada antes, e mesmo assim Ele a desposou. Eu sabia também, observando minha mãe, que as mulheres pachtuns são muito poderosas e fortes. Minha avó materna, por exemplo, cuidara sozinha de oito filhos depois que meu avô sofreu um acidente, quebrou a bacia e ficou oito anos de cama.

Um homem sai para trabalhar, recebe salário, volta para casa, come, dorme — é isso que ele faz. Nossos homens pensam que ganhar dinheiro e dar ordens é ter poder. Não percebem que o poder está nas mãos da mulher, que passa o dia cuidando de todos e que dá à luz. Em nossa casa mamãe administrava tudo porque meu pai vivia ocupado. Era ela que acordava cedinho, passava nossos uniformes escolares a ferro, preparava nosso café da manhã e nos ensinava como devíamos nos comportar. Era minha mãe que ia ao mercado fazer compras e cozinhar. Tudo ficava a seu encargo.

No primeiro ano do Talibã fiz duas operações: uma para retirar o apêndice, outra para tirar as amídalas. Khushal também teve de extrair o apêndice. Foi minha mãe que nos levou ao hospital. Meu pai apenas nos visitou e nos levou sorvete. Apesar de tudo isso, minha mãe acreditava que estava escrito no Corão que as mulheres não deviam sair de casa nem conversar com homens que não fossem seus parentes. Meu pai lhe dizia: "Pekai, *purdah* não é o véu. *Purdah* está no coração".

Grande número de mulheres se deixava impressionar de tal maneira pelo que Fazlullah dizia que lhe davam ouro e dinheiro, principalmente nas aldeias pobres ou nos lares em que os homens trabalhavam em locais distantes. Colocavam-se mesas para que as mulheres nelas depositassem seus anéis e colares de casamento, e elas faziam fila para entregar suas joias, ou mandavam que seus filhos as entregassem. Algumas ofereciam todas as suas economias, acreditando que com isso Deus ficaria satisfeito. Com todo esse dinheiro Fazlullah começou a construir um grande quartel--general de tijolos vermelhos em Imam Deri, com uma *madrasa*, uma mesquita e proteção contra as enchentes do rio Swat. Ninguém sabia onde ele tinha conseguido cimento e barras de ferro, mas a força de trabalho fora local. Todas as aldeias se revezaram, enviando homens para trabalhar durante um dia, a fim de ajudar na construção. Certo dia um de nossos professores de urdu, Nawab Ali, disse a meu pai: "Amanhã não virei à escola". Quando lhe foi indagado por quê, ele explicou que era a vez de sua aldeia trabalhar na obra de Fazlullah.

"Sua principal responsabilidade é ensinar os alunos", retrucou meu pai.

"Não, tenho de fazer isso", respondeu Nawab Ali.

Meu pai voltou para casa furioso. "Se as pessoas se apresentassem como voluntárias para construir escolas, estradas ou mesmo para tirar dos rios as embalagens plásticas... por Deus, o Paquistão seria outro dentro de um ano", desabafou. "A única ação beneficente que eles conhecem é fazer doações para a mesquita e a *madrasa*."

Algumas semanas depois o mesmo professor lhe disse que não poderia mais lecionar na ala feminina de nossa escola, pois "o *maulana* não aprova isso".

Meu pai tentou fazê-lo mudar de ideia. "Eu também acho que as alunas deviam ser ensinadas por professoras", disse ele. "Mas primeiro precisamos educar nossas meninas para que possam tornar-se professoras!"

Um dia recebemos um comunicado de Sufi Mohammad, da prisão, determinando que as mulheres não deviam estudar, nem mesmo as meninas das *madrasas*. "Se alguém for capaz de dar um exemplo de que o Islã permite *madrasas* para mulheres, tem permissão para vir mijar em minha barba", disse ele. Depois disso a Mulá FM voltou a atenção para as escolas. Fazlullah começou a falar contra os administradores dos estabelecimentos de ensino e a parabenizar as garotas que deixavam de estudar, citando seus nomes. "A srta. Y parou de ir à escola e vai para o céu", comentava. "A srta. X, desta aldeia, deixou de frequentar a escola quando estava no quinto ano. Eu a parabenizo." Garotas como eu, que continuavam a frequentar a escola, eram chamadas de búfalos e ovelhas.

Minhas amigas e eu não conseguíamos entender o que havia de tão errado. "Por que eles não querem que as meninas estudem?", perguntei a meu pai.

"Eles têm medo da instrução", foi a resposta.

Então outro professor de nossa escola, que lecionava matemática e tinha cabelo comprido, também se recusou a dar aulas a alunas. Meu pai o demitiu. Mas outros professores ficaram preocupados e mandaram uma delegação a seu escritório. "Senhor, não faça isso", pediram. "Estamos vivendo dias difíceis; deixe que ele fique, e nós o substituiremos em seu trabalho."

Todos os dias parecia chegar uma nova ordem. Fazlullah fechou salões de beleza e proibiu que os homens se barbeassem, de modo que os barbeiros ficaram sem trabalho. Meu pai, que usa apenas bigode, insistiu em não deixar a barba crescer. O Talibã proibiu que mulheres fossem ao mercado. Eu não me importava com isso. Não gostava de fazer compras, ao contrário de minha mãe, que admirava roupas bonitas, embora não tivéssemos muito dinheiro. Ela sempre me dizia: "Esconda seu rosto, as pessoas estão olhando para você".

E eu respondia: "Pouco importa. Eu também estou olhando para elas". Mamãe ficava furiosa.

Ela e suas amigas ficaram revoltadas por não poder mais ir às compras, principalmente nos dias que precediam os feriados de Eid, quando sempre nos embelezamos, saímos para comprar coisas e veem-se montes de barracas, todas muito iluminadas, vendendo braceletes e hena. Tudo isso acabou. As mulheres não eram atacadas se fossem aos mercados, mas o Talibã gritava com elas e as aterrorizava para que ficassem em casa. Um único talibã tinha o poder de controlar uma aldeia inteira. Nós, crianças, também estávamos zangadas. Normalmente, nas férias, há lançamentos de filmes, mas Fazlullah fechara todas as lojas de DVD. Àquela altura minha mãe já se cansara do *maulana*, principalmente quando ele começou a pregar contra a educação, dizendo que quem frequentasse a escola iria para o inferno.

Em seguida começou a controlar a *shura*, espécie de tribunal local. As pessoas gostavam desses tribunais porque atuavam de maneira rápida, ao contrário das cortes paquistanesas, onde você podia esperar anos e tinha de pagar propina para ser ouvido. As pessoas começaram a procurar Fazlullah e seus homens para resolver questões sobre assuntos que iam de negócios a desavenças pessoais. "Meu problema já durava trinta anos e foi resolvido num único dia", um homem contou a meu pai. As punições estabelecidas pela *shura* de Fazlullah incluíam chicoteamentos públicos, algo que nunca tínhamos testemunhado. Um amigo de meu pai lhe disse que vira três homens serem chicoteados em público depois que a *shura* os considerou culpados do sequestro de duas mulheres. Construiu-se um estrado elevado próximo ao reduto de Fazlullah, e depois de ouvir seus sermões às sextas-feiras, centenas de pessoas reuniam-se para assistir às punições, gritando "Allahu Akbar!" — Deus é Grande — a cada chicotada. Às vezes Fazlullah aparecia galopando em seu cavalo preto.

Seus homens proibiram os agentes de saúde de administrar gotas contra a poliomielite, dizendo que as vacinas eram uma conspiração americana para esterilizar as muçulmanas e assim acabar com o Swat. "Curar uma doença antes que ela se manifeste é contra a lei islâmica", anunciava Fazlullah no rádio. "Vocês não encontrarão uma única criança que vá tomar uma gota de vacina em lugar nenhum do Swat."

Os homens do *maulana* patrulhavam as ruas, procurando infratores de seus decretos, assim como, dizia-se, a delegacia de costumes do Talibã fazia no Afeganistão. Eles organizaram uma guarda de trânsito voluntária, chamada Comandos Falcão, que percorria as ruas com metralhadoras instaladas sobre picapes.

Algumas pessoas se sentiam satisfeitas. Certo dia meu pai encontrou o gerente do banco em que tinha conta. "Uma boa coisa que Fazlullah está fazendo é proibir mulheres e garotas de ir ao mercado, pois com isso economizamos dinheiro", comentou o homem. Poucas pessoas diziam o que achavam de tudo aquilo. Meu pai lamentava que a maioria estivesse na mesma situação do barbeiro local, que um dia se queixou de possuir apenas oitenta rupias no cofre, menos de um décimo daquilo que seus ganhos costumavam render. Exatamente um dia antes ele disse a um jornalista que os talibãs eram bons muçulmanos.

A Mulá FM já estava no ar havia cerca de um ano quando Fazlullah se tornou mais agressivo. Seu irmão, *maulana* Liaquat, fora assassinado com seus três filhos pelo ataque de um drone americano na *madrasa* de Bajaur, em fins de outubro de 2006. Oitenta pessoas foram mortas então, incluindo crianças que não tinham mais de doze anos, algumas das quais eram procedentes do Swat. Todos ficamos horrorizados com o ataque, e as pessoas juraram vingar-se. Dez dias depois um homem-bomba explodiu-se no quartel do Exército de Dargai, no caminho entre Islamabad e o Swat, matando 42 soldados paquistaneses. Naquela época ataques suicidas eram raros no Paquistão — naquele ano, houve seis — e esse foi o maior ataque levado a efeito por militantes paquistaneses.

Nos feriados de Eid costumávamos sacrificar animais como cabras ou ovelhas. Mas Fazlullah decretou: "Neste Eid sacrificaremos animais bípedes". Logo descobrimos o que ele quis dizer com isso. Seus homens começaram a matar *khans* e ativistas políticos de partidos seculares e nacionalistas, em especial do Partido Nacional Awami (ANP). Em janeiro de 2007 um grande amigo de meu pai foi sequestrado em sua aldeia por oitenta pistoleiros mascarados. Seu nome era Malak Bakht Baidar, membro de uma abastada família *khan* e vice-presidente local do ANP. Seu corpo foi encontrado enterrado no cemitério ancestral da família. Suas pernas e braços tinham sido quebrados. Foi a primeira vítima fatal do Swat, e comentou-se que foi punido por ajudar o Exército a encontrar esconderijos talibãs.

As autoridades fingiam ignorar tudo isso. O governo provincial ainda estava nas mãos dos partidos mulás, e por isso não criticava ninguém que afirmasse lutar pelo Islã. A princípio pensamos estar seguros em Mingora, a maior cidade do Swat. Mas o quartel-general de Fazlullah ficava a poucos quilômetros, e, ainda que o Talibã não estivesse perto de nossa casa, estava nos mercados, nas ruas e nas colinas. O perigo começava a se tornar muito próximo.

Durante o Eid fomos para a aldeia de nossa família, como sempre fazíamos. Eu estava no carro de meu primo e atravessamos um rio no ponto em que a estrada tinha sido carregada pelas águas. Tivemos de parar em um posto de controle talibã. Eu viajava no banco de trás, com minha mãe. Meu primo apressou-se a nos dar suas fitas cassete de música, para que as escondêssemos em nossos bolsos. Os talibãs vestiam roupas pretas, empunhavam Kalashnikovs e nos disseram: "Irmãs, vocês estão agindo de forma vergonhosa. Deviam usar burcas".

Depois do Eid, quando voltamos à escola, vimos uma carta colada no portão. "A escola que o senhor dirige é de linha ocidental e infiel. O senhor educa garotas, e elas usam uniformes não islâmicos. Pare com isso, senão terá problemas, e seus filhos haverão de chorar e se lamentar por você." Abaixo, a assinatura "Fedayin Islã".

Meu pai resolveu mudar o uniforme dos meninos, de camisas e calças para *shalwar kamiz*. Os nossos continuaram *shalwar kamiz* azul real, com uma *dupatta* (lenço) branca na cabeça, e as jovens foram aconselhadas a manter o cabelo coberto na ida e na volta da escola.

Hidayatullah aconselhou papai a manter-se firme. "Você tem carisma, Ziauddin. Pode discursar e organizar as pessoas contra eles. A vida não se resume a inspirar oxigênio e expirar gás carbônico. Você pode ficar aí, aceitando tudo que o Talibã ordena, ou pode resistir a eles."

Meu pai nos contou o que Hidayatullah lhe dissera. Então escreveu uma carta para o *Diário Azadi*, o jornal local. "Em nome dos mártires islâmicos, não é assim que se implementa o Islã. Por favor, não machuquem minhas crianças porque o Deus em que vocês creem é o mesmo para o qual elas rezam todos os dias. Tirem a minha vida, mas, por favor, não matem meus alunos." Quando meu pai viu o jornal, ficou muito abatido. A carta tinha sido enfiada numa página interna, e o editor publicara seu nome e o endereço da escola, coisa que meu pai não esperava que ele fizesse. Mas muitas pessoas o procuraram para dar os parabéns. "Você lançou a primeira pedra na água", disseram. "Agora vamos ter coragem de falar."

10. Caramelos, bolas de tênis e os Budas do Swat

Primeiro os talibãs nos tiraram a música, depois nossos Budas e então nossa história. Um de nossos divertimentos favoritos era participar de excursões escolares. Tínhamos sorte em viver num paraíso como o Swat, com tantos lugares bonitos para visitar — cachoeiras, lagos, a estação de esqui, o palácio do *wali*, as estátuas de Buda, o túmulo do Akhund do Swat. Todos esses locais contavam nossa história, tão pitoresca. Conversávamos sobre as viagens durante muitas semanas antes de partir, e então, quando finalmente chegava o dia, vestíamos nossas melhores roupas e amontoávamo-nos nos ônibus, com marmitas cheias de frango e arroz para o piquenique. Algumas de nós possuíam câmeras e tiravam fotografias. No fim do dia meu pai nos levava a uma rocha e nos revezávamos para contar histórias sobre o que tínhamos visto. Quando Fazlullah chegou, não houve mais excursões. As garotas não podiam sair de casa.

Os talibãs destruíram as estátuas de Buda e as estupas onde brincávamos, que se encontravam ali havia milhares de anos e faziam parte de nossa história desde os tempos dos reis Kushan. Eles achavam que toda estátua ou pintura era *haram,* pecaminosa — e, portanto, proibida. Num dia sombrio chegaram a dinamitar o rosto de nosso Buda Jehanabad, esculpido em uma encosta a meia hora de carro de Mingora e que se elevava a uma altura de sete metros. Os arqueólogos afirmam que ele é quase tão importante quanto os Budas de Bamiyan, que os talibãs afegãos destruíram.

Os militantes precisaram de dois ataques para destruí-lo. Da primeira vez fizeram buracos na rocha e os encheram com dinamite, mas não deu certo. Algumas semanas depois, em 8 de outubro de 2007, tentaram novamente. Dessa vez apagaram o rosto de Buda, que contemplava o vale desde o século VII. O museu do Swat retirou seu acervo por segurança. O Talibã tornou-se inimigo das belas-artes, da cultura e de nossa história. Destruiu tudo o que era antigo e não contribuiu com nada de novo. Seus homens apropriaram-se da Montanha de Esmeralda, com sua grande mina, e começaram a vender as belas pedras para comprar armas horríveis. Além disso, tiravam dinheiro das pessoas que derrubavam nossas valiosas árvores para contrabandear madeira. Depois começaram a cobrar pedágio para permitir a passagem de seus caminhões.

A cobertura da estação de rádio estendeu-se pelo vale e pelos distritos vizinhos. Embora ainda tivéssemos nosso aparelho de televisão, os talibãs desligaram os canais a cabo. Moniba e eu já não podíamos assistir a nossos programas favoritos de Bollywood, como *Shararat* e *Travessuras.* Parecia que o Talibã não queria que fizéssemos coisa alguma. Até mesmo baniram um de nossos jogos prediletos, o Carrom, em que tentamos fazer com que pequenas peças redondas entrem em orifícios situados nas quatro pontas do tabuleiro. Comentava-se que se os talibãs ouvissem as crianças rindo, entrariam nas salas e destruiriam os tabuleiros. Sentíamos que o Talibã nos via como pequenos bonecos a ser controlados, aos quais dizia-se o que fazer e como vestir-se. Pensei que se Deus quisesse que fôssemos assim, não nos teria feito diferentes uns dos outros.

Um dia vimos uma de nossas professoras, a sra. Hammeda, desfazendo-se em lágrimas. Seu marido era policial numa cidadezinha de Matta, que os homens de Fazlullah invadiram. Eles mataram os policiais, incluindo seu marido. Aquele foi o primeiro ataque contra a polícia em nosso vale. Os talibãs logo ocuparam muitas aldeias. As bandeiras em preto e branco do TNSM de Fazlullah começaram a aparecer nas delegacias de polícia. Os militantes entravam nas vilas com megafones, e a polícia fugia. Em pouco tempo eles ocuparam 59 aldeias, estabelecendo administrações paralelas. Os policiais ficaram com tanto medo de ser assassinados que começaram a publicar declarações em jornais, anunciando ter abandonado a força policial.

Tudo isso acontecia e ninguém fazia nada. Era como se todos estivessem em estado de letargia. Meu pai disse que as pessoas haviam sido seduzidas por Fazlullah. Alguns chegaram até a juntar-se aos talibãs, achando que teriam uma vida melhor. Meu pai tentou fazer um esforço paralelo para contrapor-se à propaganda deles, mas a tarefa era difícil. "Não tenho militantes nem rádio FM", brincava. Certo dia, ele chegou a ir à aldeia onde estava a sede da Mulá FM para falar numa escola. Quando cruzou o rio numa das cadeiras suspensas, viu uma coluna de fumaça tão alta que chegava às nuvens, a fumaça mais negra que vira em sua vida. A princípio pensou tratar-se do forno de um oleiro, mas ao aproximar-se viu figuras barbudas, usando turbantes, queimando aparelhos de televisão e computadores.

Naquela escola meu pai disse às pessoas: "Vi os aldeões queimando aquelas coisas, e só quem ganhará com isso são as empresas japonesas, que vão fabricar outras tantas".

Alguém se aproximou dele e sussurrou: "Não fale assim. É perigoso".

As autoridades, como a maioria da população, não fizeram nada.

Era como se toda a nação estivesse enlouquecendo. O resto do Paquistão estava preocupado com outra coisa — o Talibã entrara bem no centro da capital de nosso país, Islamabad. Nos jornais, imagens do que as pessoas chamavam de "Brigada Burca" — jovens mulheres e meninas usando burcas, empunhando porretes, atacando lojas de CDS e DVDS nos mercados do centro de Islamabad.

Aquelas mulheres eram de Jamia Hafza, a maior *madrasa* feminina de nosso país, e da Lal Masjid, isto é, a Mesquita Vermelha, de Islamabad. Construída em 1965, era assim chamada porque suas paredes eram vermelhas. Ficava a poucos quarteirões do Parlamento e do quartel-general da ISI, e muitos funcionários do governo e militares costumavam ir lá orar. A mesquita tem duas *madrasas*, uma para meninos e outra para meninas. Durante décadas foi usada para recrutar e treinar voluntários para lutar no Afeganistão e em Caxemira. Era dirigida por dois irmãos, Abdul Aziz e Abdul Rashid, e tornara-se um centro divulgador de propaganda sobre Bin Laden, que Rashid conhecera em Kandahar quando visitara o mulá Omar. Os irmãos eram famosos por seus sermões exaltados, que atraíam milhares de fiéis, principalmente depois do Onze de Setembro. Quando o presidente Musharraf se aliou aos Estados Unidos na Guerra contra o Terror, a antiga aliança entre os militares e a mesquita transformou-se em hostilidade, e a mesquita tornou-se um polo de manifestações contra o governo. Rashid chegou a ser acusado de envolvimento numa conspiração para explodir o comboio militar de Musharraf em

Rawalpindi, em dezembro de 2003. Os investigadores disseram que os explosivos foram armazenados na mesquita Lal Masjid. Poucos meses depois, porém, ele foi inocentado.

Quando Musharraf enviou soldados para as FATA em 2004, começando pelo Waziristão, os dois irmãos promoveram uma campanha declarando a ação militar "não islâmica". Ambos tinham seu próprio website e uma estação FM pirata pelos quais difundiam suas ideias, como Fazlullah.

Aproximadamente na mesma época em que o Talibã surgia no Swat, as jovens da *madrasa* Lal Masjid começaram a aterrorizar as ruas de Islamabad. Invadiam as casas que, afirmavam, eram usadas como centros de massagens, raptavam mulheres que acusavam de prostitutas e fechavam lojas que vendiam CDs e DVDs, também queimando-os em fogueiras. Quando convinha ao Talibã, as mulheres podiam se manifestar e ter visibilidade. A diretora da *madrasa* era Umme Hassan, esposa de Abdul Aziz, o mais velho dos irmãos. Ela se gabava de haver treinado muitas jovens, para que se tornassem mulheres-bomba. A mesquita tinha também seus próprios tribunais para a aplicação da justiça islâmica, declarando que o governo falhara nesse aspecto. Seus militantes raptavam policiais e saqueavam prédios públicos.

O governo de Musharraf parecia não saber o que fazer, talvez por causa de sua longa aliança com a mesquita. Em meados de 2007 a situação estava tão ruim que o povo temeu que os talibãs tomassem a capital. Era quase inacreditável, pois normalmente Islamabad é um lugar pacífico e ordeiro, muito diferente do resto do país. Ao anoitecer de 3 de julho, finalmente, comandos com tanques e carros blindados cercaram a mesquita. As autoridades cortaram a eletricidade da área. À medida que a noite caía, desfechou-se uma súbita descarga de artilharia. Soldados abriram buracos nas muralhas em volta da mesquita e dispararam tiros de morteiro contra o estabelecimento, enquanto helicópteros sobrevoavam a área. Usando alto-falantes, eles ordenaram que as garotas se rendessem.

Grande número de talibãs tinha atuado no Afeganistão e na Caxemira. Elas armaram barricadas dentro da mesquita e na *madrasa*, usando blocos de concreto e sacos de areia. Preocupados, pais reuniram-se do lado de fora, ligando para os celulares de suas filhas e pedindo-lhes que saíssem. Algumas delas recusaram, dizendo que seus professores lhes haviam ensinado que tornar-se mártir era glorioso.

Ao anoitecer de 4 de julho um pequeno grupo de jovens começou a sair. Escondido no meio delas estava Abdul Aziz, acompanhado de sua filha, disfarçado com uma burca. Mas sua esposa e seu irmão mais novo permaneceram na mesquita, com um grande número de estudantes. Havia trocas diárias de tiros entre os militantes e as tropas do Exército. Os talibãs possuíam granadas RPG e coquetéis molotov feitos com garrafas de refrigerante. O cerco prosseguiu até 9 de julho, quando um comandante das forças especiais foi morto por um atirador de elite posicionado em um dos minaretes. Os militares perderam a paciência e atacaram o complexo.

A ação foi batizada de Operação Silêncio, embora não tenha sido nada silenciosa. Nunca houve uma batalha como aquela no coração de Islamabad. Os soldados lutaram sala a sala durante horas até que finalmente prenderam Abdul Rashid e seus seguidores no porão, onde eles foram mortos. Ao cair da noite de 10 de julho, quando o cerco terminou, cerca de cem pessoas, incluindo muitos soldados e crianças, estavam mortas. A televisão mostrou cenas chocantes da devastação e dos cadáveres. Em todo lugar havia sangue e estilhaços de vidro. Assistimos às cenas tomados de horror. Alguns estudantes das duas *madrasas* eram do Swat. Como algo assim podia acontecer na capital do país e em uma mesquita, que é um lugar sagrado?

Foi depois do cerco da Mesquita Vermelha que o Talibã do Swat mudou. Em 12 de julho — lembro a data porque era meu aniversário — Fazlullah fez uma declaração pelo rádio bem diferente das anteriores. Vociferou contra o ataque à Mesquita Vermelha e jurou vingar a morte de Abdul Rashid. Então declarou guerra ao governo do Paquistão.

Foi aí que começaram de fato os problemas. Fazlullah agora podia cumprir suas ameaças e conseguir mais mobilização do Talibã em nome do que acontecera na mesquita de Lal Masjid. Poucos dias depois, um comboio militar que se dirigia ao Swat foi atacado, o que provocou a morte de treze soldados. A repercussão ultrapassou os limites do vale. As comunidades tribais fizeram um enorme protesto em Bajaur, e uma onda de homens-bomba se espalhou pelo país. Mas havia um raio de esperança. Benazir Bhutto estava voltando. Os americanos, preocupados com seu aliado Musharraf, impopular demais para agir de modo efetivo contra o Talibã, ajudaram a negociar uma improvável divisão de poderes. A ideia era que Musharraf abandonasse a farda, tornando-se um presidente civil apoiado pelo partido de Benazir. Em troca, ele retiraria as acusações de corrupção que pesavam contra ela e seu marido e aceitaria a realização de eleições em que, todos concordavam, Benazir seria a primeira-ministra. Nenhum paquistanês acreditou que esse acordo fosse funcionar. Benazir e Musharraf odiavam um ao outro.

Ela estava no exílio desde que eu tinha dois anos de idade, mas meu pai falara tanta coisa sobre sua vida que eu estava muito animada com sua possível volta, quando então teríamos de novo uma mulher no poder. Era por causa de Benazir que garotas como eu podiam pensar em manifestar suas ideias e entrar no mundo da política. Ela era nosso exemplo, simbolizava o fim da ditadura e o começo da democracia, ao mesmo tempo em que mandava uma mensagem de esperança e de força para o resto do mundo. Além disso, era nosso único líder político a falar contra os militantes e afirmar que ajudaria os soldados americanos a caçar Osama bin Laden no território do Paquistão.

Naturalmente, algumas pessoas não gostavam dessa ideia. No dia em que ela voltou, 18 de outubro, todos estávamos grudados nos aparelhos de televisão para vê-la descer do avião em Karachi, derramando lágrimas ao pisar em solo paquistanês depois de quase nove anos de exílio. Quando desfilou em um ônibus aberto nas ruas, centenas de milhares de pessoas espremeram-se para saudá-la. Elas vinham de todo o país e muitas carregavam crianças pequenas. Alguns admiradores soltaram pombas brancas, uma das quais pousou num ombro de Benazir. A multidão era tão imensa que o ônibus se deslocava lentamente, na mesma velocidade de alguém que estivesse a pé. Paramos de assistir ao programa depois de algum tempo, porque era óbvio que o trajeto iria se prolongar por horas.

Eu tinha ido dormir quando, pouco antes da meia-noite, os talibãs atacaram. O ônibus em que Benazir viajava explodiu em meio a uma enorme chama cor de laranja. Meu pai me contou quando acordei, na manhã seguinte. Ele e seus amigos estavam em tal estado de choque que não foram dormir. Felizmente, Benazir sobrevivera porque tinha descido do veículo para descansar os pés num compartimento blindado, pouco antes das explosões, mas 150 pessoas foram mortas. Foi o maior bombardeio da história de nosso país. Muitos dos mortos eram jovens estudantes que tinham feito uma corrente humana em volta do ônibus. Autodenominavam-se Mártires de Benazir. Na escola, naquele dia, todos estavam abatidos, mesmo os que se opunham a ela. Estávamos todos arrasados, mas aliviados pelo fato de ela ter sobrevivido.

Uma semana depois o Exército chegou ao Swat, fazendo muito barulho com seus jipes e helicópteros. Estávamos na escola quando os helicópteros chegaram, e ficamos muito alvoroçados. Corremos para fora, recebendo os caramelos e as bolas de tênis que eles jogavam para nós. Era raro ver helicópteros no Swat, mas, como nossa casa ficava perto do quartel-general do Exército, eles às vezes sobrevoavam nossa área. Nós costumávamos competir para ver quem recolheria mais caramelos.

Um dia, um vizinho veio nos dizer que as mesquitas tinham anunciado que haveria toque de recolher no dia seguinte. Não sabíamos o que era toque de recolher e ficamos ansiosos. Havia um buraco na parede que dividia nossa casa e a de Safina, pelo qual costumávamos nos comunicar. Batemos no muro, para que eles fossem até lá. "O que quer dizer toque de recolher?", perguntamos. Quando eles explicaram, não ousamos nem sair de nossas casas porque achávamos que alguma coisa ruim podia acontecer. Mais tarde o toque de recolher dominaria nossas vidas.

Ouvimos no noticiário que Musharraf enviara 3 mil soldados para o vale, a fim de enfrentar o Talibã. Eles ocuparam todos os edifícios públicos e privados que julgaram ser úteis do ponto de vista estratégico. Até então, era como se o resto do Paquistão ignorasse o que estava acontecendo no Swat. No dia seguinte um homem-bomba atacou um caminhão militar no vale, matando dezessete soldados e treze civis. Naquela noite ouvimos os "bum" característicos dos canhões e das armas de fogo, vindos das montanhas. Não foi fácil dormir.

A televisão, de manhã, noticiava que a luta começara nas colinas do norte. A escola foi fechada e ficamos em casa, tentando entender o que acontecia. As batalhas eram travadas fora de Mingora, embora pudéssemos ouvir o barulho da artilharia. Os militares disseram haver matado mais de uma centena de militantes, mas, no primeiro dia de novembro, cerca de setecentos talibãs tomaram um ponto estratégico do Exército em Khwazakhela. Cerca de cinquenta soldados dos Corpos da Fronteira desertaram, e outros 48 foram capturados e depois obrigados a desfilar nas cercanias. Os homens de Fazlullah os humilharam, arrancando seus uniformes e armas e dando-lhes quinhentas rupias para que pudessem voltar. Depois tomaram duas delegacias de polícia em Khwazakhela e foram para Madyan, onde mais policiais cederam armas. Àquela altura o Talibã detinha o controle de quase todo o Swat ao redor de Mingora.

Em 12 de novembro Musharraf enviou mais 10 mil soldados para nosso vale, com mais helicópteros de combate. O Exército estava por toda parte. Os homens acamparam até no campo de golfe, e suas armas potentes espalhavam-se nas encostas. Eles então desfecharam uma operação contra Fazlullah que mais tarde seria conhecida como a Primeira Batalha do Swat. Era a primeira vez que o Exército se lançava contra seu próprio povo fora das FATA. A polícia certa vez tentou capturar Fazlullah numa reunião, mas uma gigantesca tempestade de areia se levantou, e o talibã conseguiu escapar. Isso aumentou ainda mais seu mistério e sua reputação espiritual.

Os militantes não desistiram facilmente. Em vez disso, avançaram para o leste e em 16 de novembro se apossaram de Alpuri, a principal cidade de Shangla, onde a polícia local fugiu sem oferecer resistência. As pessoas diziam que tchetchenos e uzbeques estavam entre os combatentes. Ficamos preocupados com nossos familiares de Shangla, embora meu pai tivesse dito que nossa aldeia ficava longe demais para que os talibãs lhe dessem atenção, e a população local tinha deixado claro que iria mantê-los a distância. O Exército paquistanês tinha muito mais homens e armas pesadas e conseguiu reconquistar o vale. Os soldados tomaram Iman Deri, o quartel-general de Fazlullah. Os talibãs fugiram para as florestas e, no começo de dezembro, o Exército afirmou ter libertado a maioria das áreas. Fazlullah refugiou-se nas montanhas.

Mas o Exército não conseguiu expulsar os talibãs. "Isso não vai demorar muito", predisse meu pai.

O grupo de Fazlullah não foi o único a causar danos. Em todo o noroeste do Paquistão diversos grupos militantes surgiram, liderados por vários líderes tribais. Cerca de uma semana depois do término da batalha do Swat, quarenta líderes talibãs reuniram-se no Waziristão do Sul para declarar guerra ao Paquistão. Formaram uma frente unificada sob a bandeira Tehrik-i-Taliban-Pakistan (TTP), isto é, Talibã do Paquistão, e afirmaram dispor de 40 mil combatentes. Escolheram como líder um homem já próximo dos quarenta anos chamado Baitullah Mehsud, que lutara no Afeganistão. Fazlullah tornou-se chefe do Talibã no Swat.

Quando o Exército chegou, achamos que a luta logo terminaria, mas estávamos enganados. Havia muito mais confusão à vista. O Talibã não visava apenas políticos e membros da polícia, mas também quem não observasse a *purdah*, usasse barbas fora do tamanho exigido ou o tipo errado de *shalwar kamiz*.

Em 27 de dezembro Benazir Bhutto dirigiu um grande comício no Liaquat Bagh, o parque em Rawalpindi onde nosso primeiro-ministro Liaquat Ali foi assassinado. "Vamos derrotar as forças do extremismo e a militância com a força do povo", declarou ela, sob intensos aplausos. Quando seu Toyota Land Cruiser blindado saiu do parque, ela levantou a cabeça através do teto solar para acenar a seus partidários. De repente, ouviu-se o som de disparos e outro ruído, muito forte e alto. Um homem-bomba explodiu-se ao lado do veículo. Benazir se abaixou. Mais tarde o governo Musharraf declarou que ela batera a cabeça na alça do teto do carro; outros disseram que fora baleada.

Estávamos assistindo à TV quando ouvimos a notícia. Minha avó disse: "Benazir será *shahid*", isto é, terá uma morte honrosa. Começamos a chorar e a orar por ela. Quando eu soube que Benazir estava morta, meu coração me disse: "Por que você não luta pelos direitos das mulheres?". Desejávamos a democracia, e as pessoas questionavam: "Se até Benazir foi assassinada, nenhum de nós está seguro aqui". Era como se o país estivesse perdendo a esperança.

Musharraf atribuiu a morte de Benazir a Baitullah Mehsud, líder do TTP, e divulgou a transcrição de um telefonema grampeado que supostamente teria sido feito por ele a um companheiro militante, planejando o ataque. Baitullah negou a responsabilidade, o que é raro entre os talibãs.

Os professores de estudos islâmicos, os *gari sahibs*, costumam ensinar o Corão na casa dos alunos. Era o meu caso, e o de outras crianças da cidade. Quando o Talibã apareceu no vale, eu terminara a recitação completa de nosso livro sagrado — para a satisfação de Baba, meu avô —, que chamamos de *Katham--ul-Quran*. Recitávamos o Corão em árabe, e por isso a maioria das pessoas não sabe o que os versos significam. Eu começara a aprender a tradução deles. Fiquei horrorizada quando o professor tentou justificar o assassinato de Benazir. "Foi um belíssimo trabalho", afirmou. "Viva, ela era inútil. Não seguia o Islã de maneira correta. Se continuasse viva, sobreviria a anarquia."

Chocada, comentei o caso com meu pai. "Não temos opção", ele respondeu. "Dependemos desses mulás para aprender o Corão, mas devemos aproveitar apenas o sentido literal das palavras, sem seguir a explicação e a interpretação deles. Aprenda apenas o que Deus diz. As palavras Dele são mensagens divinas que você tem toda a liberdade e independência para interpretar."

11. A classe inteligente

Foi a escola que me fez seguir em frente naqueles dias sombrios. Quando andava na rua, parecia-me que cada homem com quem eu cruzava podia ser um talibã. Escondíamos nossas bolsas e nossos livros sob o xale. Meu pai sempre dizia que a coisa mais bonita nas aldeias, toda manhã, era ver as crianças usando uniformes escolares. Mas agora tínhamos medo de usá-los.

Já estávamos no ensino médio. A sra. Maryam disse que ninguém queria lecionar em nossa classe porque fazíamos perguntas demais. Gostávamos que nos considerassem garotas inteligentes. Quando enfeitávamos nossas mãos com hena para os dias santos e os casamentos, desenhávamos cálculos e fórmulas químicas em vez de flores e borboletas. Minha rivalidade com Malka-i-Nur continuava, mas depois do abalo de ter sido vencida por ela logo à sua chegada, trabalhei duro e consegui reconquistar minha posição de primeira da classe no quadro de honra da escola. Malka costumava ser a segunda e Moniba, a terceira. Os professores nos disseram que os examinadores consideravam em primeiro lugar quanto havíamos escrito, e depois a apresentação. De nós três, Moniba tinha a mais bela caligrafia e apresentação, mas eu sempre lhe dizia para ter mais autoconfiança. Ela se esforçava muito, porque temia que se tivesse notas baixas os homens da família se valeriam disso como desculpa para interromper seus estudos. Eu era muito fraca em matemática — certa vez tirei zero — mas estudava bastante essa matéria. Meu professor de química, o sr. Obaidullah, disse que eu era muito diplomática porque, no início dos exames orais, costumava falar: "Professor, posso lhe dizer que o senhor é o melhor mestre e que sua aula é a minha preferida?".

Os pais de algumas amigas reclamavam que eu era favorecida por ser filha do dono da escola. Mas as pessoas sempre se surpreendiam com o fato de que, apesar da rivalidade, Moniba, Malka e eu continuávamos sendo boas amigas e não tínhamos inveja uma da outra. Também competíamos por boas colocações no que chamávamos de "quadro de exames". Esses exames selecionavam os melhores estudantes do distrito. Uma vez, Malka e eu tiramos as mesmas notas. Fizemos um trabalho para outra escola, que pertencia a Ahmad Shah, amigo de meu pai, e mais uma vez nossas notas foram iguais. Ambas ganhamos o prêmio. Penso que isso provou que eu não tinha "tratamento privilegiado" por ser filha do proprietário do local onde estudava.

As atividades da escola não se limitavam ao estudo. Gostávamos de montar peças de teatro. Escrevi uma paródia de *Romeu e Julieta* sobre corrupção. Interpretei Romeu, um funcionário público que fazia entrevistas para selecionar candidatos a empregos. A primeira candidata era uma bela jovem, e por isso respondeu a perguntas bem fáceis, como: "Quantas rodas tem uma bicicleta?". Quando ela disse "duas", Romeu elogiou: "Você é brilhante!". O candidato seguinte era um homem, que recebeu perguntas dificílimas: "Sem sair de sua cadeira, diga-me a forma do ventilador da sala que está acima da nossa". "Como posso saber?", perguntou o candidato. "Você afirma que tem ph.D. e não sabe!", retrucou Romeu, e deu o emprego à garota.

Ela era interpretada por Moniba, claro, e outra colega de classe, Attiya, desempenhava o papel de minha assistente, para dar um pouco de molho à peça, com suas tiradas espirituosas. Todos riram muitíssimo. Sempre gostei de mímica, e nos intervalos minhas amigas me pediam para imitar os professores, principalmente o sr. Obaidullah. Com tudo de ruim que vinha acontecendo naqueles dias, precisávamos de motivos para rir.

A operação militar de fins de 2007 não eliminou o Talibã. O Exército permaneceu no Swat e se fazia presente em toda a cidade, mas Fazlullah continuava transmitindo diariamente seus programas de rádio. Ao longo de 2008 a situação estava ainda pior do que antes dos bombardeios e dos assassinatos. Nosso único assunto naquela época eram o Exército, o Talibã e a sensação de que estávamos prensados entre os dois. Attiya costumava me provocar dizendo que o Talibã era legal e o Exército não. Eu respondia: "Se uma serpente e um leão se aproximam para nos atacar, qual dos dois você diria que é bom: a cobra ou o leão?".

Nossa escola era como um refúgio contra os horrores que aconteciam lá fora. Naquela época decidi — ao contrário de minhas colegas de classe, que queriam fazer medicina — ser inventora para criar meios de deter o Talibã. Eu queria inventar uma máquina contra o grupo, que poderia localizá-lo e destruir suas armas. Mas, naturalmente, na escola também estávamos sob ameaça, e por isso algumas de minhas amigas a abandonaram. Fazlullah continuava falando em seus programas de rádio que meninas deviam ficar em casa, e seus homens começaram a explodir escolas, normalmente à noite, depois do toque de recolher, quando as crianças não estavam lá.

A primeira instituição que eles explodiram foi a escola pública Shawar Zangay, em Matta, para meninas do curso primário.

Não podíamos acreditar que alguém fosse capaz de fazer uma coisa dessas. Então seguiram-se outros bombardeios, quase todos os dias. Em Mingora também havia bombardeios. Duas bombas explodiram quando eu estava na cozinha, tão perto que toda a casa tremeu, e o ventilador que ficava acima da janela caiu. Então corri, amedrontada, e passei a entrar e a sair da cozinha o mais rápido possível.

No último dia de fevereiro de 2008 eu mais uma vez estava na cozinha quando ouvimos o som de uma enorme explosão, obviamente muito próxima. Como sempre fazíamos, chamamos uns aos outros para ter certeza de que estávamos em segurança: "Khaista, Pisho, Bhabi, Khushal, Atal!". Então ouvimos sirenes, uma após a outra, como se todas as ambulâncias de Mingora passassem por ali. Um homem-bomba explodira-se na quadra de basquete da escola Haji Baba. Naquele momento, realizavam-se orações pela morte de Javid Iqbal, policial conhecido por todos que fora assassinado por um homem-bomba em uma área distante enquanto tentava fugir do Talibã. Ele era de Mingora, e seu corpo foi trazido para os funerais e a saudação da polícia. O Talibã bombardeara aqueles que o velavam. Mais de 55 pessoas foram mortas, incluindo o filho mais novo de Iqbal e muita gente que conhecíamos. Dez familiares de Moniba estavam presentes e foram feridos ou mortos. Moniba ficou arrasada e a cidade inteira, chocada. Houve condolências em todas as mesquitas.

"Você está com medo agora?", perguntei a meu pai.

"À noite nosso medo é grande, Jani", ele respondeu. "Mas de manhã, à luz do dia, sentimos a coragem voltar." E isso era verdade no caso de minha família. Tínhamos medo, mas ele não era tão forte quanto nossa coragem. "Devemos livrar o vale do Talibã, e aí ninguém terá de sentir medo."

Em momentos de crise, nós, pachtuns, recorremos aos antigos meios nos quais confiamos. Assim, em 2008, os anciãos do

Swat criaram uma assembleia chamada *jirga* Qaumi para enfrentar Fazlullah. Três moradores — Mukhtar Khan Yusafzai, Khurshid Kakajee e Zahid Khan — foram de *hujra* em *hujra* persuadindo os idosos a reunir-se. O mais velho era um homem de 74 anos, de barbas brancas, chamado Abdul Khan Khaliq, que fora um dos guarda-costas da rainha da Inglaterra quando ela visitou o *wali* no Swat. Meu pai, mesmo sem ser idoso nem *khan*, foi escolhido como porta-voz. Apesar de dominar poeticamente o pachto, ele fala urdu e inglês fluentemente, o que o torna um bom comunicador.

Todo dia, por causa de sua participação no Conselho dos Anciãos do Swat, ele se fazia presente em seminários ou na mídia, desafiando Fazlullah. "O que você está fazendo?", perguntava. "Está destruindo nossas vidas e nossa cultura."

E me dizia: "Farei parte de toda organização que lute pela paz. Se você quiser resolver uma disputa ou encerrar um conflito, a primeira coisa a fazer é dizer a verdade. A verdade eliminará o medo".

Eu o acompanhava quando ele encontrava seus amigos ativistas, em especial Ahmad Shah, Mohammad Faruq e Zahid Khan. Ahmad Shah também era proprietário de uma escola, onde Faruq trabalhava, e às vezes as reuniões aconteciam no gramado do estabelecimento. Khan era dono de um hotel e possuía uma grande *hujra*. Quando eles vinham a nossa casa eu lhes servia o chá e então me sentava, quietinha, ouvindo-os discutir sobre o que fazer. "Malala não é apenas a filha de Ziauddin", comentavam. "Ela é filha de todos nós."

Eles iam o tempo todo para Peshawar e Islamabad e davam muitas entrevistas para as estações de rádio, principalmente para a Voz da América e a BBC. Revezavam-se, para que sempre um deles estivesse disponível para essa tarefa. Advertiam as pessoas de que aquilo que acontecia no Swat não tinha nada a ver com o Islã. Meu pai dizia que a presença do Talibã no vale não seria possível sem o apoio de alguém do Exército e da burocracia estatal. Os agentes do Estado devem proteger os direitos dos cidadãos, mas a situação é dificílima quando não conseguimos diferenciar o Estado do não Estado e quando não podemos confiar no Estado para nos proteger do não Estado.

Nossos militares e a ISI são muito poderosos, e a maioria das pessoas não gosta de dizer isso publicamente. Mas meu pai e muitos de seus amigos não tinham medo. "Vocês estão agindo contra o povo e contra o Paquistão", afirmava ele. "Não apoiem a talibanização, é desumano. Dizem-nos que o Swat vem sendo sacrificado em benefício do Paquistão, mas ninguém nem nada deve ser sacrificado em benefício do Estado. O Estado é como mãe, e mãe nenhuma abandona ou trai os filhos."

Papai odiava o fato de que a maioria das pessoas não se manifestava. Levava no bolso um poema escrito por Martin Niemoller, que viveu na Alemanha nazista.

Primeiro vieram buscar os comunistas,
e eu não disse nada por não ser comunista.
Depois vieram buscar os socialistas,
e eu não disse nada por não ser socialista.
Então vieram buscar os sindicalistas,
e eu não disse nada por não ser sindicalista.
Em seguida vieram buscar os judeus,
e eu não disse nada por não ser judeu.
Também vieram buscar os católicos
e eu não disse nada por não ser católico.
Então vieram me buscar,
e não havia ninguém para me defender.

Eu sabia que Ziauddin tinha razão. Se as pessoas continuassem caladas, nada iria mudar.

Na escola, ele organizou uma marcha pela paz e nos estimulou a falar contra o que estava acontecendo. Moniba expressou-se muito bem. "Nós, pachtuns, somos um povo religioso e amoroso", disse ela. "Por causa do Talibã, o mundo todo anda dizendo que somos terroristas. Isso não é verdade. Somos um povo amante da paz. Nossas montanhas, nossas árvores, nossas flores, tudo em nosso vale inspira a paz." Algumas de nós demos uma entrevista à TV Khyber, o único canal privado em pachto, sobre garotas que vinham abandonando a escola por causa dos talibãs. Os professores já nos haviam orientado sobre como responder às questões. Eu não era a única entrevistada. Quando tínhamos onze e doze anos, falávamos juntas com a mídia, mas quando chegamos aos catorze e quinze anos, os irmãos e os pais de minhas amigas proibiram entrevistas por medo de represálias. Afinal, elas há haviam entrado na puberdade e deviam observar a *purdah*.

Um dia fui ao Geo, um dos maiores canais a cabo de nosso país. Na sede, vi uma parede coberta de televisores, cada qual ligado numa emissora. Fiquei espantada ao ver tantos canais. Pensei: "A mídia precisa de entrevistas, e eles querem ouvir as meninas; elas, porém, têm medo, e mesmo quando não têm, seus pais não permitem. Tenho um pai sem medo e que me dá apoio. Ele me disse que sou uma criança e por isso tenho o direito de falar". Quanto mais entrevistas eu dava, mais forte me sentia e mais apoio recebia. Tinha apenas onze anos e parecia mais velha, e a mídia gostava de ouvir uma menina. Um jornalista classificou-me como *takra jenai*, isto é, "jovem brilhante". Outro me chamou de *pakha jenai*, a que tem pouca idade mas já sabe muito. Em meu coração havia a crença de que Deus me protegeria. Se defendo meus direitos, os direitos das meninas, não estou fazendo nada de errado. É meu dever agir assim. Deus quer ver como nos comportamos em situações como essa. O Corão diz que "a falsidade será eliminada e a verdade prevalecerá". Se um homem, Fazlullah, pode destruir tudo, por que uma jovem não pode mudar isso?, eu me perguntava. Pedia a Deus todas as noites que me desse força.

No Swat, a mídia estava sob pressão para construir uma imagem favorável do Talibã. Alguns até chamavam o porta-voz do grupo, Muslim Khan, de *School Dada*, quando na verdade ele vinha destruindo escolas. Mas muitos jornalistas locais sentiam-se infelizes com o que acontecia em seu vale e nos davam uma plataforma poderosa para dizer coisas que eles não podiam ousar falar.

Não tínhamos carro e por isso nos locomovíamos em riquixás. Vez ou outra um dos amigos de meu pai nos dava carona. Um dia meu pai me levou para Peshawar, a fim de participar de um *talk show* em urdu, para a BBC, apresentado por um famoso jornalista chamado Wasatullah Khan. Fomos com Faza Maula, um amigo de meu pai, e sua filha. Dois pais e duas filhas. Um dos convidados era Muslim Khan, o porta-voz do Talibã, que não se encontrava no estúdio. Eu estava um pouco nervosa, mas sabia que era importante, porque muita gente estaria assistindo ao programa em todo o Paquistão. Minha pergunta foi: "Como pode o Talibã retirar meu direito básico à educação?". Khan não respondeu porque sua entrevista tinha sido gravada previamente. Como uma gravação pode responder a perguntas ao vivo?

Mais tarde as pessoas me parabenizaram. Meu pai riu e disse que eu devia entrar para a política. "Mesmo sendo uma criança, você falou como um político", brincou. Mas eu nunca ouvia minhas entrevistas. Sabia que se tratava de passos muito pequenos.

Nossas palavras eram como as floradas do eucalipto levadas pelo vento. A destruição das escolas continuou. Na noite de 7 de outubro de 2008, ouvimos uma série de explosões ao longe. Na manhã seguinte soubemos que militantes mascarados entraram na Escola Conventual Sangota para meninas e no Colégio Excelsior para rapazes e os explodiram usando bombas de fabricação caseira. Os professores já tinham ido para casa por causa das ameaças. As duas eram famosas, principalmente Sangota, que datava de 1965, a época do *wali*, e era reconhecida pela excelência de seu ensino. Eram escolas grandes — a Excelsior tinha mais de 2 mil alunos, e a Sangota, mil. Meu pai foi vê-las e encontrou os edifícios completamente destruídos. Deu entrevistas a repórteres de televisão em meio a escombros e livros queimados. Voltou para casa horrorizado. "Restaram apenas destroços", comentou.

Não obstante, continuou esperançoso e acreditava que aquela destruição um dia chegaria ao fim. O que mais o deprimia, porém, era o saque das escolas destruídas, das quais os moradores das redondezas roubavam todo o mobiliário, os livros, os computadores. Ele chorava ao ouvir essas notícias e chamava os perpetradores de "abutres lançando-se contra um cadáver".

No dia seguinte papai foi a um programa ao vivo da Voz da América e condenou os ataques furiosamente. O porta-voz do Talibã, Muslim Khan, estava ao telefone. Falava bem inglês porque vivera nos Estados Unidos. "O que havia de tão ruim nessas duas escolas que os motivou a destruí-las?", meu pai lhe perguntou.

Muslim Khan disse que Sangota ensinava o cristianismo e que a Excelsior era mista. "Ambas as informações são falsas!", retrucou meu pai. "A Sangota existe desde a década de 1960 e nunca converteu ninguém ao cristianismo — na verdade, algumas de suas alunas se converteram ao islamismo. E a Excelsior só é mista no ensino primário."

Muslim Khan não respondeu. "E quanto às filhas dos talibãs?", perguntei a meu pai. "Seus pais não querem que elas estudem?"

Nossa diretora, sra. Maryam, estudara na Sangota, e sua irmã mais nova, Ayesha, era aluna lá. Por isso, ela e algumas outras estudantes da Sangota foram transferidas para nossa escola. As mensalidades nunca eram suficientes para cobrir as despesas e a renda extra era bem-vinda, mas meu pai estava infeliz. Ia a toda parte solicitando a reconstrução de ambas as escolas. Certa vez falou para uma grande concentração de pessoas. Pegou no colo uma bebezinha que estava na audiência, levantou-a no ar e disse: "Esta garota é nosso futuro. Queremos que ela seja ignorante?". A multidão afirmou estar disposta a se sacrificar pela educação de suas filhas. As novas alunas eram brilhantes, o que significava mais competição. Uma delas, Rida, falava muito bem. Tornou-se uma boa amiga para mim e para Moniba, o que às vezes resultava em brigas, porque três é um número que tende a causar confusão. Moniba quase sempre levava comida para a escola e apenas um garfo a mais. "Você é minha amiga ou amiga de Rida?", eu perguntava a Moniba.

"Todas as três somos boas amigas", respondia ela, rindo.

Em fins de 2008, cerca de quatrocentas escolas haviam sido destruídas pelo Talibã. Tínhamos um novo governo, sob a direção do presidente Asif Zardari, viúvo de Benazir, mas ele parecia não se importar com o Swat. Comentei que as coisas seriam diferentes se suas filhas estudassem no vale. Havia homens-bomba em todo o país: até o hotel Marriott, em Islamabad, foi atingido por uma explosão.

No Swat, havia mais segurança na cidade do que nas regiões longínquas, e muitos membros de nossa família vieram do campo para ficar conosco. A casa era pequena e ficou superlotada, pois havia primos que já moravam conosco. Não se podia fazer grande coisa. Não podíamos jogar críquete na rua ou no terraço, como costumávamos fazer. Jogávamos bolas de gude o tempo todo no quintal. Eu brigava sem parar com meu irmão Khushal, que ia aos prantos procurar mamãe. Em nenhuma ocasião a gente conseguiu se entender.

Eu gostava de arrumar o cabelo nos mais diversos estilos e passava horas na frente do espelho do banheiro, tentando imitar o que via em filmes. Até meus oito ou nove anos de idade, minha mãe costumava cortar meu cabelo curto como o de meus irmãos, para evitar piolhos e para facilitar a lavagem e a escovação, de modo que não ficasse desarrumado sob o lenço. Mas finalmente eu a convenci a deixá-los crescer até os ombros. Ao contrário de Moniba, que tinha cabelo liso, o meu era ondulado, e eu gostava de cacheá-lo ou de fazer tranças. "Por que você demora tanto aí, Pisho?", gritou minha mãe. "Nossos convidados precisam do banheiro, e todos são obrigados a esperar por você."

Um dos piores momentos aconteceu no Ramadã de 2008, época em que nenhum muçulmano come ou bebe algo enquanto for dia claro. O Talibã bombardeara a central elétrica, e por isso não tínhamos eletricidade. Poucos dias depois explodiram o gasoduto, e então deixamos de ter gás. O preço dos botijões que costumávamos comprar no mercado dobrou, e por esse motivo minha mãe voltou a cozinhar em fogueiras, como no começo de nossa vida familiar. Bhiba não reclamava: os alimentos precisavam ser cozidos e ela os cozinhava. Havia famílias em situação pior que a nossa. Não havia água limpa, e as pessoas começaram a morrer de cólera. O hospital não tinha condições de cuidar de todos os pacientes e teve de erguer grandes barracões na parte externa para atendê-los.

Não havia gerador em casa, mas meu pai comprara um para instalar na escola. O aparelho bombeava água de uma nascente, e as crianças das redondezas iam coletá-la. Todos os dias havia filas, com pessoas aguardando a vez de encher jarras, garrafas e tonéis. Um dos vizinhos morria de medo. "O que você está fazendo?", indagou. "O Talibã irá nos bombardear se descobrir que você distribui água no mês do Ramadã!"

Meu pai respondeu que se as pessoas não morressem em explosões, morreriam de sede.

Os dias em que, outrora, costumávamos sair para excursões ou piqueniques pareciam um sonho. Ninguém se aventurava a sair de casa à noite. Os terroristas chegaram até a explodir o teleférico da estação de esqui e o grande hotel de Malam Jabba, onde os turistas costumavam hospedar-se. O paraíso do turismo transformou-se num inferno que ninguém ousava visitar.

Então, no final de 2008, o assessor de Fazlullah, *maulana* Shah Dauran, anunciou no rádio que todas as escolas femininas seriam fechadas. A partir de 15 de janeiro, advertiu ele, as meninas não deveriam mais ir à escola. A princípio pensei que fosse uma brincadeira. "Como eles podem nos proibir de ir à escola?", perguntei a minhas amigas. "Eles não têm esse poder. Dizem que vão destruir a montanha, mas não têm condições nem de controlar a estrada."

As meninas não concordaram comigo. "Quem vai conseguir detê-los?", perguntavam. "Eles já explodiram centenas de escolas, e ninguém fez nada."

Meu pai costumava dizer que o povo do Swat e os professores haveriam de continuar a educar seus filhos enquanto a última sala, o último professor e o último aluno estivessem vivos. Meus pais nunca me aconselharam a abandonar a escola. Nunca. Embora amássemos estudar, só nos demos conta de quanto a educação é importante quando o Talibã tentou nos roubar esse direito. Frequentar a escola, ler, fazer nossos deveres de casa não era apenas um modo de passar o tempo. Era nosso futuro.

Naquele inverno nevou como sempre, mas não havia a mesma alegria em fazer bonecos de neve. Com o frio, os talibãs desapareceram nas montanhas, mas sabíamos que retornariam e não fazíamos ideia do que teríamos pela frente. Acreditávamos que a escola voltaria a funcionar. O Talibã podia tomar nossas canetas e nossos livros, mas não podia impedir nossas mentes de pensar.

12. A praça sangrenta

Os corpos eram despejados na praça à noite, para que todos os vissem na manhã seguinte, a caminho do trabalho. Cartazes presos a eles diziam coisas como "Isto é o que acontece com quem apoia o Exército" ou "Não toque este corpo até onze horas ou você será o próximo". Em algumas noites de matança também havia tremores de terra, o que tornava as pessoas ainda mais apavoradas, pois ligávamos cada desastre natural aos desastres humanos.

A dançarina Shabana foi assassinada em uma noite gélida de janeiro de 2009. Ela morava na Banr Bazaar, uma rua estreita e irregular de Mingora, famosa por suas dançarinas e músicos. O pai de Shabana disse que um grupo de homens batera à porta da casa da filha e pedira-lhe que se apresentasse para eles. A moça foi se vestir e quando voltou, com suas roupas de dança, os homens sacaram suas armas e avisaram que cortariam sua garganta. Isso aconteceu depois do toque de recolher das nove da noite, e as pessoas a ouviram gritar: "Prometo parar! Não vou mais cantar nem dançar! Me deixem, por favor! Sou mulher, uma muçulmana.

Não me matem!". Então tiros foram ouvidos, e seu corpo varado de balas foi arrastado até a praça Verde. Tantos corpos haviam sido deixados lá que as pessoas começaram a chamá-la de praça Sangrenta.

Ficamos sabendo da morte de Shabana na manhã seguinte. Na Mulá FM, Fazlullah disse que ela merecera morrer, por seu caráter imoral, e que todas as moças que se apresentassem na Banr Bazaar seriam mortas, uma a uma. Costumávamos nos orgulhar de nossa música e de nossa arte, mas agora a maioria das dançarinas fugira para Lahore ou Dubai. Para apaziguar o Talibã, os músicos anunciavam nos jornais que haviam parado de tocar e que levavam vidas devotas.

As pessoas costumavam falar do mau caráter de Shabana, e os homens, a um só tempo, desejavam vê-la dançar e a desprezavam por ser dançarina. A filha de um *khan* não podia se casar com o filho de um barbeiro, e a filha de um barbeiro não podia se casar com o filho de um *khan*. Nós, pachtuns, adoramos sapatos, mas não o sapateiro; adoramos nossos lenços e cobertores, mas não o tecelão. Os trabalhadores manuais davam uma enorme contribuição para nossa sociedade, mas não recebiam reconhecimento e por isso muitos deles se juntaram ao Talibã — para finalmente obter status e poder.

Do mesmo modo, as pessoas adoravam ver Shabana dançar, mas não a respeitavam. E, quando ela foi assassinada, não disseram nada. Algumas até mesmo concordaram com o assassinato, talvez por medo do Talibã ou porque fossem de fato a favor do grupo. "Shabana não era muçulmana", diziam. "Era má e mereceu ser morta."

Não posso afirmar que aquele tenha sido o pior dia. Por volta da época do assassinato de Shabana, cada momento era o pior. As más notícias estavam por toda parte: uma casa bombardeada, uma escola explodida, açoitamentos públicos. As histórias não tinham fim e eram aterrorizantes. Algumas semanas após o assassinato de Shabana, um professor de Matta foi morto quando se recusou a puxar seu *shalwar* acima do calcanhar, à maneira dos talibãs. Argumentou que em nenhuma parte do Islã isso era exigido. Os talibãs o enforcaram e então atiraram em seu pai, um advogado.

Eu não conseguia entender o que o Talibã tentava fazer. "Eles estão caluniando nossa religião", falei em entrevistas. "Como você vai aceitar o Islã se eu apontar uma arma para sua cabeça e afirmar que o Islã é a verdadeira religião? Se eles querem que todas as pessoas do mundo sejam muçulmanas, por que primeiro não se mostram bons muçulmanos?"

Meu pai quase sempre chegava em casa perturbado, por causa das coisas terríveis que testemunhava e ouvia, como a decapitação de policiais e o desfile da milícia talibã com as cabeças decapitadas pelas ruas da cidade. Até mesmo aqueles que tinham defendido Fazlullah no começo, acreditando que seus homens fossem defensores verdadeiros do Islã, e que lhes haviam entregado seu ouro, começaram a se voltar contra ele. Meu pai me contou sobre uma mulher que fizera doações generosas ao Talibã enquanto o marido trabalhava no exterior. Quando ele voltou e descobriu que a esposa doara o ouro, ficou furioso. Certa noite houve uma pequena explosão na aldeia e a mulher chorou. "Não chore", disse o marido. "Esse é o som dos seus brincos. Agora ouça só o som dos seus colares e de suas pulseiras."

Ainda assim pouca gente protestava contra o Talibã. O velho rival de meu pai dos tempos de faculdade, Ihsan-ul-Haq Haqqani, tornara-se jornalista em Islamabad e organizou uma conferência sobre a situação no Swat. Nenhum dos políticos e acadêmicos do vale ousou aparecer para falar. Apenas compareceram meu pai e alguns jornalistas. Parecia que as pessoas haviam decidido que o Talibã chegara para ficar e que, portanto, era melhor se acostumar com ele. "Se você faz parte do Talibã, sua vida está 100%

assegurada", as pessoas diziam. Por isso ofereciam seus filhos ao grupo. O Talibã mandava representantes para as casas das pessoas, exigindo dinheiro para comprar Kalashnikovs ou filhos que se juntassem a sua milícia. Muitos dos ricos fugiram. Os pobres não tinham opção senão ficar e tentar sobreviver da melhor maneira possível. Muitos homens de nossa região tinham ido trabalhar nas minas ou no Golfo, deixando suas famílias sem pai, o que significava que seus filhos se tornavam presas fáceis do Talibã.

As ameaças estavam cada vez mais próximas. Ahmad Shah chegou a ir para Islamabad por algum tempo, depois que desconhecidos o alertaram de que seu nome estava na lista dos marcados para morrer. Aproveitou a viagem para denunciar, na capital, o que vinha acontecendo em nosso vale. Uma das piores coisas daquele período foi quando começamos a desconfiar uns dos outros. Chegaram até mesmo a apontar o dedo para meu pai: "Como é que Ziauddin está vivo, quando tantos políticos são assassinados? Ele deve ser um agente secreto!". Na verdade, papai recebera ameaças, mas não nos contara. Dera uma entrevista à mídia, em Peshawar, exigindo que os militares agissem contra o Talibã e fossem atrás de seus comandantes. Depois disso disseram-lhe que Shah Douran o ameaçara pela Mulá FM.

Meu pai ignorou a ameaça. Mas eu estava preocupada. Ele era destemido, envolvia-se com muitos grupos e comitês e muitas vezes só chegava em casa depois da meia-noite. Começou a dormir fora, na casa de amigos, para nos proteger caso o Talibã viesse em seu encalço. Não suportava a ideia de ser assassinado diante de nós. Eu não conseguia dormir até que ele chegasse. Então, finalmente, ia trancar o portão. Quando papai estava em casa, minha mãe colocava uma escada no jardim, encostada na parede que levava à janela do quarto, para ele poder escapar para a rua caso corresse perigo. Meu pai riu da ideia. "Talvez Atal, ágil como um esquilo, possa fazer isso. Eu não consigo!"

Ainda bebê.

Com meu irmão Khushal, em Mingora.

No colo de Hidayatullah, amigo de meu pai, dentro do primeiro prédio de nossa escola.

Meu avô materno, *malik* Janser Khan, em Shangla.

A casa da infância de meu pai.

Eu, meu avô paterno, Baba, e Khushal em nossa casa em Mingora.

Lendo com meu irmão Khushal.

Com Khushal numa cachoeira em Shangla.

Um piquenique escolar.

Orações em conjunto na Escola Khushal. © JUSTIN SUTCLIFFE, 2013

No começo, as pessoas deram muito dinheiro para Fazlullah.

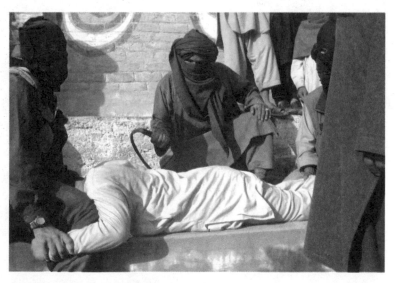

O Talibã açoitava publicamente as pessoas.

Fazendo um discurso em homenagem aos mortos no ataque suicida de Haji Baba.

Atuando numa peça na escola.

Pintando na escola.

Quadro que pintei aos doze anos, quando voltamos ao Swat depois de viver como refugiados. A pintura mostra o sonho da harmonia entre as religiões.

Fazendo um boneco de neve com Atal no nosso jardim em Mingora.

Visitando Spal Bandi, onde meu pai ficou enquanto estudava.

Na escola lendo uma história: "Nem tudo que reluz é ouro".

a tumba de Jinnah, fundador do Paquistão.

Meus pais e os anciãos do Swat.

Atentado a bomba na escola. © KH AWAIS

O ônibus onde fui baleada. © ASAD HASHIM/ AL JAZEERA. CORTESIA DE
AL JAZEERA ENGLISH; ALJAZEERA.COM

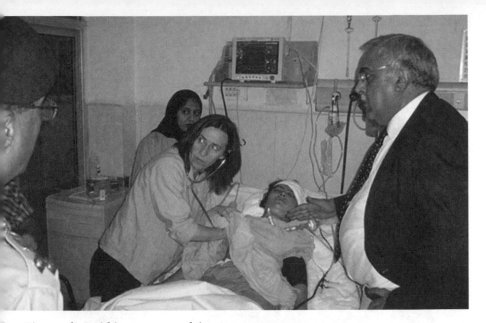

Dra. Fiona e dr. Javid junto ao meu leito. © UNIVERSITY HOSPITALS
BIRMINGHAM NHS FOUNDATION TRUST; REPRODUZIDO COM PERMISSÃO DO
QUEEN ELIZABETH HOSPITAL EM BIRMINGHAM

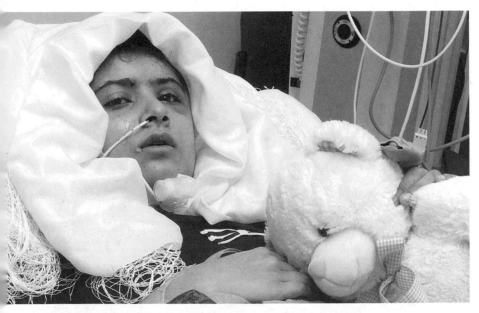

Primeiros dias no hospital em Birmingham. © UNIVERSITY HOSPITALS
BIRMINGHAM NHS FOUNDATION TRUST; REPRODUZIDO COM PERMISSÃO DO
QUEEN ELIZABETH HOSPITAL EM BIRMINGHAM

Lendo *O mágico de Oz* no hospital. © UNIVERSITY HOSPITALS BIRMINGHAM
NHS FOUNDATION TRUST; REPRODUZIDO COM PERMISSÃO DO QUEEN ELIZABETH
HOSPITAL EM BIRMINGHAM

Nossa diretora-geral, sra. Maryam (à esq.), com Shazia, uma das
meninas que foram baleadas comigo.

Minhas amigas guardaram um lugar na classe para mim (na extrema direita).

Sr. Amjad, diretor da escola dos meninos, saúda meu pôster toda manhã. © JUSTIN SUTCLIFFE, 2013

Na onu com Ban Ki-moon, Gordon Brown, família e amigos.
© UN PHOTO/ ESKINDER DEBEBE; REPRODUZIDO COM PERMISSÃO DA UNITED NATIONS PHOTO LIBRARY

Falando na onu no meu 16º aniversário. © UN PHOTO/ RICK BAJORNAS; REPRODUZIDO COM PERMISSÃO DA UNITED NATIONS PHOTO LIBRARY

Com minha mãe em Medina.

A família toda no nosso novo lar, em Birmingham. © ANTONIO OLMOS

Minha mãe vivia imaginando o que fazer se o Talibã aparecesse. Pensou em dormir com uma faca sob o travesseiro. Eu me ofereci para me esgueirar até o banheiro e telefonar para a polícia. Meus irmãos e eu planejamos escavar um túnel. Mais uma vez pedi, em minhas orações, uma varinha mágica para fazer o Talibã desaparecer.

Um dia vi meu irmãozinho Atal cavando furiosamente no jardim. "O que está fazendo?", perguntei. "Uma cova", ele respondeu. O noticiário, recheado de assassinatos e mortes, tornava natural que meu irmão pensasse em caixões e túmulos. Em vez de brincar de esconder, as crianças inventaram um jogo chamado "Exército x Talibã". Faziam bombas com galhos de árvores e usavam gravetos como se fossem Kalashnikovs. Eram essas suas brincadeiras de terror.

Não havia ninguém que pudesse nos proteger. Nosso próprio vice-governador, Syed Javid, frequentava as reuniões do Talibã, rezava na mesquita deles e até mesmo presidia seus encontros. Tornou-se um militante exemplar! Um dos alvos do grupo eram as organizações não governamentais, acusadas de anti-islâmicas. Quando elas receberam cartas com ameaças, foram até o governador pedir ajuda, mas ele nem sequer lhes deu ouvidos. Certa vez, durante uma reunião, meu pai o desafiou: "Você está representando os interesses de quem? De Fazlullah ou do governo?". Dizemos, em árabe, que "as pessoas seguem seus reis". Quando a mais alta autoridade de sua região se junta ao Talibã, então a talibanização se torna a norma.

Gostamos das "teorias da conspiração" e temos muitas no Paquistão. Alguns acreditavam que as autoridades encorajavam deliberadamente o Talibã. Diziam que o Exército queria o grupo no Swat porque os Estados Unidos desejavam montar uma base aérea no vale, para lançar seus drones. Por outro lado, seria possível dizer aos americanos que o governo não podia ajudá-los por ter seus próprios problemas. Além disso, era uma resposta às críticas crescentes, da parte dos Estados Unidos, de que nossos militares apoiavam o Talibã em lugar de detê-los. "Vocês nos acusam de aceitar seu dinheiro e ajudar esses terroristas. Se fosse esse mesmo o caso, então por que eles estão nos atacando?"

"O Talibã, obviamente, tem o apoio de forças ocultas", disse meu pai. "Mas o que está acontecendo não é algo simples, e quanto mais você tenta entender, mais complexa a coisa se torna."

Naquele ano, 2008, o governo até mesmo libertou Sufi Mohammad, o fundador do TNSM. Dizia-se que ele era mais moderado do que seu genro, Fazlullah, e havia esperança de que conseguiria negociar um acordo de paz para o governo impor a lei islâmica no Swat e nos libertar da violência talibã. Meu pai foi a favor. Sabíamos que este não seria o fim, mas papai argumentava que a imposição da lei islâmica deixaria o Talibã isolado, uma vez que suas demandas seriam satisfeitas e eles não teriam nada mais por que lutar. Então deporiam as armas e viveriam como pessoas comuns. Se não o fizessem, isso mostraria quem na realidade eles eram.

O Exército mantinha seus canhões nas montanhas, nos arredores de Mingora. Deitávamos para dormir ouvindo "bum, bum". O barulho parava por cinco, dez ou quinze minutos e então recomeçava, bem quando estávamos pegando no sono. Às vezes tapávamos os ouvidos ou cobríamos a cabeça com travesseiros, mas os canhões estavam muito próximos e o ruído, alto demais para ser ignorado. Na manhã seguinte, no noticiário da tevê, ficávamos sabendo de novas mortes causadas pelo Talibã e nos perguntávamos o que o Exército estivera fazendo com todos aqueles tiros noturnos e por que nem mesmo conseguia interromper as transmissões diárias na Mulá FM.

O Exército e o Talibã eram poderosos. Às vezes faziam bloqueios a menos de um quilômetro de distância um do outro, nas mesmas ruas principais. Eles nos obrigavam a parar, mas não pareciam cientes da presença um do outro. Era inacreditável. Ninguém entendia por que o Exército não nos defendia. Comentávamos que militares e talibãs eram dois lados da mesma moeda. Meu pai dizia que nós, o povo, éramos como palha presa entre duas pedras de moinho. Mesmo assim, ele não tinha medo. Afirmava que devíamos continuar expressando nossa opinião.

Sou apenas humana, como qualquer pessoa, e, quando ouvia o barulho das armas, meu coração acelerava. Às vezes eu tinha muito medo, mas não falava sobre isso nem deixava de ir à escola. Mas o medo é muito poderoso e no final das contas fora ele que fizera as pessoas se voltarem contra Shabana. O terror as torna cruéis. O Talibã liquidara nossos valores e, em última análise, os valores do Islã.

Eu tentava me distrair lendo *Uma breve história do tempo*, de Stephen Hawking, que abordava grandes questões, como de que maneira o universo começara e se o tempo poderia regredir. Eu só tinha onze anos e já desejava que essa regressão fosse possível.

Nós, pachtuns, sabemos que a pedra da vingança não se gasta jamais e que, quando se faz algo errado, sofrem-se as consequências. *Mas quando isso aconteceria?*, perguntávamos sem parar.

13. O diário de Gul Makai

Foi num desses dias sombrios que meu pai recebeu um telefonema de um amigo, Abdul Hai Kakar, correspondente da BBC em Peshawar. Ele procurava uma professora ou uma aluna que estivesse disposta a escrever um diário sobre sua vida no regime Talibã, para mostrar o lado humano da catástrofe que estávamos sofrendo no Swat. No início, Ayesha, irmã mais nova da sra. Maryam, concordou, mas seu pai descobriu e a proibiu de fazê-lo, dizendo que era arriscado demais.

Quando ouvi meu pai falando a respeito, perguntei: "Por que não eu?". Eu queria que as pessoas soubessem o que estava acontecendo. Educação é direito nosso, eu dizia. Assim como é nosso direito cantar. O Islã nos deu esse direito ao dizer que toda menina e todo menino devem ir à escola. No Corão está escrito que devemos buscar o conhecimento, estudar com afinco e aprender sobre os mistérios do nosso mundo.

Eu nunca tinha escrito um diário e não sabia como começar. Tínhamos computador, mas naquela época havia cortes frequentes de eletricidade e poucos locais ofereciam acesso à internet. Por isso Hai Kakar decidiu ligar à noite para o celular de minha mãe. Usaria o telefone de sua esposa para nos proteger, uma vez que o dele estava grampeado pelos serviços de inteligência. Ele me ajudaria, fazendo perguntas sobre meu dia, pedindo-me que contasse algumas piadas e falasse sobre meus sonhos. Falaria durante meia hora ou 45 minutos em urdu, embora também fosse pachtum, porque o blog seria escrito em urdu e ele desejava que as mensagens fossem tão autênticas quanto possível. Transcreveria minha fala e uma vez por semana as postagens apareceriam no portal em urdu da BBC. Ele me contou sobre Anne Frank, a menina judia de treze anos que se escondeu dos nazistas com a família em Amsterdã, durante a guerra. Disse que ela mantinha um diário sobre como era a vida ali, como passavam o dia e quais eram seus sentimentos. Era muito triste, já que toda família foi traída e presa, e Anne morreu em um campo de concentração quando tinha apenas quinze anos. Tempos depois seu diário foi publicado e é um relato muito forte.

Hai Kakar me alertou de que poderia ser perigoso usar meu nome verdadeiro e me deu o pseudônimo de Gul Makai, que significa centáurea-azul e é o nome de uma heroína do folclore pachtum — uma história meio *Romeu e Julieta*, na qual os apaixonados Gul Makai e Musa Khan se conhecem na escola, mas são de tribos diferentes e por isso o amor de ambos provoca uma guerra. Mas, diferentemente de Shakespeare, as coisas não terminam em tragédia. Gul Makai ensina aos mais velhos de sua tribo, usando o Corão, que a guerra é ruim; eles acabam por cessar de lutar e permitem que os amantes se reencontrem.

A primeira entrada do meu diário foi publicada em 3 de janeiro de 2009. "Estou com medo" era a manchete. "Tive um sonho terrível a noite passada, cheio de helicópteros militares e de talibãs", era o começo. "Tenho tido sonhos assim desde o início das operações militares no Swat." Escrevi que tinha medo de ir à escola devido ao decreto do Talibã. Também escrevi sobre um incidente quando voltava a pé da escola para casa e ouvi um homem atrás de mim dizer: "Vou matar você". Apressei o passo e depois de certo tempo olhei para trás, para ver se ele estava me seguindo. Para meu profundo alívio, vi que falava ao telefone — decerto estivera conversando com outra pessoa.

Era emocionante ver minhas palavras no website. No início eu estava um pouco tímida, mas depois entendi o tipo de coisa que Hai Kakar queria e me tornei mais autoconfiante. Ele gostava de impressões pessoais e o que chamava de minhas "frases pungentes", além de relatos que mesclassem o dia a dia familiar e o terror do Talibã.

Escrevi muito sobre a escola, pois ela era o centro de nossas vidas. Adorava meu uniforme azul-real, mas nos proibiram de usá-lo. Fomos aconselhadas a vestir roupas normais e a esconder os livros sob o véu. Uma parte se chamava "Não use roupas coloridas". Nesse texto escrevi: "Um dia, eu me arrumava para ir à escola e quase vesti meu uniforme. Então me lembrei do aviso de nossa diretora e resolvi usar meu vestido rosa favorito".

Também escrevi sobre a burca. Quando se é mais nova, acaba-se gostando da burca, uma roupa formal. Mas quando se é obrigada a usá-la, como o Talibã insistia, é muito diferente. Ela torna o ato de andar difícil! Em uma das entradas do meu diário contei sobre um incidente que vivi quando estava com minha mãe e uma prima no Mercado Chinês. "Havia um forte boato de que uma mulher, usando burca, caíra. Quando um homem se aproximou, tentando ajudá-la, ela recusou, dizendo: 'Não me auxilie, irmão, porque isso dará imenso prazer a Fazlullah'. Quando entramos na loja a que queríamos ir, o dono riu e disse ter imaginado que éramos mulheres-bomba, porque muitos suicidas-bomba usavam burca."

Na escola, as pessoas começaram a falar sobre o diário. Uma aluna chegou até mesmo a imprimi-lo e o mostrou a meu pai.

"É muito bom", ele elogiou, com um sorriso.

Eu queria dizer às pessoas que fora eu quem o escrevera, mas o correspondente da BBC nos alertara a não fazê-lo, pois poderia ser perigoso. Eu não entendia por quê, naquela época, pois era apenas uma criança — quem atacaria uma criança? Algumas de minhas amigas, porém, reconheciam pequenos incidentes nos textos. E quase revelei tudo em uma entrada: "Minha mãe gostou do pseudônimo Gul Makai e brincou com meu pai, dizendo que deveríamos mudar meu nome. Eu também gostei do pseudônimo, porque meu nome de verdade significa 'tomada pelo luto'".

O diário de Gul Makai chamou muita atenção. Alguns jornais o reproduziram. Então a BBC o colocou no ar usando a voz de outra menina. Comecei a entender que a caneta e as palavras podem ser muito mais poderosas do que metralhadoras, tanques ou helicópteros. Estávamos aprendendo a lutar. E a perceber como somos poderosos quando nos manifestamos.

Alguns dos professores pararam de ir à escola. Um deles disse que havia sido chamado pelo mulá Fazlullah para ajudar a construir seu centro em Imam Deri. Outro disse que vira um corpo decapitado no caminho e que não podia mais arriscar sua vida para lecionar. Muitas pessoas estavam com medo. Nossos vizinhos diziam que o Talibã instruía as pessoas a declarar, na mesquita, se tinham filhas solteiras, para que elas pudessem se casar, provavelmente com membros da milícia.

No início de janeiro de 2009 havia apenas dez meninas em minha turma, em vez de 27. Muitas de minhas amigas deixaram o vale para estudar em Peshawar. Meu pai insistia que nós não sairíamos de lá. "O Swat nos deu muito. Então, nos dias difíceis, precisamos apoiar o nosso vale", afirmou.

Uma noite, fomos jantar na casa de um amigo de meu pai,

dr. Afzal, que dirige um hospital. Depois do jantar, quando ele nos levou para casa, vimos talibãs armados e mascarados nos dois lados da estrada. Ficamos morrendo de medo. O hospital do dr. Afzal localizava-se em um enclave do Talibã. Os disparos e os toques de recolher impossibilitaram seu funcionamento, e ele teve de mudar para Barikot. Houve um protesto geral e até mesmo o porta-voz do Talibã, Muslim Khan, telefonou para o médico, dizendo-lhe para reabri-lo. O dr. Afzal pediu o conselho do meu pai. "Não aceite boas ações de pessoas más", Aba recomendou. Um hospital protegido pelo Talibã não era uma boa ideia. Por isso, o médico recusou-se a reabri-lo.

O dr. Afzal não morava muito longe de nós. Desse modo, quando chegamos em casa, meu pai insistiu em voltar com ele, uma vez que o Talibã poderia tê-lo incluído em sua lista suja. Enquanto os dois faziam o percurso, o dr. Afzal, nervoso, perguntou a meu pai: "Que nomes devemos dar, se nos pararem?".

"Você é o dr. Afzal, e eu sou Ziauddin", respondeu Aba. "Esses malditos assassinos... Não fizemos nada de errado. Por que deveríamos mudar nossos nomes? Criminosos é que fazem isso."

Felizmente, o Talibã já havia desaparecido. Todos nós demos um enorme suspiro de alívio quando meu pai telefonou para dizer que ambos estavam a salvo.

Também eu não queria me render. Mas nos aproximávamos do prazo determinado pelo Talibã para que as meninas deixassem de ir à escola. Como impedir 50 mil meninas de ir à escola em pleno século XXI? Eu não parava de pensar — ou desejar — que algo mudaria e que as escolas permaneceriam abertas. Mas nosso prazo estava se esgotando. Tínhamos determinado que o sinal da Khushal seria o último a parar de tocar. A sra. Maryam até mesmo se casara, para poder ficar no Swat. Sua família havia se mudado para Karachi por causa do conflito e ela não podia morar sozinha.

Quarta-feira, 14 de janeiro, foi o dia em que a escola fechou.

Quando acordei, naquela manhã, vi câmeras de TV no meu quarto. Um jornalista paquistanês, Irfan Asharaf, me seguiu por todos os lugares, até mesmo quando fiz minhas orações e escovei os dentes.

Dava para ver que meu pai estava de mau humor. Um de seus amigos o persuadira a participar de um documentário para o site do *New York Times*, para mostrar ao mundo o que estava acontecendo conosco. Algumas semanas antes, em Peshawar, havíamos conhecido Adam Ellick, jornalista americano. Foi um encontro agradável. Ele conduziu uma longa entrevista com meu pai, em inglês. Eu não disse uma palavra. Mas então Ellick perguntou se podia conversar comigo e começou a me fazer perguntas, usando Irfan como intérprete. Depois de uns dez minutos ele percebeu, por minhas expressões, que eu entendia perfeitamente suas questões. "Você fala inglês?"

"Sim, e acabei de dizer que existe medo em meu coração", respondi.

Adam ficou atônito. "Ei, o que há de errado com vocês, rapazes?", indagou a meu pai e a Irfan. "Ela fala inglês melhor do que vocês! Por que traduzir minhas perguntas para ela?" Caímos na gargalhada.

A ideia original para o documentário era seguir meu pai no último dia da escola. No final do encontro Irfan me perguntou: "O que você faria se um dia não pudesse voltar ao vale e à escola?". Respondi que isso não aconteceria. Mas ele insistiu, e comecei a soluçar. Penso que foi naquele momento que Ellick decidiu colocar o foco em mim.

Ele não podia ir ao Swat porque isso era muito perigoso para os estrangeiros. Quando Irfan e um cinegrafista chegaram a Mingora, nosso tio, que ainda vivia conosco, explicou várias vezes que era muito arriscado colocar câmeras em nossa casa. Meu pai lhes pediu para esconder o equipamento. Mas a equipe tinha vindo de muito longe, de Islamabad, e é difícil para nós, pachtuns, recusar hospitalidade. Além disso, meu pai sabia que aquele poderia ser nosso megafone para o mundo. Um amigo lhe dissera que um documentário causaria mais impacto do que ficar andando de um lado para outro.

Eu dera muitas entrevistas para a televisão e gostava tanto de falar ao microfone que minhas amigas brincavam comigo. Mas eu nunca tinha feito nada como aquilo. "Aja naturalmente", Irfan me dizia. Não era fácil, com uma câmera me seguindo até mesmo na hora de escovar os dentes. Mostrei a eles meu uniforme, que eu não podia mais usar, e disse que tinha medo de que os talibãs me flagrassem indo para a escola e decidissem jogar ácido no meu rosto, como haviam feito com as meninas no Afeganistão.

Tínhamos uma reunião especial marcada para aquela última manhã, mas foi difícil ouvir o que se dizia, por causa do barulho dos helicópteros acima de nossas cabeças. Algumas de nós falaram contra o que estava acontecendo no nosso vale. O sinal tocou pela última vez, e a sra. Maryam anunciou o início das férias de inverno. Mas, ao contrário dos anos anteriores, não foi divulgada uma data para o reinício das aulas. Mesmo assim, alguns professores nos passaram lição de casa. No pátio, abracei todas as minhas amigas. Olhei para o quadro de honra e me perguntei se meu nome alguma vez tornaria a aparecer ali. As provas deveriam acontecer em março, mas como seria? Tirar o primeiro lugar não tem importância quando você é impedido de aprender. Quando alguém lhe tira as canetas, você se dá conta de como a educação é importante.

Antes de fechar a porta da escola, olhei para trás como se fosse a última vez que a veria. Essa foi a derradeira tomada daquela parte do documentário. Na vida de verdade, entrei na escola de novo. Minhas amigas e eu não queríamos que aquele dia acabasse, então decidimos fazê-lo durar o máximo possível. Fomos para a parte do ensino primário, onde havia mais espaço para correr e brincar. Brincamos de *mango mango*: faz-se uma roda e se canta, e quando a música para todo mundo tem de ficar imóvel e em silêncio. Quem se mexer ou rir está fora.

Fomos para casa bem tarde. Normalmente ficávamos na escola até uma da tarde, mas naquele último dia ficamos até as três. No final Moniba e eu discutimos sobre algo tão tolo que nem consigo me lembrar. Nossas amigas não podiam acreditar. "Vocês duas sempre discutem quando alguma coisa importante acontece!", criticaram. Não era uma boa maneira de encerrar aquela data.

Comentei com os documentaristas: "Eles não podem me deter. Vou estudar nem que seja em casa, em outra escola ou em qualquer outro lugar. É esse o nosso pedido ao mundo: salvem nossas escolas, salvem nosso Paquistão, salvem nosso Swat".

Quando cheguei em casa, chorei muito. Não queria parar de aprender; aos onze anos de idade, sentia que tudo estava perdido. Eu dissera a todo mundo na minha classe que o Talibã não faria aquilo. "Eles são como os políticos: falam e falam e depois não fazem nada", afirmara. Mas então eles fizeram, fecharam nossa escola e fiquei com vergonha. Não conseguia me controlar. Eu chorava, minha mãe chorava, mas meu pai insistia: "Você irá à escola de novo".

Para ele, o fechamento também significou o fim de um negócio. Os prédios dos meninos reabririam após as férias de inverno, mas a perda da escola para meninas significava um corte grande em nossa renda. Mais da metade das mensalidades estavam vencidas, e meu pai passou o último dia correndo atrás de pagamentos para poder honrar os salários dos professores, bem como o aluguel e as despesas.

Naquela noite, o ar esteve cheio de tiros de artilharia e acordei três vezes. Na manhã seguinte, tudo estava diferente. Comecei a pensar que talvez fosse melhor ir para Peshawar ou para o exterior, ou então eu podia pedir aos nossos professores para montar uma escola secreta em nossa casa, como alguns afegãos fizeram durante o regime do Talibã naquele país. Visitei o máximo possível de estações de rádio e televisão. "Eles podem nos impedir de ir para a escola, mas não podem nos impedir de aprender", falei. Eu tinha esperança, mas meu coração estava inquieto. Meu pai e eu viajamos a Peshawar e visitamos muitas organizações para contar às pessoas o que estava acontecendo. Falei da ironia de o Talibã querer professoras e médicas mulheres para atender mulheres, mas impedir que as meninas frequentassem a escola para se qualificar para essas atividades.

Certa vez Muslim Khan dissera que as meninas não deveriam ir à escola para aprender modos ocidentais. E isso veio de um homem que vivera tanto tempo nos Estados Unidos! Ele insistia em que teria seu próprio sistema educacional. "O que será que Muslim Khan usaria em vez do estetoscópio e do termômetro?", perguntava meu pai. "Existe algum instrumento oriental que possa tratar os doentes?" O Talibã é contra a educação porque pensa que quando uma criança lê livros ou aprende inglês ou estuda ciência ele ou ela vai se ocidentalizar.

Mas eu disse: "Educação é educação. Deveríamos aprender tudo e então escolher qual caminho seguir". Educação não é oriental nem ocidental, é humana.

Minha mãe costumava pedir para eu esconder meu rosto quando falasse com a mídia, porque na minha idade eu devia estar em *purdah* e ela temia muito por minha segurança. Mas nunca me proibiu de nada. Era uma época de horror e medo. As pessoas muitas vezes comentavam que o Talibã podia matar meu pai, mas não a mim. "Malala é uma criança", diziam. "Nem mesmo o Talibã mata crianças."

Mas minha avó não tinha tanta certeza disso. Quando me

via na televisão, dando entrevistas, ou saindo de casa, fazia uma oração: "Deus, por favor, dê a Malala a graça de Benazir, mas não sua curta vida".

Depois que minha escola foi fechada, continuei a escrever o blog. Quatro dias após o fechamento das escolas para meninas, mais cinco prédios escolares foram destruídos. "Estou bastante surpresa", escrevi, "porque essas escolas já haviam sido fechadas. Por que tinham de ser destruídas? Ninguém foi à escola depois do prazo estabelecido pelo Talibã. O Exército não está fazendo nada a respeito. Estão sentados em seus bunkers no topo da montanha. Matam cabras e as comem com prazer." Também escrevi sobre as pessoas que corriam para assistir aos açoitamentos anunciados na Mulá FM, e sobre o fato de a polícia nunca estar à vista.

Um dia recebi um telefonema dos Estados Unidos, de uma estudante da Universidade Stanford. Seu nome é Shiza Shahid, original de Islamabad. Vira o documentário do *New York Times*, *Class Dismissed in Swat Valley* [Aulas proibidas no vale do Swat], e nos descobrira. Mais uma vez constatamos o poder da mídia. Shiza nos deu um enorme apoio. Meu pai estava prestes a explodir de orgulho pelo modo como me comportei ao longo do documentário. "Olhe para ela", comentou com Adam Ellick. "Você não acha que Malala é digna dos céus?" Pais podem ser muito embaraçosos.

Adam nos levou para Islamabad. Foi a primeira vez que visitei a cidade. É um lugar lindo, com bangalôs brancos e ruas largas, embora não tenha nada da beleza natural do Swat. Vimos a Mesquita Vermelha, onde o cerco ocorrera, a ampla avenida da Constituição, que levava até os prédios cheios de colunas do Parlamento e da presidência, onde Asif Ali Zardari, viúvo de Benazir, vivia. O general Musharraf estava no exílio, em Londres.

Fomos às lojas, onde comprei livros escolares. Adam me deu DVDs de programas americanos, como *Betty, a feia*, sobre uma menina com um grande aparelho nos dentes e um coração enorme. Adorei a série e sonhava ir para Nova York algum dia e trabalhar numa revista, como ela. Visitamos o museu Lok Virsa, e foi uma alegria celebrar nosso legado cultural mais uma vez. O museu do Swat estava fechado. Nos degraus, do lado de fora do museu, um homem vendia pipoca. Era um pachtum como nós e, quando meu pai perguntou se era de Islamabad, ele respondeu: "Você acha mesmo que Islamabad pode algum dia ser dos pachtuns?". Contou que nascera em Mohmand, uma das zonas tribais, mas tivera que fugir por causa da operação militar. Vi que meus pais tinham lágrimas nos olhos.

Muitos edifícios estavam cercados por grandes blocos de concreto, e postos policiais vistoriavam os veículos que entravam na cidade, por causa dos atentados suicidas. Quando nosso ônibus passou por um buraco no caminho de volta, meu irmão Khushal, que estivera dormindo, acordou assustado. "Foi uma bomba?", ele perguntou. Esse era o medo que enchia nossas vidas diariamente. Qualquer coisinha, qualquer barulho, podia ser uma bomba ou um tiro.

Em nossas curtas viagens esquecíamos nossos problemas no Swat. Mas, ao entrar novamente em nosso vale, voltávamos para as ameaças e para o perigo. Mesmo assim, o Swat era nosso lar e ainda não estávamos dispostos a partir.

De volta a Mingora, a primeira coisa que vi ao abrir o guarda-roupa foi meu uniforme escolar, minha mochila e meu kit de geometria. Fiquei muito triste. A visita a Islamabad fora uma pausa agradável, mas aquela era a minha realidade.

14. Uma paz falsa

Quando a escola de meus irmãos reabriu depois das férias de inverno, Khushal disse que preferia ficar em casa, como eu. Isso me irritou. "Você não se dá conta da sorte que tem!", falei. Era estranho não ir para a escola. Não tínhamos nem mesmo aparelho de televisão, já que alguém havia arrombado nossa casa e roubado o nosso enquanto estávamos em Islamabad. Entraram na casa usando a escada que minha mãe mantinha no quintal, no caso de meu pai precisar fugir.

Alguém me deu um exemplar de *O alquimista*, de Paulo Coelho, uma fábula sobre um jovem pastor que viaja às pirâmides do Egito em busca de um tesouro — que o tempo todo estivera em sua casa. Adorei o livro, e o li várias vezes. "Quando você quer alguma coisa, todo o Universo conspira para a realização de seu desejo", escreve o autor. Penso que ele não conhece nem o Talibã, nem nossos ineficazes políticos.

O que eu não sabia era que Hai Kakar estava em tratativas secretas com Fazlullah e seus comandantes. Ele os conhecera em

entrevistas, e os estava instando a repensar o fechamento das escolas para meninas.

"Ouça, *maulana*", disse a Fazlullah. "Vocês mataram, executaram, decapitaram, destruíram escolas e não houve nenhum
protesto no Paquistão. Mas, quando proibiram a educação de
meninas, houve protestos. Até mesmo a mídia, que era tão branda
com vocês, agora está irritada."

A pressão de todo o país teve seu efeito em Fazlullah, que
finalmente concordou em retirar a proibição para meninas de até
dez anos, da quarta série, mas nada além disso. Eu estava na quinta série, e algumas de nós, da quinta e da sexta séries, desafiamos
o Talibã. Vestimos roupas normais, escondemos nossos livros sob
nossos véus e fomos à escola. Decisão arriscada, mas era a única
ambição que eu tinha na época. Nossa sorte também foi contar
com a sra. Maryam, que, corajosa, resistiu à pressão para parar de
trabalhar. Ela conhecia meu pai desde que tinha dez anos e eles
confiavam um no outro por completo. Ela costumava lhe fazer
um sinal para parar quando suas falas eram longas demais.

"A escola secreta é nosso protesto silencioso", disse-nos a sra.
Maryam.

Não escrevi nada a respeito em meu diário. Se nos pegassem,
jogariam ácido em nossos rostos, nos açoitariam ou nos mata-
riam, como fizeram com Shabana. Algumas pessoas têm medo de
fantasmas, e outras, de aranhas — naquela época tínhamos medo
de outras pessoas.

No caminho para a escola eu às vezes via os talibãs, com seus
turbantes e seus cabelos longos e sujos. Tinham uma aparência
horrível, bizarra. As ruas de Mingora estavam mais vazias agora,
já que um terço dos moradores deixara o vale. Meu pai dizia que
não se podia culpá-los, uma vez que o governo não tinha nenhum poder. Havia 12 mil tropas do Exército na região — quatro
vezes o que se estimava para o Talibã —, além de tanques, heli-

cópteros e armas sofisticadas. Ainda assim o Talibã controlava 70% do Swat.

Cerca de uma semana após nosso retorno à escola, no dia 16 de fevereiro de 2009, fomos acordados pelo som de tiros. Nosso povo dispara rifles em comemoração a nascimentos e casamentos, mas até mesmo isso cessara durante o conflito. Primeiro pensamos que estávamos em perigo. Então ouvimos as notícias. Os tiros eram uma celebração. Um acordo de paz fora assinado entre o Talibã e o governo da província, agora sob o controle do ANP, não dos mulás. O governo concordara em impor a lei islâmica em todo o Swat e, em troca, os militantes poriam fim ao conflito. O Talibã concordou com um período de trégua de dez dias e, como gesto de boa-fé, soltou um engenheiro de telefonia chinês que havia sequestrado seis meses antes.

Também ficamos felizes. Meu pai e eu sempre falávamos a favor de uma negociação de paz, mas questionávamos como ela funcionaria. Esperava-se que os membros do Talibã se acalmassem, voltassem para suas casas e passassem a viver como cidadãos pacíficos. Eles se convenceram de que a *shariat* no Swat seria diferente da que vigia no Afeganistão. As escolas para meninas seriam reabertas e não haveria polícia moral. O Swat permaneceria o mesmo, mas com um sistema de justiça diferente. Eu queria acreditar no acordo, mas estava preocupada. Pensei: "Com certeza, o modo como o sistema funciona depende das pessoas que o fiscalizam: os talibãs".

Era difícil acreditar que tudo estava terminado! Mais de mil cidadãos comuns e policiais haviam sido mortos, mulheres foram mantidas em *purdah*, escolas e pontes tinham sido destruídas, pessoas fecharam seus negócios. Padecemos os selvagens julgamentos públicos e uma justiça violenta e vivemos num estado constante de medo. E agora tudo isso iria acabar.

No café da manhã sugeri a meus irmãos falar da paz, não

da guerra. Como sempre, eles me ignoraram e mantiveram seus joguinhos violentos. Khushal tinha um helicóptero de brinquedo, e Atal, uma pistola feita de papel. Um gritava "fogo!" e o outro "preparar!". Não me importei. Alisei meu uniforme, feliz porque logo poderia usá-lo abertamente. Chegou um recado de nossa diretora, dizendo que as provas aconteceriam na primeira semana de março. Era hora de voltar a estudar.

Nosso entusiasmo não durou muito. Dois dias depois, eu estava na cobertura do hotel Taj Mahal, dando uma entrevista sobre o acordo de paz para um repórter bem conhecido, Hamid Mir, quando soubemos que outro repórter de televisão, que conhecíamos, fora morto. Seu nome era Musa Khan Khel, e ele entrevistava meu pai com frequência. Naquele dia estivera cobrindo uma passeata pela paz promovida por Sufi Mohammad. Não era bem uma passeata, mas uma procissão de carros. Depois dela o corpo de Musa Khan Khel foi encontrado ali perto, baleado várias vezes, com a garganta parcialmente cortada. Ele tinha 28 anos.

Minha mãe ficou tão aborrecida quando lhe contamos que se enfiou na cama, em lágrimas. Temia que a violência estivesse de volta ao vale, logo em seguida ao acordo de paz. "O acordo foi apenas uma ilusão?", questionou.

Alguns dias depois, em 22 de fevereiro, um "cessar-fogo permanente" foi anunciado pelo vice-governador Syed Javid no Clube da Imprensa do Swat, em Mingora. Ele pediu que todos os moradores do vale voltassem a suas casas. Dois dias depois, o porta-voz do Talibã, Muslim Khan, disse que o grupo concordava com um cessar-fogo indefinido. O presidente Zardari transformaria o acordo em lei. O governo concordou em pagar uma compensação às famílias das vítimas.

Todo mundo estava em êxtase, mas eu me sentia a pessoa mais feliz de todas porque isso significava que a escola reabriria de fato. O Talibã disse que as meninas podiam ir para a escola depois do acordo de paz, mas que deveriam usar véus e se cobrir. Nós dissemos "tudo bem, se é isso que vocês querem, desde que possamos viver nossas vidas".

Porém, nem todos estavam satisfeitos com o acordo. Nossos aliados americanos ficaram furiosos. "Acho que o governo paquistanês está basicamente abdicando em favor do Talibã e dos extremistas", declarou Hillary Clinton, então secretária de Estado. Os americanos temiam que o acordo significasse, na prática, rendição. O jornal paquistanês *Dawn* escreveu em editorial que o acordo enviava "um sinal desastroso — combata o Estado militarmente que ele lhe dará o que você quer sem receber nada em troca".

Mas nenhum daqueles que protestaram contra o acordo tinha que viver no vale. Precisávamos de paz, independentemente de quem a fornecesse. No nosso caso calhou ser um militante de barba branca chamado Sufi Mohammad. Ele fez um "acampamento da paz" em Dir e se empoleirou em nossa famosa mesquita, Tabligh Markaz, como o líder de nossa terra. Era o avalista de que o Talibã deporia as armas e de que haveria paz no vale. As pessoas o visitavam para prestar homenagens e beijar sua mão, pois estavam cansadas da guerra e de atentados suicidas.

No início de março parei de escrever meu blog. Hai Kakar e eu concordamos que não havia muito mais a ser dito. Mas, para nosso horror, as coisas não mudaram muito depois do acordo, exceto que o Talibã tornou-se ainda mais selvagem. Agora eles eram terroristas legitimados pelo Estado. Ficamos descontentes e desapontados. O acordo de paz era somente uma miragem. Uma noite o Talibã fez uma marcha perto de nossa rua e patrulhou as estradas com armas e cassetetes, como se fosse o Exército.

Eles ainda vigiavam o Mercado Chinês. Certo dia minha mãe foi às compras com minha prima, que estava para se casar e precisava de algumas coisas para a cerimônia. Um talibã bloqueou o caminho delas e as puxou à parte. "Se eu vir vocês de novo usando lenço, mas sem burca, vou espancá-las", disse o homem. Minha mãe não se assusta facilmente e não perdeu a compostura. "Sim, usaremos burcas no futuro", respondeu. Mas jamais a usaria. Burcas não fazem parte da tradição pachtum.

Também ouvimos falar que o Talibã atacou o dono de um estabelecimento comercial porque uma mulher desacompanhada observava os batons da loja, que era de produtos de beleza. "Há um cartaz no mercado dizendo que as mulheres não podem ir à sua loja sem estar acompanhadas por um parente homem, e você nos desafiou", eles acusaram. O homem apanhou muito e ninguém o ajudou.

Certo dia vi meu pai e seus amigos assistindo a um vídeo pelo celular. Era uma cena chocante. Uma adolescente vestindo burca preta e calça vermelha estava caída no chão, com o rosto virado para baixo, sendo açoitada em plena luz do dia por um homem de barba usando um turbante preto. "Por favor, pare!", ela implorava em pachto, entre gritos e gemidos, à medida que cada golpe era dado. "Em nome de Alá, estou morrendo!"

Podia-se ouvir o talibã gritar: "Segurem as pernas dela. Segurem as mãos dela". Lá pelas tantas, durante o açoitamento, a burca caiu e eles pararam por um momento, para ajeitar a veste, antes de voltar a espancar a adolescente. Eles a açoitaram 34 vezes. Havia uma pequena multidão olhando, que nada fez. Um dos parentes da moça até mesmo se ofereceu como voluntário para ajudar a mantê-la no chão.

Alguns dias depois, o vídeo estava em toda parte. Uma cineasta em Islamabad o encontrou. Ele foi mostrado na tevê do Paquistão repetidas vezes, e no mundo todo. As pessoas ficaram ultrajadas, e com razão; mas isso nos pareceu estranho, pois demonstrava desconhecimento das atrocidades que tinham lugar em nosso vale. Desejei que tanta indignação se estendesse

à proibição talibã quanto à educação das meninas. O primeiro-
-ministro Yusuf Raza Gilani pediu uma investigação e deu uma
declaração, dizendo que o açoitamento da menina era contrário
aos ensinamentos do Islã. "O Islã nos ensina a tratar as mulheres
com educação", ele afirmou.

Algumas pessoas chegaram a alegar que o vídeo era falso.
Outras disseram que o açoitamento ocorrera em janeiro, antes
do acordo de paz, e que havia sido distribuído agora justamente
para sabotá-lo. Mas Muslim Khan confirmou a autenticidade do
vídeo. "Ela saiu de casa com um homem que não era seu marido,
e então tivemos de puni-la", explicou. "Há limites que não se pode
ultrapassar."

Por volta da mesma época, no início de abril, um renomado
jornalista, Zahid Hussain, foi até o Swat visitar o vice-governador
em sua residência oficial e o encontrou promovendo aquilo que
parecia ser uma comemoração pela tomada da região por parte
do Talibã. Havia vários comandantes talibãs seniores com escolta armada, incluindo Muslim Khan, e até mesmo Faqir Mohammad, o líder da milícia em Bajaur, que estava no meio de uma
luta sangrenta com o Exército. Havia uma recompensa de 200
mil rupias pela cabeça de Faqir, e no entanto lá estava ele, sobre o
tapete de uma residência oficial do governo, jantando. Também
ouvimos dizer que um brigadeiro do Exército ia às orações con-
duzidas por Fazlullah.

"Não pode haver duas espadas em uma só bainha", disse um
dos amigos de meu pai. "Não pode haver dois reis numa só terra.
Quem manda aqui, o governo ou Fazlullah?"

Mas ainda acreditávamos na paz. Todos esperavam com expectativa um grande ato público em 20 de abril, quando Sufi Mohammad se dirigiria ao povo do Swat.

Estávamos todos em casa naquela manhã. Meu pai e meus
irmãos encontravam-se do lado de fora quando um grupo de

adolescentes talibãs passou, com seus celulares transmitindo canções talibãs de vitória. "Oh, olhe para eles, Aba", disse Khushal. "Se tivesse uma Kalashnikov, eu os mataria."

Era um dia perfeito de primavera. Todos estavam entusiasmados, pois imaginavam que Sufi Mohammad fosse proclamar a paz e a vitória, e pedir que o Talibã depusesse as armas. Meu pai não foi ao comício. Ele o assistiu do terraço da escola de um amigo, onde os ativistas costumavam se juntar à noite. O terraço dava para o palco, de forma que algumas mídias também tinham colocado suas câmeras lá.

A multidão era grande — entre 30 mil e 40 mil pessoas —, usando turbantes e cantando músicas talibãs e jihadistas. "Era um completo burburinho de talibanização", disse meu pai. Progressistas liberais como ele não gostavam das cantorias nem das palavras de ordem.

No palco, Sufi Mohammad, sentado, estava perto de uma longa fila formada por pessoas esperando a vez de homenageá-lo. O comício começou com a recitação do capítulo da Vitória, uma *surah* do Corão, seguido por discursos de vários líderes dos cinco distritos de nosso vale: Kohistão, Malakand, Shangla, Dir do Norte e Dir do Sul. Estavam todos muito entusiasmados, na esperança de serem escolhidos emires de seu distrito para impor a lei islâmica. Mais tarde alguns desses líderes seriam mortos ou postos na prisão, mas naquele momento sonhavam com o poder. Por isso todos falavam com muita autoridade, celebrando a maneira como o Profeta conquistara Meca, embora seu discurso fosse de perdão, não de vitória cruel.

Então Sufi Mohammad falou. Não era um bom orador. Parecia velho e fraco, e ficou divagando por 45 minutos. Disse coisas totalmente inesperadas, como se outra pessoa estivesse falando por sua boca. Descreveu os tribunais de justiça do Paquistão como não islâmicos e afirmou: "Considero a democracia ocidental um sistema imposto a nós pelos infiéis. O Islã não permite democracia nem eleições".

Ele nada disse sobre educação. Nada disse sobre o Talibã depor armas e deixar as *hujras*. Em vez disso, pareceu ameaçar o país inteiro. "Aguardem! Nós vamos para Islamabad!", gritava.

Ficamos chocados. Foi como derramar água sobre um fogo crepitante — as chamas se extinguiram de repente. As pessoas ficaram muito desapontadas e começaram a xingá-lo. "O que esse demônio disse?" "Ele não quer paz, quer é guerra." Minha mãe colocou as coisas de maneira correta: "Ele teve a grande chance de ser o herói da história mas a desperdiçou". Nosso humor, na volta para casa, era exatamente o oposto daquele que tínhamos quando fomos para o ato público.

Naquela noite meu pai falou no canal Geo e disse a Kamram Khan que as pessoas tiveram muita expectativa mas ficaram decepcionadas. Sufi Mohammad não fez o que deveria ter feito. Ele deveria ter selado o acordo com um discurso de reconciliação e de retorno à paz.

As pessoas tinham diferentes teorias conspiratórias para explicar o que acontecera. Algumas diziam que Sufi Mohammad havia enlouquecido. Outras comentavam que ele recebera ordens de fazer aquele discurso e fora advertido: "Se não o fizer, há quatro ou cinco homens-bomba que vão explodir você e quem mais estiver lá". Houve quem dissesse que ele parecera desconfortável no palco, antes de falar. Cochichavam sobre eminências pardas e forças invisíveis. Que diferença faz?, eu me perguntava. A questão é que agora éramos um Estado inteiramente talibã.

Meu pai voltou a ocupar-se, falando em seminários sobre nossos problemas com o Talibã. Em um deles, o ministro da Informação de nossa província disse que a talibanização era resultado da política do país de treinar soldados e enviá-los ao Afeganistão, para lutar contra os soviéticos e depois contra os americanos.

"Se não tivéssemos colocado armas nas mãos dos alunos das *madrasas*, obedecendo a poderes estrangeiros, não estaríamos enfrentando essa matança nas áreas tribais e no Swat."

Logo se tornou claro para todos nós que os americanos estavam certos na sua avaliação do acordo. O Talibã acreditava que o governo paquistanês capitulara e que portanto seus membros podiam fazer o que bem entendessem. Entraram no Buner, distrito ao sul do Swat, a apenas a cem quilômetros de Islamabad. As pessoas de lá sempre resistiram ao Talibã, mas as autoridades locais deram-lhes ordens para não lutar. À medida que os membros da milícia chegavam com seus lança-granadas e armas, a polícia abandonava seus postos, dizendo que o Talibã "estava mais bem armado", e as pessoas fugiram. O Talibã montou tribunais islâmicos em todos os distritos e começou a transmitir sermões desde as mesquitas, chamando os jovens a se juntar ao grupo.

Assim como haviam feito no Swat, queimaram aparelhos de televisão, filmes, DVDs e vídeos. Até mesmo tomaram o famoso templo do santo sufi, Pir Baba, que fora um lugar de peregrinação. As pessoas o visitavam para pedir orientação espiritual, cura para seus males e até mesmo para rezar pelo feliz casamento de seus filhos. Mas agora o templo estava bloqueado e trancado.

As pessoas nos distritos meridionais do Paquistão ficaram muito preocupadas à medida que o Talibã avançava na direção da capital. Todos pareciam ter visto o vídeo do açoitamento da menina de burca preta e estavam perguntando: "É isso que queremos para o Paquistão?". A milícia talibã assassinara Benazir, explodira o hotel mais famoso do país, matara milhares de pessoas em atentados suicidas e decapitações, destruíra centenas de escolas. O que mais seria necessário para que o Exército e o governo resistissem a eles?

Em Washington, o governo do presidente Obama anunciara havia pouco o envio de mais 21 mil tropas para o Afeganistão, a fim de tentar virar a guerra contra o Talibã. Mas agora pareciam mais alarmados com o Paquistão do que com o Afeganistão. Não por causa de meninas como eu, nem por minha classe ou escola, mas porque nosso país tem mais de duzentas ogivas nucleares e existe a preocupação quanto a quem irá controlá-las. Falavam em cortar o envio de bilhões de dólares em ajuda humanitária e em mandar suas tropas para nossas terras.

No começo de maio nosso Exército lançou a operação Caminho Verdadeiro, para expulsar o Talibã do Swat. Ouvimos falar que estavam despejando, de helicópteros, centenas de soldados nas montanhas do norte. Mais tropas também apareceram em Mingora. Dessa vez, iriam limpar a cidade. Anunciaram em megafones que todos os moradores deveriam sair.

Meu pai disse que deveríamos ficar. Mas os tiros nos mantinham acordados quase todas as noites. Todo mundo estava em um constante estado de ansiedade. Uma noite fomos acordados por gritos. Recentemente tínhamos adotado alguns animais de estimação: três galinhas e um coelho, todos brancos, que um amigo de Khushal lhe dera e que deixávamos soltos pela casa. Na época Atal tinha cinco anos e adorava o coelho, que costumava dormir embaixo da cama de meus pais. Mas também costumava fazer xixi em todos os lugares e por isso, naquela noite, nós o tínhamos deixado lá fora. Por volta da meia-noite, um gato o matou. Todos ouvimos os gritos agonizantes do coelho. Atal não parava de chorar. "Assim que o sol sair vou ensinar uma lição a esse gato", dizia. "Vou matá-lo." Pareceu-me um mau presságio.

15. Saindo do vale

Deixar o vale foi a coisa mais difícil que já fiz. Lembrei-me do *tapa* que minha avó costumava recitar: "Nenhum pachtum deixa sua terra por vontade própria./ Ou ele a deixa por pobreza, ou por amor". Mas estávamos sendo expulsos por um terceiro motivo, que o autor do *tapa* nem podia imaginar: o Talibã.

Deixar nossa casa foi como ter meu coração arrancado do peito. Fui até o terraço, olhei para as montanhas, o monte Ilam de pico nevado, onde Alexandre ergueu a mão e tocou na estrela de Júpiter. Olhei para as árvores, todas com folhas novas. O damasqueiro, cujo fruto outra pessoa talvez comesse. Tudo estava em silêncio, um silêncio absoluto. Não havia barulho vindo do rio ou do vento; nem mesmo os passarinhos cantavam.

Fiquei com vontade de chorar, pois eu sentia, no meu coração, que talvez nunca mais visse minha casa de novo. Os documentaristas me haviam perguntado como eu me sentiria se algum dia deixasse o Swat e nunca mais voltasse. Na época eu tinha considerado idiota a pergunta, mas agora percebia que tudo aquilo que eu não conseguia imaginar que pudesse acontecer acabara acontecendo. Pensei que minha escola não poderia fechar, e fechou. Pensei que jamais sairíamos do vale e estávamos prestes a fazê-lo. Pensei que um dia o Swat ficaria livre do Talibã e que iríamos celebrar, mas agora me dava conta de que isso talvez não acontecesse. Comecei a chorar. E foi como se todos estivessem esperando uma pessoa chorar para também fazer isso. Quando Mel, a esposa de meu primo, começou a chorar, todos nós estávamos aos prantos. Mas minha mãe manteve-se muito digna e corajosa.

Coloquei todos os meus livros e cadernos na mochila e então preparei outra mala com roupas. Não conseguia pensar direito. Peguei calças de um traje e a parte de cima de outro, e nada combinava. Não levei nenhum dos meus troféus escolares ou fotos ou pertences pessoais, já que iríamos viajar no carro de outra pessoa e havia pouco espaço. Não tínhamos nada de valor, como um laptop ou joias — nossos únicos itens de valor eram o aparelho de tevê que havia sido roubado, uma geladeira e uma máquina de lavar. Não levávamos uma vida luxuosa — nós, pachtuns, preferimos o chão a cadeiras. Nossa casa tinha furos na parede e todos os pratos e as xícaras estavam trincados.

Meu pai resistiu até o fim. Então alguns amigos da família perderam alguém em um tiroteio, e meus pais foram oferecer orações de condolências, apesar de ninguém se aventurar mais a sair. Vivenciar o luto daquela gente tornou minha mãe determinada a partir. Ela disse a meu pai: "Você não precisa vir para Shangla, mas eu vou, e vou levar as crianças". Mamãe sabia que ele não poderia deixá-la ir sozinha. Minha mãe estava farta dos tiroteios e da tensão. Telefonou ao dr. Afzal e pediu-lhe que persuadisse meu pai a partir. Ele e a família também estavam deixando o vale e nos ofereceram carona. Não tínhamos carro, mas nossos vizinhos, Safina e sua família, também estavam de partida e fui em seu automóvel. O restante se acomodou na van do dr. Afzal.

No dia 5 de maio de 2009 nós nos tornamos PDIS — pessoas deslocadas internamente. Mais parecia o nome de uma doença.

Havia muitos de nós de partida: minha avó, meu primo, sua esposa Mel e o bebê deles. Meus irmãos queriam levar suas galinhas de estimação. A minha morrera porque eu a lavara em água fria num dia de inverno, e não reviveu nem mesmo quando a coloquei numa caixa de sapatos dentro de casa, para mantê-la aquecida, e pedi a toda a vizinhança que rezasse por ela. Minha mãe recusou-se a levar as galinhas. E se aprontassem alguma bagunça no carro? Atal sugeriu que comprássemos fraldas para elas! No fim, nós as deixamos, mas com bastante água e milho. Minha mãe também disse que eu teria de deixar minha mochila escolar, porque havia pouco espaço. Horrorizada, murmurei versos do Corão sobre os livros, para tentar protegê-los.

Finalmente todos estávamos prontos. Minha mãe, meu pai, minha avó, a esposa de meu primo e meus irmãos amontoaram-se na parte de trás da van do dr. Afzal, na qual também viajavam sua esposa e seus filhos. Crianças menores iam sentadas no colo das maiores, que por sua vez acomodavam-se no colo dos adultos. Tive sorte, porque havia menos gente no carro de Safina. Mas estava arrasada por causa de minha mochila. Como eu havia empacotado os livros separados de minhas roupas, tive de deixá-los para trás.

Todos recitamos *surahs* do Corão e uma oração especial para proteger nossos queridos lares e nossa querida escola. Então o pai de Safina colocou o pé no acelerador e lá fomos nós, do pequeno mundo de nossas rua, casa e escola rumo ao desconhecido. Não sabíamos se algum dia voltaríamos a nossa cidade. Tínhamos visto fotos de como o Exército acabara com Bajaur, numa operação contra os talibãs, e pensamos que tudo aquilo que conhecíamos seria destruído.

As ruas estavam repletas. Eu nunca as vira tão movimentadas. Havia carros por toda parte, bem como riquixás, carroças puxadas por mulas e caminhões, todos lotados de pessoas com seus pertences. Havia até mesmo motos com famílias inteiras balançando-se sobre elas. Milhares de pessoas caminhavam apenas com a roupa do corpo. Parecia que todo o vale estava em fuga. Diz-se que os pachtuns descendem de uma das tribos perdidas de Israel, e meu pai comentou: "É como se fôssemos israelitas fugindo do Egito, só que não temos nenhum Moisés para nos guiar". Poucas pessoas sabiam para onde ir; a maioria apenas sabia que tinha de partir. Foi o maior êxodo da história pachtum.

Havia muitas saídas em Mingora, mas o Talibã derrubara várias macieiras enormes e as usara para bloquear algumas dessas vias. Por isso, todos se aglomeravam na mesma estrada. Éramos um oceano de gente. Talibãs armados patrulhavam as estradas e nos vigiavam do alto dos prédios. Mantinham os carros em fila não com apitos, mas com armas. "O Talibã do tráfego", zombávamos, para tentar manter o bom humor. A intervalos regulares, ao longo da estrada, passávamos por postos de controle do Exército e do Talibã, lado a lado. Mais uma vez o Exército parecia alheio à presença do Talibã.

"Talvez o Exército não enxergue bem", brincávamos, "e não consiga vê-los."

O tráfego na estrada mostrava-se cada vez mais pesado. Era uma jornada longa e lenta, e estávamos todos muito suados, assim amontoados. Viagens de carro costumavam ser uma aventura para nós, crianças, uma vez que raramente as fazíamos. Mas agora era diferente. Todos estavam abatidos.

Na van do dr. Afzal, meu pai conversava com a mídia, fazendo um relato ao vivo, de seu celular, sobre o êxodo no vale. Ele tem uma voz alta, e mamãe pedia-lhe que a abaixasse, com medo de que os talibãs pudessem ouvi-lo. O tom de papai é tão alto que minha mãe sempre brincava que ele não precisava telefonar; bastava gritar.

Finalmente passamos pelo desfiladeiro Malakand e logo depois o Swat ficou para trás. Era tarde da noite quando chegamos a Mardan, uma cidade quente e movimentada.

Meu pai continuava insistindo com todo mundo: "Em alguns dias, voltaremos. Tudo estará bem". Mas sabíamos que não era verdade.

Em Mardan já havia enormes campos de refugiados, cheios das barracas brancas do ACNUR, o Alto Comissariado das Nações Unidas para Refugiados. Lá viviam as pessoas obrigadas a fugir do Afeganistão. Não ficaríamos nos acampamentos porque essa era a pior ideia de todos os tempos. Quase 2 milhões de pachtuns estavam deixando o Swat, e não é possível fazer caber 2 milhões de pessoas em acampamentos. Mesmo que houvesse uma barraca para nós, ela seria quente demais, e dizia-se que doenças como a cólera assolavam os campos. Meu pai contou que ouvira rumores de que até mesmo alguns membros da milícia talibã se escondiam nos campos e ameaçavam as mulheres.

Aqueles que podiam abrigavam-se nas casas de familiares, amigos ou moradores das cidades. Surpreendentemente, três quartos de todos os PDIs ficariam em Mardan e na vizinha Sawabi. As pessoas abriram as portas de suas casas, escolas e mesquitas para os refugiados. Estávamos convencidos de que, se o êxodo tivesse sido organizado pelo governo, muita gente teria morrido de fome e doenças. Em nossa cultura, não se espera que as mulheres se misturem com homens que não são seus parentes. A fim de proteger a *purdah* das mulheres, os homens das famílias que hospedavam os refugiados sempre dormiam fora de suas casas. Eles se tornavam, voluntariamente, PDIs. Esse era um exemplo da surpreendente hospitalidade pachtum.

Como não tínhamos parentes em Mardan, dirigimo-nos

para Shangla, a aldeia da nossa família. Até então estávamos indo na direção oposta à de Shangla, mas precisamos aceitar a única carona que tínhamos para sair do Swat.

Passamos aquela primeira noite na casa da família do dr. Afzal. Meu pai disse que iria a Peshawar, para alertar as pessoas sobre o que estava acontecendo. Prometeu encontrar-se conosco em Shangla. Minha mãe tentou convencê-lo a vir conosco, mas ele não cedeu. Queria que as pessoas de Peshawar e Islamabad ficassem cientes das terríveis condições nas quais as PDIS viviam, e soubessem que os militares não faziam nada. Nós nos despedimos dele e ficamos muito preocupados, pensando que não o veríamos novamente.

No dia seguinte conseguimos uma carona para Abbottabad, onde a família da minha avó morava. Lá encontramos meu primo Khanjee, que também ia para o norte. Ele dirigia um albergue para meninos no Swat e estava acompanhado por sete ou oito garotos, que levava para o Kohistão. Conduzia um micro-ônibus e nos levaria até Besham, de onde precisaríamos de outra carona que nos deixasse em Shangla.

Anoitecia quando chegamos a Besham, uma vez que muitas estradas encontravam-se bloqueadas. Passamos aquela noite em um hotelzinho barato e sujo enquanto meu primo tentava conseguir uma van para nos levar para Shangla. Um homem se aproximou de minha mãe, que tirou um sapato e bateu nele umas duas vezes. O desconhecido foi embora. Ela bateu com tanta força que, ao olhar para o sapato, notou que estava quebrado. Eu sempre soube que mamãe era uma mulher forte, mas desde então passei a ter por ela um novo respeito.

Não era fácil ir de Besham para a aldeia de nossa família. Tivemos de caminhar por mais de 25 quilômetros, carregando todas as nossas coisas. A certa altura, fomos parados pelo Exército e avisados de que não poderíamos prosseguir. Deveríamos voltar, explicaram os militares. "Nossa casa é em Shangla... Para onde iremos?", imploramos. Minha avó começou a chorar e a lamentar que sua vida nunca fora tão ruim. Finalmente nos deixaram passar. O Exército, com suas metralhadoras, estava em toda parte. Por causa do toque de recolher e dos postos de controle, não havia nenhum outro veículo na estrada além dos militares. Estávamos com medo de que o Exército não soubesse quem éramos e atirasse em nós.

Quando chegamos à aldeia, nossos parentes ficaram estupefatos de nos ver. Todos acreditavam que o Talibã voltaria para Shangla, e assim não conseguiam entender por que não havíamos ficado em Mardan.

Hospedamo-nos na aldeia de minha mãe, Karshat, com meu tio Faiz Mohammad e sua família. Tivemos de emprestar roupas deles, uma vez que levávamos poucas peças. Fiquei feliz por estar com minha prima Sumbul, um ano mais velha que eu. Uma vez que estávamos instalados, passei a ir com ela para a escola. Naquela época eu estava no sexto ano, mas comecei no sétimo, para ficar junto de Sumbul. Havia apenas três alunas mulheres naquela série, pois a maior parte das meninas da aldeia não vai à escola. Então aprendíamos na companhia de meninos, uma vez que não havia espaço nem professores para dar aulas separadas a apenas três meninas. Eu era diferente das outras, por não cobrir o rosto e por falar com todos os professores e fazer perguntas. Mas tentava ser obediente e educada, sempre dizendo "sim, senhor".

Levávamos mais de meia hora para ir a pé até a escola, e, como sou péssima em acordar cedo, no segundo dia nos atrasamos. Fiquei chocada quando o professor golpeou minha mão com uma vara, para me punir, mas então concluí que isso significava que me aceitavam como aluna, sem me tratar de maneira diferente. Meu tio me dava dinheiro para comprar lanche — eles vendiam pepinos e melancia, e não doces e batatas chips como em Mingora.

Houve uma recepção aos pais na escola, e uma cerimônia em que se distribuíram prêmios às crianças. Todos os meninos foram encorajados a fazer discursos. Algumas das meninas também participavam, mas não em público. Falavam em um microfone instalado na sala de aula, e suas vozes eram então reproduzidas no saguão principal. Mas eu estava acostumada a falar em público, e então saí da sala e na frente de todos os meninos recitei um *naat*, um poema no qual eu celebrava o Profeta. Em seguida perguntei ao professor se poderia ler mais algumas poesias. Li um poema sobre a necessidade de esforço para realizar os desejos de nosso coração: "Um diamante bruto deve ser lapidado várias vezes até que se transforme numa minúscula joia". Então falei sobre a minha xará, Malalai de Maiwand, que tinha força e poder igual ao de centenas de milhares de homens corajosos porque seus poucos versos mudaram tudo, fazendo com que os britânicos fossem derrotados.

As pessoas na plateia pareciam surpresas, e indaguei a mim mesma se achavam que eu me exibia ou se estavam se perguntando por que eu não usava véu.

Era bom estar com minha prima, mas eu sentia falta dos meus livros. Continuava pensando em minha mochila, lá em casa, com os exemplares de *Oliver Twist* e *Romeu e Julieta* esperando para ser novamente lidos e os DVDs de *Betty, a feia* na prateleira. Mas agora vivíamos nosso próprio drama. Tínhamos sido felizes, mas então algo muito ruim acontecera conosco e agora aguardávamos nosso final feliz. Quando eu reclamava de meus livros, meus irmãos reclamavam de suas galinhas.

Ouvimos no rádio que o Exército começara a batalha por Mingora. Paraquedistas chegavam pelo ar e havia luta armada nas ruas. O Talibã usava hotéis e prédios do governo como bunkers.

Depois de quatro dias os militares tomaram três praças municipais, incluindo a praça Verde, onde o Talibã costumava exibir os cadáveres decapitados de suas vítimas. Logo depois o Exército ocupou o aeroporto e em uma semana retomaram a cidade.

Continuávamos preocupados com papai. Em Shangla era difícil encontrar um lugar onde o telefone celular funcionasse. Havia um campo com um enorme rochedo no qual costumávamos subir. Mesmo de lá raramente conseguíamos mais do que uma barra de sinal, então quase nunca falávamos com papai. Estávamos havia seis semanas em Shangla quando conseguimos contato com ele, que nos disse para viajar até Peshawar, onde alugara um quarto com mais três amigos.

Foi muito emocionante vê-lo novamente. Então, todos juntos de novo, viajamos para Islamabad, onde ficamos com a família de Shiza, a moça que me telefonara de Stanford. Lá, soubemos que o embaixador Richard Holbrooke, enviado dos Estados Unidos para o Paquistão e o Afeganistão, participava de uma reunião, no hotel Serena, sobre o conflito. Papai e eu conseguimos entrar no local do encontro.

Quase perdemos a hora porque não liguei direito o alarme e por isso meu pai quase não falou comigo. Holbrooke era um homem grande e ríspido, de rosto vermelho, que, diziam as pessoas, ajudara a levar a paz à Bósnia. Sentei-me perto dele, que perguntou minha idade. "Doze", respondi, tentando parecer o mais alta possível. "Respeitável embaixador, peço-lhe o favor de ajudar as garotas do Paquistão a estudar", falei.

Ele riu. "Vocês já têm um monte de problemas e estamos fazendo muito por seu país", respondeu. "Garantimos bilhões de dólares em ajuda econômica; estamos trabalhando com seu governo para providenciar eletricidade, gás... Seu país tem mesmo um monte de problemas."

Dei uma entrevista para uma estação de rádio chamada Power 99. Eles gostaram muito e nos disseram que tinham uma casa para hóspedes em Abbottabad, onde podíamos ficar. Permanecemos lá por uma semana, e para minha alegria fiquei sabendo que Moniba também estava em Abbottabad, assim como um de nossos professores e mais uma amiga. Moniba e eu não conversávamos desde nossa discussão, no último dia de aula, antes de nos tornar PDIS. Combinamos um encontro em um parque. Levei refrigerantes e biscoitos. "Foi tudo culpa sua", ela me disse. Concordei. Isso não me importava. Só queria que fôssemos amigas de novo.

Nossa semana na casa de hóspedes logo terminou. Então fomos para Haripur, onde mora uma de minhas tias. Era a quarta cidade em três meses. Eu sabia que nossa situação era melhor do que a daqueles que viviam nos campos de refugiados, e que ficavam horas em filas, sob o sol quente, para conseguir comida e água, mas sentia saudade do meu vale. Foi em Haripur que passei meu 12º aniversário. Ninguém se lembrou. Até meu pai esqueceu, de tão ocupado que estava. Eu me sentia triste e lembrei como meu 11º aniversário fora diferente, com um bolo compartilhado com as amigas e bexigas. Fiz o mesmo pedido nas duas datas, mas dessa vez não houve bolo nem velinhas para assoprar. Mais uma vez pedi paz em nosso vale.

TRÊS MENINAS, TRÊS BALAS

سر د په لوړه تیگه کیږ‌ه   پردي وطن دي په کښ‌ي نشته بالختونه

Sir de pa lowara tega kegda
Praday watan de paki nishta balakhtona

Oh, viajante! Descansa a cabeça na calçada de pedra
Esta terra é estrangeira — não a cidade de teus reis!

16. O vale das dores

Tudo parecia um pesadelo. Tínhamos passado quase três meses fora do nosso vale e, voltando pelo pico de Churchill, pelas ruínas antigas no monte e pelo enorme templo budista, vimos o rio Swat em toda a sua largura e meu pai começou a chorar. Nosso vale parecia sob total controle militar. O carro em que viajávamos foi revistado, pois os soldados queriam se certificar de que não carregava explosivos, antes de subir o desfiladeiro Malakand. Quando chegamos ao outro lado e descemos para o vale, os postos de controle militar pareciam espalhados por toda parte, e em muitos telhados os soldados tinham montado suportes para suas armas.

Enquanto atravessávamos as aldeias, vimos construções em ruínas e veículos incendiados. Lembrei-me daqueles velhos filmes de guerra ou dos video games que meu irmão Khushal adora jogar. Chegando a Mingora, ficamos chocados. O Exército e o Talibã tinham combatido de rua em rua, e quase todas as paredes estavam perfuradas por balas. Amontoavam-se os entulhos das construções bombardeadas, que o Talibã usara como esconderijo, com montes de destroços, metais retorcidos e placas esmagadas. As lojas que não tinham sido saqueadas encontravam-se, em sua maioria, fechadas com portas de enrolar pesadas. A cidade estava silenciosa, vazia, sem pessoas nem trânsito, como se tivesse sido devastada por alguma peste. A imagem mais estranha foi a do terminal que fica na entrada de Mingora. Normalmente é a maior confusão de ônibus e riquixás, mas agora estava totalmente deserto. Havia até mato crescendo nas rachaduras do calçamento. Nunca tínhamos visto nossa cidade daquele jeito.

Pelo menos não havia sinal do Talibã.

Era 24 de julho de 2009, uma semana depois da declaração do primeiro-ministro de que o Talibã fora expulso do vale. Ele assegurou que o fornecimento de gás estava restabelecido e que os bancos reabriram, e pediu aos habitantes que retornassem à cidade. Nossa população era de 1,8 milhão e cerca de metade havia saído do vale. Pelo que víamos, grande parte não se convencera de que seria seguro voltar.

À medida que nos aproximamos de casa, ficamos todos em silêncio — incluindo meu irmão menor, Atal, que é uma verdadeira matraca. Nossa casa ficava perto da Circuit House, que alojava o Exército, e por isso temíamos que tivesse sido destruída nos bombardeios. Também ouvíramos falar que muitas residências tinham sido saqueadas. Prendemos a respiração enquanto nosso pai destrancava o portão. A primeira coisa que vimos foi que, naqueles três meses de ausência, o jardim se transformara num matagal.

Meus irmãos foram correndo ver como estavam suas galinhas de estimação. Voltaram chorando. As únicas coisas que haviam sobrado eram uns montinhos de penas e seus ossinhos entrançados, como se tivessem morrido abraçadas. Haviam morrido de fome.

Fiquei muito triste pelos meus irmãos, mas também tinha algo a verificar. Para minha alegria, encontrei a mochila da escola com meus livros, e dei graças por minhas preces terem sido atendidas: estavam todos a salvo. Retirei os livros, um a um, e os contemplei. Matemática, física, urdu, inglês, pachto, química, biologia, estudos islâmicos, estudos paquistaneses. Finalmente poderia voltar para a escola sem medo.

Então fui até minha cama e sentei. Estava atordoada.

Nossa casa, por sorte, não fora invadida. Na nossa rua, quatro ou cinco casas tinham sido saqueadas; os ladrões haviam levado aparelhos de televisão e joias de ouro. A mãe de Safina, nossa vizinha ao lado, depositara seu ouro num cofre de segurança no banco, e mesmo assim fora saqueado.

Meu pai estava ansioso para verificar a escola. Fui com ele. Vimos que o edifício na frente da ala feminina fora atingido por um míssil, mas o prédio parecia intacto. Por alguma razão, as chaves de meu pai não funcionaram. Um menino subiu pelo muro e abriu a porta por dentro. Subimos os degraus correndo, prevendo o pior.

"Alguém esteve aqui", disse meu pai logo que entramos no pátio. O chão estava cheio de pontas de cigarro e embrulhos de comida. As cadeiras haviam sido viradas de ponta-cabeça, tudo na maior bagunça. Papai retirara a placa que identificava a escola e a deixara no pátio. Estava apoiada na parede e soltei um grito quando a erguemos. Por baixo dela apodreciam algumas cabeças de bodes, que pareciam restos de uma refeição.

Então fomos para as salas de aula. As paredes estavam todas rabiscadas com slogans contra o Talibã. No quadro-negro, alguém escrevera "Exército *Zindabad*" ("Longa vida ao Exército") em tinta permanente. Agora sabíamos quem se abrigara por ali. Um soldado chegou a escrever poemas melosos de amor num dos diários de uma colega de sala. Havia cápsulas de bala espalhadas pelo chão. Os soldados haviam feito um orifício na parede, por onde se enxergava a cidade. Talvez até tivessem atirado por aquele orifício. Fiquei entristecida ao verificar que nossa querida escola fora transformada em campo de batalha. Enquanto andávamos por lá, ouvimos alguém batendo à porta, no andar de baixo. "Não abra, Malala!", ordenou meu pai.

Ele encontrou no escritório uma carta deixada pelo Exército. Censurava cidadãos como nós, por permitirmos que o Talibã tomasse o controle do Swat. Leu: "Perdemos muitas vidas preciosas de soldados e isso se deve à negligência de vocês. Longa vida ao Exército paquistanês".

"Típico", disse ele. "Nós, o povo do Swat, fomos seduzidos pelo Talibã, depois mortos por eles e agora levamos a culpa. Seduzidos, mortos e culpados."

Em alguns aspectos, o Exército não parecia muito diferente da milícia talibã. Um vizinho contou que chegara a ver soldados deixando cadáveres do Talibã expostos nas ruas, para todos verem. Seus helicópteros agora voavam aos pares, como enormes e ruidosos insetos pretos; voltamos para casa colados às paredes, para que não nos vissem.

Ouvimos que milhares de pessoas haviam sido presas, inclusive meninos de oito anos de idade doutrinados e treinados para executar missões suicidas. O Exército os enviava a um campo especial para *jihadis*, a fim de eliminar o extremismo deles. Um dos presos foi nosso velho professor de urdu, que se recusara a dar aulas para meninas e fora ajudar os homens de Fazlullah a recolher e destruir CDS e DVDS.

Fazlullah, por sinal, ainda estava à solta. O Exército destruíra suas bases em Imam Deri, e então alegara que o cercara nas montanhas de Peochar. Aí disseram que ele estava gravemente ferido e que tinham prendido seu porta-voz, Muslim Khan. Depois a versão mudou: o Exército declarou que Fazlullah fugira para o

Afeganistão e estava na província de Kunar. Alguns diziam que fora capturado, mas que o Exército e a isi divergiam sobre o destino que lhe dariam. O Exército queria prendê-lo, mas o serviço secreto prevaleceu e o levou para Bajaur, e assim ele conseguiu atravessar a fronteira para o Afeganistão.

Muslim Khan e um comandante chamado Mehmud pareciam os únicos integrantes do Talibã na prisão — todos os outros permaneciam em liberdade. Enquanto Fazlullah continuasse à solta, eu tinha medo de que a milícia se reorganizasse e voltasse ao poder. À noite, eu tinha alguns pesadelos, mas ao menos as transmissões da Mulá fm haviam cessado.

Ahmad Shah dizia que aquela era uma "paz controlada, não uma paz duradoura". Mas aos poucos as pessoas voltavam ao vale, porque o Swat é um lugar lindo e não conseguimos ficar longe por muito tempo.

O sinal da nossa escola voltou a tocar em 1º de agosto. Era maravilhoso ouvir aquele som, entrar correndo e subir a escada, como costumávamos fazer. Fiquei louca de alegria ao ver todas as minhas velhas amigas. Tínhamos muitas histórias para contar sobre nosso tempo como pdis. A maioria ficara com amigos ou parentes, mas algumas estiveram nos campos. Sabíamos que havíamos tido sorte. Muitos alunos precisavam ter aulas em tendas, porque o Talibã destruíra suas escolas. E uma amiga, Sundus, perdera o pai, morto numa explosão.

Todo mundo parecia saber que eu escrevera o diário para a bbc. Alguns pensavam que meu pai elaborara as postagens para mim, mas a sra. Maryam, nossa diretora, falou: "Não, Malala não é só boa oradora, é também boa escritora".

Naquele verão, houve um único assunto na minha turma. Shiza Shahid, nossa amiga de Islamabad, concluíra os estudos em Stanford e convidara 27 alunas da Escola Khushal para passar alguns dias na capital, vendo os pontos turísticos e participando de oficinas. Ela queria nos ajudar a superar o trauma de viver sob o regime do Talibã. De minha classe fomos eu, Moniba, Malka-e--Noor, Rida, Karishma e Sundus, acompanhadas por minha mãe e pela sra. Maryam.

Partimos para a capital no Dia da Independência, 14 de agosto, e fomos de ônibus, transbordando de entusiasmo. A maioria das meninas só saíra do vale sob pressão, quando nos tornamos refugiadas. Agora era diferente, muito parecido com as férias que líamos nos romances. Ficamos numa pensão e fizemos um monte de oficinas, que nos orientavam como contar as nossas histórias, para que as pessoas de fora soubessem o que se passava no nosso vale e nos ajudassem. Creio que Shiza se surpreendeu desde a primeira sessão ao ver como todas nós falávamos com clareza e convicção. Ela disse a meu pai: "É uma sala cheia de Malalas!".

Também fizemos coisas divertidas, como ir ao parque e ouvir músicas que podiam parecer comuns para a maioria das pessoas, mas que no Swat tinham se convertido em atos de protesto político. E vimos os pontos turísticos. Visitamos a Mesquita Faiçal no sopé dos Montes Margalla, construída pelos sauditas por milhões de rupias. Ela é imensa e branca, e parece uma tenda cintilante suspensa entre minaretes. Fomos pela primeira vez ao teatro, para assistir a uma peça inglesa chamada *Tom, Dick e Harry*, e tivemos aulas de arte. Comemos em restaurantes e fomos pela primeira vez a um McDonald's. Houve várias outras "primeiras vezes", mas perdi uma refeição num restaurante chinês porque estava num programa de televisão chamado *Capital Talk*. Até hoje não experimentei rolinhos de pato!

Islamabad era totalmente diferente do Swat. Diferente para nós, como Islamabad é diferente de Nova York. Shiza nos apresentou a advogadas e médicas, e a ativistas que nos mostraram que as mulheres podem realizar trabalhos importantes, mantendo ao mesmo tempo sua cultura e suas tradições. Vimos mulheres nas ruas sem *purdah*, com a cabeça totalmente descoberta. Deixei de usar o meu véu em algumas reuniões, achando que tinha me tornado uma garota moderna. Mais tarde entendi que só descobrir a cabeça não nos faz modernas!

Passamos uma semana lá e, como era previsível, Moniba e eu brigamos. Ela me viu tagarelando com uma garota da série seguinte à nossa e me falou: "Agora você está com Resham e eu com Rida".

Shiza queria nos apresentar a pessoas importantes. No nosso país, isso significa os militares. Um dos nossos encontros foi com o major-general Athar Abbas, principal porta-voz do Exército e chefe de relações públicas. Fomos até Rawalpindi, cidade vizinha a Islamabad, para visitá-lo em seu escritório. Arregalamos os olhos ao ver que o quartel-general do Exército era muito mais cuidado do que o resto da cidade, com gramados impecáveis e inúmeras flores. Mesmo as árvores eram todas da mesma altura, com os troncos pintados de branco até exatamente a metade, não sabíamos por quê. Dentro do QG, vimos salas com bancadas de televisões e homens monitorando todos os canais. Um oficial mostrou a meu pai uma pasta grossa cheia de recortes, com todas as menções ao Exército publicadas nos jornais daquele dia. Papai ficou admirado. O Exército parecia muito mais eficiente em relações públicas do que os políticos.

Levaram-nos a um salão para esperar o general. Nas paredes havia fotos de todos os nossos chefes militares, os homens mais poderosos do país, inclusive ditadores como Musharraf e o assustador Zia. Um funcionário de luvas brancas levou chá, biscoitos e pasteizinhos de batata com carne que derretiam na boca. Quando o general Abbas entrou, todos nós nos levantamos.

Ele começou contando sobre a operação militar no Swat, a qual apresentou como vitoriosa. Disse que foram mortos 128 soldados e 1,6 mil terroristas durante a operação.

Pudemos fazer perguntas depois de terminada a apresentação do general. Fôramos avisadas para preparar as perguntas de antemão, e eu tinha feito uma lista de sete ou oito. Shiza riu e comentou que ele não poderia responder a tantas questões. Sentei na fila da frente e fui a primeira a ser chamada. Perguntei: "Dois ou três meses atrás, o senhor nos disse que Fazlullah e seu vice foram atingidos e estavam feridos; depois declarou que eles estavam no Swat e às vezes afirma que estão no Afeganistão. Como eles chegaram lá? Se o senhor tem tantas informações, por que não consegue apanhá-los?".

A resposta levou uns dez ou quinze minutos, e não consegui entender qual foi! Então perguntei sobre a reconstrução: "O Exército precisa fazer alguma coisa pelo futuro do vale, e não se concentrar só na operação militar".

Moniba fez uma pergunta parecida: "Quem vai reconstruir todos aqueles prédios e escolas?".

O general respondeu de maneira muito militar, difícil de entender: "Depois da operação, teremos primeiro a recuperação, depois a reabilitação, então a tomada e a transferência para autoridades civis".

Deixamos claro que queríamos que o Talibã fosse levado à justiça, mas não estávamos muito convencidas de que isso aconteceria.

Depois o general Abbas deu a algumas de nós seu cartão de visitas e disse para entrarmos em contato se precisássemos de alguma coisa.

No último dia, todas devíamos discursar na Associação de

Imprensa de Islamabad sobre nossas experiências no vale sob o regime do Talibã. Moniba, ao falar, não conseguiu controlar as lágrimas. Logo todo mundo estava chorando. Tínhamos gostado do rápido relance da vida em Islamabad, tão diferente da nossa. No meu discurso, falei ao público que, antes de assistir à peça inglesa, eu não fazia ideia de que existia tanta gente talentosa no Paquistão. E brinquei: "Agora entendemos que não precisamos assistir a filmes indianos". Passamos dias maravilhosos e, quando voltamos ao Swat, eu estava tão esperançosa em relação ao futuro que plantei um caroço de manga no jardim durante o Ramadã. É a fruta que quase todos preferem consumir depois do jejum.

Mas meu pai tinha um grande problema. Enquanto fomos PDIS, durante todos os meses em que a escola ficou fechada, ele não recebeu nenhuma mensalidade. Mas os professores ainda contavam receber os salários. Somando tudo, daria mais de um milhão de rupias. Todas as escolas particulares estavam na mesma situação. Uma delas pagou um mês de salário aos professores, mas a maioria não sabia o que fazer, pois não tinha como saldar o débito. Os professores da Escola Khushal exigiam alguma coisa. Tinham suas despesas e uma das professoras, a srta. Hera, estava prestes a se casar e contava com o salário para ajudar nas despesas da cerimônia.

Então nós nos lembramos do general Abbas e de seu cartão de visitas. Foi por causa da operação militar para expulsar o Talibã que todos tivemos de sair e agora estávamos naquela situação. Assim, a sra. Maryam e eu escrevemos um e-mail ao general Abbas, expondo o problema. Ele foi muito gentil e nos remeteu 1,1 milhão de rupias, para que meu pai pudesse pagar os três meses de salários atrasados. Os professores ficaram felicíssimos. A maioria nunca recebera tanto dinheiro de uma vez só. A srta. Hera telefonou para meu pai em lágrimas, agradecida porque o casamento poderia seguir conforme o planejado.

Mas nem por isso amolecemos com o Exército. Estávamos muito insatisfeitos porque os militares não haviam capturado a liderança do Talibã e continuamos, meu pai e eu, a dar montes de entrevistas. Muitas vezes somava-se a nós Zahid Khan, colega de Ziauddin na *jirga* Qaumi do Swat. Ele era também o presidente da Associação Geral dos Hotéis do Swat, de maneira que estava especialmente ansioso para que a vida voltasse ao normal e os turistas pudessem retornar ao vale. Como meu pai, Zahid Khan falava sem rodeios e também sofrera ameaças. Certa vez, em novembro de 2009, escapou por um triz. Era tarde da noite e ele voltava para casa depois de uma reunião com oficiais do Exército na Circuit House quando foi vítima de uma emboscada. Muitos de seus parentes moram na mesma área e por isso trocaram disparos com os atacantes, pondo-os em fuga.

Depois, em 1º de dezembro de 2009, houve um ataque suicida contra o dr. Shamsher Ali Khan, um político do ANP muito conhecido e membro da Assembleia Khyber Pakhtunkhwa. Ele cumprimentava amigos e eleitores pelo Eid do final do Ramadã, em sua *hujra*, a 1,5 quilômetro de Imam Deri, onde ficava o quartel-general de Fazlullah, quando a bomba explodiu. O dr. Shamsher, crítico veemente do Talibã, morreu na hora, e nove pessoas ficaram feridas. Disseram que o homem-bomba tinha cerca de dezoito anos. A polícia encontrou suas pernas e algumas outras partes do corpo.

Uns quinze dias depois, nossa escola foi convidada a participar da Assembleia Distrital das Crianças do Swat, criada pela Unicef e pela Fundação Khpal Kor (Meu lar) para órfãos. Tinham sido escolhidos sessenta alunos de todo o Swat para integrar a associação. Eram meninos, na maioria, mas onze garotas da minha escola foram convidadas. A primeira reunião aconteceu num salão com um monte de políticos e ativistas. Fizemos uma eleição para ver quem seria o orador e eu ganhei! Achei estranho estar lá em cima, no palco, com as pessoas me tratando por "sra. oradora", mas era bom que as nossas vozes fossem ouvidas. A diretoria da assembleia foi eleita por um ano e fazíamos reuniões quase todos os meses. Aprovamos nove resoluções exigindo o fim do trabalho infantil e pedindo auxílio para enviar os menores carentes, aqueles com necessidades especiais e as crianças de rua para a escola, bem como para reconstruir todas as escolas destruídas pelo Talibã. Depois de aprovadas, as resoluções foram enviadas aos canais competentes e algumas delas até foram discutidas.

Moniba, Ayesha e eu começamos a aprender alguma coisa de jornalismo numa organização britânica, o Institute for War and Peace Reporting, que mantinha um projeto chamado Open Minds Pakistan. Foi divertido aprender como fazer adequadamente a cobertura dos problemas. Eu me interessara por jornalismo depois de ver como minhas palavras podiam ter algum peso, e assistindo aos DVDs de *Betty, a feia* sobre a vida em uma revista americana. Era um pouco diferente: quando escrevíamos sobre assuntos muito caros ao nosso coração eram temas como o extremismo e o Talibã, e não roupas e cortes de cabelo.

Logo veio outro ano de exames. De novo venci Malka-e--Noor na disputa pelo primeiro lugar, mas foi por uma diferença pequena. Nossa diretora tentara convencê-la a ser monitora, e ela respondera que não podia fazer nada que a distraísse dos estudos. "Você devia ser como Malala e fazer outras coisas", disse a sra. Maryam. "É tão importante quanto a sua educação. Trabalho não é tudo." Mas não era culpa de Malka. A mãe dela fazia muita pressão.

O vale não era o mesmo de antes — talvez nunca mais fosse —, mas estava voltando ao normal. Até mesmo algumas dançarinas de Banr Bazaar tinham retornado, embora agora se dedicassem principalmente a gravar DVDs para vender, em vez de se apresentarem ao vivo. Gostávamos de festivais pacíficos com músicas e danças, coisa inexistente sob o regime do Talibã. Meu pai organizou um dos festivais em Marghazar e, como forma de agradecimento, convidou os que tinham abrigado as PDIS nos distritos do sul. A música se estendeu por toda a noite.

Coisas inesperadas pareciam acontecer na época do meu aniversário. Quando completei treze anos, em julho de 2010, as chuvas chegaram. Normalmente não temos monções no Swat e no começo ficamos contentes, pensando que aquilo significaria uma boa colheita. Mas a chuva era ininterrupta e tão forte que não dava para enxergar nem um palmo à frente do nariz. Os ambientalistas tinham avisado que as nossas montanhas haviam sido desmatadas pelo Talibã e por contrabandistas de madeira. Logo as enxurradas de lama desceram pelas encostas, arrastando tudo o que encontravam pela frente.

Estávamos na escola quando a enchente começou e fomos dispensadas para voltar a nossas casas. Mas era tanta a água que cobrira a ponte sobre o córrego enlameado que tivemos de procurar outro caminho. A ponte seguinte também estava inundada, mas a água não era tão funda e, assim, fomos patinhando até o outro lado. O cheiro era horrível. Chegamos em casa encharcadas e imundas.

No dia seguinte, soubemos que a escola também ficara inundada. A água baixou depois de vários dias e, quando voltamos, vimos as marcas da enchente nas paredes, batendo na altura do peito. Era lama, lama, lama por toda parte. Nossas carteiras e cadeiras estavam cobertas de lama. O cheiro das classes era de virar o estômago. O estrago foi tão grande que meu pai teve de pagar 90 mil rupias pelos consertos — o equivalente à mensalidade de noventa alunos.

Foi a mesma coisa em todo o Paquistão. O poderoso rio Indo, que desce do Himalaia, passa pelo KPK e pelo Punjab e vai até Karachi e o mar Arábico, e do qual sentimos tanto orgulho, tinha se transformado numa torrente furiosa e rompera as próprias margens. Estradas, lavouras, aldeias inteiras foram engolidas pelas águas. Cerca de 2 mil pessoas morreram afogadas e 14 milhões de moradores foram atingidos. Muitos perderam suas casas. Sete mil escolas foram destruídas. Foi a pior enchente de que se tem memória. O presidente das Nações Unidas, Ban Ki-moon, a descreveu como "um tsunami em câmera lenta". Lemos que o número de pessoas atingidas e a quantidade de estragos causados pelas cheias foram maiores do que as do tsunami asiático, o nosso terremoto de 2005, o furacão Katrina e o terremoto do Haiti somados.

O Swat foi um dos locais mais atingidos. De nossas 42 pontes, 34 foram destruídas, isolando grande parte do vale. Os postes de energia elétrica ficaram estraçalhados, e por esse motivo não tínhamos eletricidade. Nossa rua ficava numa elevação, e assim estávamos um pouco mais protegidos contra o rio transbordante, mas estremecíamos ao rugido dele, um dragão de respiração pesada que devorava tudo pelo caminho. Todos os hotéis e restaurantes ribeirinhos, onde os turistas costumavam comer trutas e apreciar a vista, foram destruídos. As áreas turísticas do Swat foram as mais atingidas. Os locais de temporada nas montanhas, como os resorts Malam Jabba, Madyan e Bahrain, foram devastados, os hotéis e os mercados, arruinados.

Logo soubemos, por nossos parentes, que os danos em Shangla eram inimagináveis. A estrada principal que ligava nossa aldeia a Alpuri, capital de Shangla, ficou totalmente inundada e vilas inteiras submergiram nas águas. Muitas das casas nos terraços das encostas de Karshat, Sharpur e Barkana foram arrastadas por deslizamentos de terra. A casa da família da minha mãe, onde tio Faiz Mohammad morava, continuava de pé, mas a estrada onde ela ficava simplesmente desapareceu.

As pessoas tentaram desesperadamente proteger o pouco que tinham, levando os animais para terrenos mais altos, mas as enchentes encharcaram os cereais que tinham sido colhidos, destruíram os pomares e afogaram muitas cabeças de búfalos. Os aldeões estavam sem recursos. Não tinham energia porque seus geradores hidroelétricos improvisados haviam sido esmigalhados. Não dispunham de água limpa porque o rio estava marrom de sujeiras e destroços. Era tão grande a força das águas que até as construções de concreto ficaram reduzidas a entulho. A escola, o hospital e a estação geradora na estrada principal foram totalmente arrasados.

Ninguém conseguia entender como aquilo tinha acontecido. Fazia 3 mil anos que as pessoas moravam perto do rio e ele sempre fora visto como nossa fonte de vida, não como uma ameaça, e nosso vale como um abrigo diante do mundo exterior. Agora era "o vale das dores", disse meu primo Sultan Rome. Primeiro o terremoto, então o Talibã, depois a operação militar, e agora, quando começávamos a reconstrução, chegavam enchentes devastadoras para destruir todo o nosso trabalho. As pessoas estavam mortalmente preocupadas com a possibilidade de o Talibã se aproveitar da situação caótica para voltar ao vale.

Papai enviou alimentos e ajuda a Shangla, usando o dinheiro angariado por amigos e pela Associação de Escolas Particulares. Nossa amiga Shiza e alguns dos ativistas que havíamos conhecido em Islamabad vieram a Mingora e distribuíram verbas consideráveis. Mas, assim como acontecera durante o terremoto, foram principalmente voluntários de grupos islâmicos os primeiros a levar assistência aos locais mais remotos e isolados. Muitos diziam que as cheias eram outro castigo de Deus, pelas músicas e as danças dos festivais recentes. Mas, dessa vez, tínhamos ao menos o consolo de que não havia nenhuma rádio para divulgar essa mensagem!

Enquanto o sofrimento prosseguia, enquanto as pessoas perdiam seus entes queridos, seus lares e seus meios de vida, Asif Zardari, presidente do Paquistão, passava as férias num castelo na

França. "Não entendo, Aba. O que impede que os políticos, todos eles, façam coisas boas? Por que não querem que nosso povo esteja em segurança, que tenha comida e eletricidade?", indaguei.

Além dos grupos islâmicos, a assistência principal veio do Exército. Não só do nosso Exército. Os americanos também mandaram helicópteros, o que deixou algumas pessoas desconfiadas. Uma das teorias era que a devastação fora criada pelos americanos, usando "tecnologia HAARP" (sigla em inglês para Programa de Pesquisa em Aurora Ativa de Alta Frequência), que provoca enormes ondas sob o oceano, assim inundando a nossa terra. Então, a pretexto de levar auxílio, os americanos podiam entrar licitamente no Paquistão e espionar todos os nossos segredos.

Quando as chuvas finalmente cessaram, a vida continuou muito difícil. Não tínhamos água potável nem energia elétrica. Em agosto surgiu o primeiro caso de cólera em Mingora, e logo havia uma tenda com pacientes do lado de fora do hospital. Como estávamos isolados das rotas de abastecimento, a escassa comida disponível era extremamente cara. Era época de pêssego e cebola, e os agricultores estavam aflitos, querendo salvar suas safras. Muitos realizavam travessias arriscadas pelas águas revoltas do rio cheio, em barcos feitos de pneus, tentando levar seus produtos ao mercado. Quando encontrávamos pêssegos à venda, ficávamos muito felizes.

A ajuda internacional foi menor do que teria sido em qualquer outra época. Os países ricos do Ocidente sofriam o impacto de uma crise econômica. As viagens do presidente Zardari pela Europa tinham tornado as pessoas menos solidárias ao Paquistão. Governos estrangeiros assinalavam que nossos políticos, na maioria, não recolhiam nenhum imposto sobre seus rendimentos, de modo que era um pouco abusado pedir ajuda aos contribuintes de outros países, que já viviam sob dura pressão. As entidades de assistência internacional também se preocupavam com a segurança de seus membros, depois que um porta-voz do Talibã exigiu que o governo paquistanês recusasse auxílio ocidental de cristãos e judeus. Ninguém duvidava de que falavam sério. Um ano antes, em outubro, a agência do World Food Program em Islamabad fora bombardeada e cinco funcionários morreram.

No Swat começamos a ver mais sinais de que o Talibã nunca saíra realmente do vale. Mais duas escolas sofreram explosões e três voluntários estrangeiros de um grupo cristão, quando voltavam à sua base em Mingora, foram sequestrados e depois assassinados. Recebemos outras notícias chocantes. Um amigo de meu pai, dr. Mohammad Faruq, vice-reitor da Universidade do Swat, foi assassinado por dois pistoleiros que invadiram sua sala. O dr. Faruq era um erudito do Islã, ex-membro do partido islâmico Jamaat, e, como uma das maiores vozes contra a talibanização, chegara a lançar uma fátua contra os ataques suicidas.

Estávamos frustrados e amedrontados mais uma vez. Foi quando decidi virar política, e sei que essa é a escolha certa. Nosso país tem crises demais e nenhum verdadeiro líder que cuide delas.

17. Rezando para ficar alta

Aos treze anos, parei de crescer. Sempre pareci mais velha do que sou, mas de repente todas as minhas amigas ficaram mais altas do que eu. Na minha turma de trinta alunas, eu era uma das mais baixinhas. Ficava encabulada quando estava com as amigas. Todas as noites eu rezava a Alá, pedindo para ficar mais alta. Eu me media na parede do quarto, com uma régua e um lápis. Todas as manhãs, eu me encostava na parede para ver se tinha crescido. Mas a marca a lápis continuava teimosa em 1,50 metro. Cheguei a prometer a Alá que, se eu crescesse pelo menos mais um tiquinho, faria cem *raakat nafl*, rezas voluntárias adicionais além das cinco diárias.

Eu falava sobre um monte de acontecimentos mas, sendo tão baixinha, não era fácil transmitir competência. Às vezes eu mal conseguia enxergar por cima do atril. Não gostava de sapatos de salto, mas comecei a usar.

Uma das garotas na minha turma não voltou à escola naquele ano. A família a casou tão logo entrou na puberdade. Era grande para a idade, mas tinha apenas treze anos. Algum tempo depois, soubemos que ela teve dois filhos. Na classe, enquanto recitávamos fórmulas de hidrocarbonetos durante as aulas de química, eu ficava imaginando como seria deixar a escola e começar a cuidar de um marido.

Havíamos começado a pensar em outras coisas além do Talibã. Mas era impossível esquecê-lo totalmente. Nosso Exército, que já tinha um monte de negócios laterais estranhos, como fábricas de cereais matinais e de fertilizantes, começara a produzir telenovelas. Gente por todo o Paquistão vivia grudada num seriado do horário nobre chamado *Além do dever*, que mostrava supostas histórias verídicas dos soldados em combate com os militantes no Swat.

Mais de cem deles tinham sido mortos e novecentos ficaram feridos na operação militar, e o Exército queria apresentá-los como heróis. Mas, se o sacrifício deles havia, supostamente, restaurado o controle do governo no vale, ainda aguardávamos o domínio e a aplicação da lei. Quando eu voltava da escola, à tarde, muitas vezes havia mulheres aos prantos em nossa casa. Centenas de homens desapareceram durante a operação militar, provavelmente apanhados pelo Exército ou pelo serviço secreto, mas ninguém dizia nada. As mulheres não conseguiam informações; não sabiam se maridos e filhos estavam vivos ou mortos. Algumas, em situação desesperadora, não tinham como se sustentar. Uma mulher só pode voltar a se casar se o marido for declarado morto, não desaparecido.

Minha mãe lhes dava chá e comida, mas não era por isso que elas a visitavam. Queriam a ajuda de meu pai. Em razão de seu papel de porta-voz da *jirga* Qaumi do Swat, ele atuava como uma espécie de elo entre o povo e o Exército.

"Só quero saber se meu marido está vivo ou morto", suplicou uma senhora que encontrei. "Se eles o mataram, posso colocar as crianças num orfanato. Mas agora não sou esposa nem viúva." Outra senhora me disse que o filho desaparecera. As mulheres declaravam que os desaparecidos não haviam colaborado com o Talibã, e que talvez tivessem recebido ordens de dar a eles um copo d'água ou um pedaço de pão. Mas esses homens inocentes estavam presos, enquanto os líderes talibãs encontravam-se em liberdade.

O irmão de uma professora na nossa escola, que morava a dez minutos de nossa casa, fora apanhado pelos militares, que o acorrentaram, torturaram e depois o colocaram numa geladeira até morrer. Ele não tinha nada a ver com o Talibã. Era apenas um pequeno comerciante. Mais tarde, o Exército se desculpou com ela, dizendo que tinham confundido os nomes e pegaram o homem errado.

Não eram apenas mulheres pobres que vinham à nossa casa. Um dia, um empresário rico chegou de Muscat, no Golfo. Contou a meu pai que o irmão e cinco ou seis sobrinhos haviam desaparecido e queria saber se estavam presos ou mortos, pois, se fosse o caso, encontraria novos maridos para as viúvas. Um deles era *maulana*, e meu pai conseguiu que o libertassem.

Não era apenas no Swat que isso acontecia. Soubemos que havia milhares de desaparecidos em todo o Paquistão. Muita gente protestava na frente dos tribunais ou afixava cartazes com as fotos de seus entes desaparecidos, mas não resultava em nada.

Enquanto isso, os tribunais se ocupavam com outro assunto. No Paquistão, temos a chamada Lei da Blasfêmia, que impede a profanação do nosso livro sagrado, o Corão. Durante a campanha de islamização do general Zia, a lei se tornou muito mais rigorosa e quem "conspurca o nome sagrado do Santo Profeta" pode ser condenado à morte ou à prisão perpétua.

Em novembro de 2010 foi publicada uma reportagem sobre uma cristã chamada Asia Bibi, condenada à forca. Era uma mulher pobre, mãe de cinco filhos, que trabalhava na colheita de frutas numa aldeia no Punjab. Num dia de calor, ela arranjara água para as colegas de trabalho e algumas não quiseram beber, dizendo que o líquido era "impuro" porque oferecido por uma cristã. Acreditavam que, como muçulmanas, iriam se conspurcar se tomassem água junto com ela. Uma dessas muçulmanas era uma vizinha de Asia Bibi, que estava brava porque, argumentava, o bode de Asia estragara o recipiente onde armazenava água. A coisa terminou em discussão e, claro, assim como as nossas discussões na escola, havia diferentes versões de quem tinha dito o quê. Uma versão era que elas tentaram convencer Asia Bibi a se converter ao islamismo. Ela respondeu que Cristo morrera na cruz pelos pecados dos cristãos e perguntou o que o Profeta tinha feito pelos muçulmanos. Uma delas denunciou Asia ao imã local, que informou a polícia. A mulher passou mais de um ano na prisão antes de ir a julgamento, e o tribunal a condenou à morte.

Como Musharraf autorizara a televisão por satélite, agora tínhamos vários canais à disposição. Podíamos ver esses acontecimentos em nossos televisores. Houve indignação em todo o mundo e todos os programas de entrevistas cobriram o caso. Uma das poucas pessoas que se levantaram em defesa de Asia Bibi no Paquistão foi o governador do Punjab, Salman Tasir. Ele fora prisioneiro político, bem como aliado de Benazir. Depois tornou--se um magnata das comunicações. Foi visitar Asia Bibi na prisão e disse que o presidente Zardari devia perdoá-la. Qualificou as leis de Blasfêmia como "sombrias", expressão que foi repetida por alguns dos nossos telejornalistas, para avivar o debate. Então, nas orações da sexta-feira na maior mesquita de Rawalpindi, alguns imãs condenaram o governador.

Poucos dias depois, em 4 de janeiro de 2011, Salman Tasir foi alvejado e morto por um de seus próprios guarda-costas, depois do almoço numa área de cafeterias chiques em Islamabad. O homem lhe deu 26 tiros. Mais tarde, disse que agira por Deus, depois de ouvir as orações de sexta-feira em Rawalpindi. Ficamos chocados com a quantidade de gente que elogiou o matador. Quando compareceu ao tribunal, até mesmo advogados o cobriram com uma chuva de pétalas de rosa. O imã da mesquita frequentada pelo governador assassinado se negou a rezar o ofício fúnebre e o presidente não foi ao funeral.

Nosso país estava enlouquecendo. Como era possível que agora festejássemos assassinos?

Logo depois disso, meu pai recebeu outra ameaça de morte. Ele havia discursado num evento em memória do terceiro ano do bombardeamento da escola de Haji Baba. Na cerimônia, falara com ardor, bradando: "Fazlullah é o chefe de todos os demônios. Por que não foi capturado?". Depois disso, recomendaram-lhe que tivesse muito cuidado. Então recebemos em casa uma carta anônima endereçada a meu pai. Começava com *Asalaamu alaikum*, a paz esteja contigo, mas a mensagem não era nada pacífica. Dizia: "Você é filho de um erudito religioso, mas não é um bom muçulmano. Os *mujaheddin* vão encontrá-lo aonde você for". Ao receber a ameaça de morte, meu pai pareceu preocupado durante uns quinze dias, mas não desistiu de suas atividades e logo se distraiu com outras coisas.

Naquele período, parecia que todos falavam sobre os Estados Unidos. Antes costumávamos jogar a culpa de tudo em nossa velha inimiga, a Índia, mas agora os Estados Unidos haviam assumido esse papel. Todo mundo reclamava dos ataques com drones, que aconteciam nas FATA quase todas as semanas. Ouvimos dizer que havia numerosas mortes de civis. Então, um agente da CIA chamado Raymond Davis matou a tiros, em Lahore, dois homens que haviam se aproximado de seu carro numa moto. Alegou que ambos tinham tentado roubá-lo. Os americanos afirmaram que Davis não era da CIA e sim um diplomata comum, o que deixou todos muito desconfiados. Até nós, garotada de escola, sabíamos que diplomatas comuns não andam por aí com carros sem placa, portando pistolas Glock.

Nossos meios de comunicação alegaram que Davis fazia parte de um grande exército secreto que a CIA enviara ao Paquistão, por não confiar em nossas agências de inteligência. Davis estaria espionando um grupo militante chamado Lashkar-e-Toiba, com base em Lahore, que ajudara muito nosso povo durante o terremoto e as enchentes. Pensava-se que esse grupo estava por trás do terrível massacre de Mumbai em 2008. Seu objetivo principal era libertar os muçulmanos da Caxemira, sob domínio indiano, mas recentemente também passara a agir no Afeganistão. Outros disseram que Davis estava, na verdade, espionando nossas armas nucleares.

Raymond Davis logo se tornou o americano mais famoso no Paquistão. Houve protestos por todo o país. As pessoas imaginavam nossos mercados repletos de Raymonds Davis, reunindo informações para remeter aos Estados Unidos. Então a viúva de um dos homens assassinados por ele tomou veneno de rato e se matou, na certeza de que não se faria justiça.

Foram semanas de vaivém entre Washington e Islamabad, ou melhor, e o quartel-general do Exército em Rawalpindi, antes que o caso fosse solucionado. No final, fizeram algo parecido com as nossas *jirgas* tradicionais: os americanos pagaram 2,3 milhões de "dólares de sangue" e Davis foi rapidamente retirado do tribunal e do país. Então o Paquistão exigiu que a CIA repatriasse vários de seus mercenários e parou de autorizar vistos de entrada. O caso criou um clima muito ruim, principalmente porque em

17 de março, no dia seguinte à libertação de Davis, houve um enorme ataque de drones numa assembleia tribal no Waziristão do Norte, que matou cerca de quarenta pessoas. O ataque parecia transmitir a mensagem de que a CIA podia fazer o que quisesse em nosso país.

Numa segunda-feira, quando eu ia me medir na parede para ver se, por algum milagre, tinha crescido durante a noite, ouvi vozes altas na porta ao lado. Os amigos de meu pai tinham chegado com uma notícia difícil de acreditar. Durante a noite, forças especiais americanas, fuzileiros navais chamados Seals, tinham feito um ataque surpresa em Abbottabad, um dos locais onde estivéramos como PDIS. Lá, dizia a notícia, encontraram e mataram Osama bin Laden, que estaria morando em um grande conjunto cercado de muros a pouco mais de um quilômetro de nossa Academia Militar. Não conseguíamos crer que o Exército tivesse sido tão distraído quanto ao paradeiro de Bin Laden. Os jornais publicaram que os cadetes até treinavam no campo em volta da casa. O complexo tinha muros de quatro metros de altura, com arame farpado no alto. Bin Laden morava no andar de cima com a esposa mais jovem, uma iemenita chamada Amal. No andar de baixo moravam duas outras esposas e os onze filhos. Um senador americano disse que a única coisa que faltava no esconderijo de Bin Laden era "uma placa de neon".

Na verdade, muitos paquistaneses, em áreas pachtuns, moram em conjuntos murados por causa da *purdah* e da privacidade, e assim a casa não era realmente incomum. O estranho era que os moradores nunca saíam e não havia telefone nem internet na casa. A comida era levada por dois irmãos, que também viviam no conjunto com suas esposas. Atuavam como mensageiros de Bin Laden. Uma das esposas era do Swat!

Os Seals atiraram na cabeça de Bin Laden e removeram o corpo por helicóptero. Ao que parecia, ele não oferecera resistência. Seus dois irmãos e um filho também foram assassinados, mas mulheres e crianças foram amarradas e deixadas lá, antes de ficar sob custódia paquistanesa. Os americanos argumentam ter jogado o corpo de Bin Laden no mar. O presidente Barack Obama ficou muito contente e vimos, pela televisão, grandes comemorações em volta da Casa Branca.

No começo, pensamos que nosso governo estivesse ciente da operação e tivesse participado dela. Mas logo soubemos que os americanos executaram a missão sozinhos. O fato não caiu bem em meio ao nosso povo. Supostamente, éramos aliados dos Estados Unidos e tínhamos perdido mais soldados do que eles na "guerra ao terror". Os americanos entraram no país à noite, em voo baixo e usando helicópteros especiais, silenciosos. Bloquearam nossos radares com interferência eletrônica. Só anunciaram a missão ao general Kayani e ao presidente Zardari depois que ela foi realizada. Grande parte do comando das Forças Armadas ficou sabendo pela televisão.

Os americanos disseram que não tiveram escolha, porque ninguém sabia realmente de que lado estava a ISI. Assim, alguém poderia alertar Bin Laden antes que chegassem a ele. O diretor da CIA declarou que o Paquistão "ou estava envolvido, ou é incompetente. Nenhuma das posições é invejável".

Meu pai disse que aquele foi um dia vergonhoso. "Como um terrorista notório pôde ficar tantos anos escondido no Paquistão sem ser descoberto?" Outros paquistaneses faziam a mesma pergunta.

Então vocês entendem por que qualquer um poderia pensar que nosso serviço secreto devia saber do paradeiro de Bin Laden.

A ISI é uma organização enorme, com agentes por toda parte. Como Bin Laden pudera ter vivido tão perto da capital — a menos de cem quilômetros de distância? E por tanto tempo? Talvez o melhor esconderijo seja aquele que fica à vista de todos, mas ele vivia naquela casa desde o terremoto de 2005. Dois filhos até chegaram a nascer no hospital de Abbottabad. E Bin Laden morava no Paquistão havia mais de nove anos. Antes de Abbottabad, ele esteve em Haripur e, antes de Haripur, escondeu-se em nosso vale, onde se encontrou com Khalid Sheikh Muhammad, acusado como o responsável pelo ataque de Onze de Setembro.

A maneira como Bin Laden foi descoberto era digna dos filmes de espionagem que meu irmão Khushal adorava. Para evitar que o encontrassem, ele usava mensageiros em vez de telefonemas ou e-mails. Mas os americanos descobriram um desses mensageiros, rastrearam a placa do carro e o seguiram de Peshawar a Abbottabad. Depois, monitoraram a casa com uma espécie de drone gigante com visão de raio X, que localizou um homem muito alto, de barba, que caminhava ao redor do conjunto. Deram-lhe o apelido de "The Pacer".

As pessoas estavam intrigadas com os detalhes que surgiam diariamente, mas pareciam mais zangadas com a invasão americana do que com o fato de que o maior terrorista do mundo morava em nosso território. Alguns jornais publicaram matérias dizendo que os americanos, na verdade, tinham matado Bin Laden anos antes e guardavam o corpo num congelador. Então o "plantaram" em Abbottabad e encenaram o ataque para constranger o Paquistão.

Começamos a receber mensagens de texto pedindo para que saíssemos às ruas e mostrássemos nosso apoio ao Exército. "Lutamos por vocês em 1948, 1965 e 1971", dizia uma delas, referindo-se às nossas três guerras contra a Índia. "Fiquem ao nosso lado, agora que fomos esfaqueados pelas costas." Mas também havia mensagens de texto ridicularizando o Exército. As pessoas perguntavam como podíamos gastar 6 bilhões de dólares por ano com as Forças Armadas (sete vezes mais do que gastamos com a educação) se quatro helicópteros americanos conseguiam burlar nossos radares. E, se eram capazes de fazer isso, o que iria deter os indianos, ali do lado? "Não buzine, por favor. O Exército está dormindo", dizia uma das mensagens; "Vende-se radar paquistanês usado. Não detecta helicópteros americanos, mas pega muito bem a tevê a cabo", dizia outra.

O general Kayani e o general Ahmed Shuja Pasha, diretor da ISI, foram chamados para depor no Parlamento, algo que nunca acontecera. Nosso país fora humilhado e queríamos saber por quê.

Soubemos que os políticos americanos ficaram furiosos porque Bin Laden tinha vivido sob nosso nariz o tempo todo, enquanto eles imaginavam que estaria escondido numa caverna. Reclamaram que nos haviam dado 20 bilhões de dólares durante um período de oito anos, para cooperar, e havia dúvidas sobre de que lado estávamos. Às vezes, tudo parecia resumir-se ao dinheiro. A maior parte dele fora para o Exército. O povo não recebera nada.

Alguns meses depois, em outubro de 2011, meu pai me disse que chegara um e-mail informando que eu era uma das cinco crianças concorrentes ao prêmio internacional da paz da Kids Rights, grupo de advocacia baseado em Amsterdã. Meu nome fora indicado pelo arcebispo Desmond Tutu, da África do Sul. Tutu é um grande herói de papai, por sua luta contra o apartheid. Ziauddin ficou desapontado porque não ganhei, mas expliquei-lhe que eu nada mais fizera senão falar. Não tínhamos uma organização fazendo coisas práticas, como os ganhadores tinham.

Logo depois disso fui convidada pelo ministro do Punjab,

Shahbaz Sharif, para falar em Lahore numa cerimônia sobre educação. Ele estava construindo uma rede de escolas novas, que chamava de "escolas dinamarquesas", e distribuiu laptops gratuitos para os alunos — aparelhos que, uma vez ligados, mostravam a foto dele na tela. Para motivar os estudantes de todas as províncias, o ministro oferecia prêmios em dinheiro para meninas e meninos que tirassem boas notas nos exames. Ganhei um cheque de meio milhão de rupias, cerca de 3 mil libras, para minha campanha pelos direitos das meninas.

Fui de roupa cor-de-rosa para a cerimônia e pela primeira vez falei publicamente sobre como tínhamos desafiado o decreto do Talibã e continuamos a ir à escola em segredo. "Conheço a importância da educação, porque me tiraram à força meus livros e canetas. Mas as meninas do Swat não têm medo de ninguém. Continuamos com a nossa educação."

Um dia, eu estava na sala de aula quando minhas colegas disseram: "Você ganhou um grande prêmio e 500 mil rupias!". Papai me contou que o governo me dera o Prêmio Nacional da Paz, o primeiro do gênero no Paquistão. Nem consegui acreditar. Eram tantos jornalistas naquele dia que a escola virou um estúdio de televisão.

A cerimônia de entrega aconteceu em 20 de dezembro de 2011, na residência oficial do primeiro-ministro, uma das grandes mansões brancas no alto de uma colina, no final da avenida Constituição, que eu tinha visto na visita a Islamabad. Àquela altura eu já estava acostumada a encontrar políticos. Não fiquei nervosa, embora meu pai tentasse me intimidar dizendo que o primeiro-ministro Gilani vinha de uma família de homens santos. Depois que ele me presenteou com o prêmio e o cheque, eu o presenteei com uma longa lista de reivindicações. Falei que queríamos a reconstrução das nossas escolas e uma universidade feminina no Swat. Eu sabia que ele não ia levar minhas reivindicações a sério, então não pressionei muito. Pensei: "Um dia serei política e eu mesma vou fazer essas coisas".

Ficou decidido que o prêmio seria conferido anualmente a menores de dezoito anos e teria o nome de Prêmio Malala em minha homenagem. Notei que meu pai não ficou muito contente com isso. Como a maioria dos pachtuns, ele é um pouco supersticioso. No Paquistão, não temos o costume de homenagear as pessoas em vida, apenas as falecidas; por isso ele considerou o fato de mau agouro.

Sei que minha mãe não gostou das premiações, porque tinha medo de que eu virasse um alvo à medida que ficasse mais conhecida. Ela mesma nunca aparecia em público. Não deixava nem tirarem fotos. É uma mulher muito tradicional e segue nossa cultura multissecular. Se rompesse com essa tradição, os homens e as mulheres falariam mal dela, principalmente nossos próprios parentes. Mas aos poucos estamos mudando. Ela nunca disse que lamentava o que meu pai e eu fazíamos, mas, quando eu ganhava prêmios, dizia: "Não quero prêmios, quero a minha filha. Não trocaria um único fio de cabelo de minha filha nem por todo o mundo".

Papai argumentava que a única coisa que sempre quis foi criar uma escola para ensinar as crianças. Não nos restara alternativa, a não ser o envolvimento em política e em campanhas pela educação. "Minha única ambição", ele dizia, "é educar meus filhos e minha nação até onde eu for capaz. Mas, quando metade dos nossos líderes mente e a outra metade negocia com o Talibã, não há outra saída. Temos de nos manifestar."

Quando voltei para casa, esperava-me a notícia de que havia um grupo de jornalistas que queria me entrevistar na escola e que eu devia me arrumar bem. Primeiro pensei em colocar um vestido muito lindo, mas aí decidi usar algo mais modesto, pois queria que as pessoas prestassem atenção à minha mensagem e não às minhas roupas. Quando cheguei à escola, vi que todas as minhas amigas haviam se arrumado. "Surpresa!", exclamaram quando entrei. Tinham coletado dinheiro e organizaram uma festa para mim, com um grande bolo branco que trazia escrito "Sucesso para sempre" em glacê de chocolate. Era maravilhoso que minhas amigas quisessem partilhar do meu sucesso. Eu sabia que qualquer garota da minha classe teria alcançado o que alcancei se tivesse o apoio dos pais.

"Agora podem voltar ao trabalho", disse a sra. Maryam depois que comemos o bolo. "Exames em março!"

O ano, porém, terminou com uma nota triste. Cinco dias depois que ganhei o prêmio, minha tia Babo, irmã mais velha de minha mãe, morreu. Não tinha nem cinquenta anos. Era diabética e vira um anúncio na televisão sobre um médico em Lahore que oferecia um tratamento milagroso, e convenceu meu tio a levá-la até lá. Não sabemos que substância o médico injetou em minha tia, mas ela entrou em choque e morreu. Meu pai disse que o médico era um charlatão e que também por isso precisávamos continuar a lutar contra a ignorância.

No final daquele ano, eu tinha juntado um dinheirão — meio milhão de rupias de cada um: o primeiro-ministro, o ministro do Punjab, o ministro do nosso estado, Khyber Pakhtunkhwa, e o governo de Sindh. O major-general Ghulam Qamar, comandante local das Forças Armadas, doou 100 mil rupias à nossa escola, para a construção de um laboratório de ciências e uma biblioteca. Mas minha luta continuava. Lembrei nossas aulas de história, quando aprendemos que um Exército recebe recompensas ao ganhar uma batalha. Comecei a ver os prêmios e o reconhecimento dessa maneira. Eram pequenas joias sem grande significado. Eu precisava me concentrar em ganhar a guerra.

Papai usou uma parte do dinheiro para comprar um armário e uma cama nova para mim, pagou os implantes dentários da minha mãe e comprou um pedaço de terra em Shangla. Decidimos gastar o restante com pessoas que precisavam de ajuda. Eu queria criar uma fundação educacional. Pensava nisso desde que tinha visto as crianças trabalhando nos montes de lixo. Não conseguia esquecer a imagem das ratazanas que tinha visto lá nem a menina de cabelo embaraçado que separava o lixo. Fizemos uma reunião de 21 garotas e adotamos como prioridade a educação para todas as meninas do Swat, concentrando-nos especialmente no trabalho infantil e nas crianças de rua.

Quando cruzamos o desfiladeiro Malakand, vi uma mocinha vendendo laranjas. Para cada laranja que vendia, ela fazia uma marquinha com lápis num pedaço de papel, pois não sabia ler nem escrever. Tirei uma foto e jurei que faria tudo o que estivesse a meu alcance para ajudar a educar garotas como ela. Era essa a guerra que eu ia travar.

18. A mulher e o mar

Tia Najma chorava. Nunca tinha visto o mar. Estávamos, minha família e eu, sentados nas pedras, olhando a extensão das águas, respirando o ar salgado do mar Arábico. Como era enorme! Certamente ninguém sabia onde ele terminava. Eu me sentia muito feliz naquele momento e falei: "Um dia quero atravessar esse mar".

"O que ela está dizendo?", perguntou minha tia, como se eu falasse de algo impossível. Eu ainda tentava entender como tia Najma conseguira morar por trinta anos na cidade litorânea de Karachi sem nunca ter posto os olhos no oceano. O marido não a levava à praia e, mesmo que de alguma maneira ela fosse capaz de dar uma escapadela, não poderia seguir as placas indicativas do caminho para o mar, pois não sabia ler.

Sentada nas rochas, pensei que, do outro lado do oceano, havia terras onde as mulheres eram livres. No Paquistão, tivéramos uma primeira-ministra e em Islamabad eu conhecera profissionais impressionantes, mas o fato é que, em nosso país, quase todas as mulheres dependem inteiramente dos homens. A sra. Maryam, por exemplo, é muito instruída, mas em nossa sociedade não pode morar sozinha nem trabalhar. Precisa viver com o marido, com um irmão ou com parentes.

No Paquistão, quando as mulheres dizem que querem independência, as pessoas acham que isso significa que não desejam obedecer a seus pais, irmãos ou maridos. Mas não é isso. Significa que queremos tomar decisões por conta própria. Queremos ser livres para ir à escola ou para ir trabalhar. Não há nenhum trecho no Corão que obrigue a mulher a depender do homem. Nenhuma mensagem dos céus estabeleceu que toda mulher deve ouvir um homem.

"Você está a milhões de quilômetros daqui, Jani!", meu pai constatou, interrompendo meus pensamentos. "Com o que está sonhando?"

"Sonho em atravessar o oceano, Aba", respondi.

"Esqueça!", gritou meu irmão Atal. "Estamos na praia e quero andar de camelo!"

Em janeiro de 2012 estávamos em Karachi como convidados da Geo TV, depois que o governo sindh anunciou que trocaria o nome de uma escola secundária feminina em Mission Road, em minha homenagem. Meu irmão Khushal estava em um internato em Abbottabad, e assim viajamos meus pais, Atal e eu. Andamos de avião pela primeira vez. O voo durou apenas duas horas, o que achei incrível. De ônibus, levaria pelo menos dois dias. Dentro do avião, notamos que algumas pessoas não encontravam seus lugares porque não conheciam nem o alfabeto, nem os números. Sentada ao lado da janela, eu via lá embaixo os desertos e as montanhas de nosso país. À medida que rumávamos para o sul, a terra ia ficando mais seca. Eu já sentia saudade do verde do Swat.

Entendi por que nosso povo vai trabalhar em Karachi mas volta para ser enterrado no frescor do nosso vale.

No caminho do aeroporto para a pensão, fiquei assombrada com a quantidade de gente, de casas e de carros. Karachi é uma das maiores cidades do mundo. Era estranho pensar que, quando o Paquistão foi criado, ela não passava de um porto com 300 mil habitantes. Jinnah morava ali e a transformou em nossa primeira capital. Karachi logo foi inundada por milhões de muçulmanos refugiados da Índia, que falam urdu e são conhecidos como *mohajirs*, ou imigrantes. Hoje Karachi tem cerca de 20 milhões de habitantes. É a maior cidade pachtum do mundo, embora fique longe de nossas terras. Entre 5 milhões e 7 milhões de pachtuns foram para lá, trabalhar.

Infelizmente, Karachi também se tornou uma cidade muito violenta, e sempre há brigas entre *mohajirs* e pachtuns. As áreas *mohajirs* que vimos eram muito limpas e ordenadas, ao passo que as pachtuns eram sujas e caóticas. Quase todos os *mohajirs* apoiam um partido chamado MQM, liderado por Altaf Hussain, que vive no exílio em Londres e mantém contato com seu povo por Skype. O MQM é um movimento muito organizado e a comunidade se mantém unida. Nós pachtuns, ao contrário, somos muito divididos. Alguns seguem Imran Khan porque ele é pachtun, *khan* e grande jogador de críquete; outros seguem *maulana* Fazlur Rehman porque seu partido, o JUI, é islâmico; outros mais seguem o ANP, laico, porque é um partido nacionalista pachtum; outros ainda seguem o PPP de Benazir Bhutto ou o PML(N) de Nawaz Sharif.

Na assembleia sindh, fui aplaudida por todos os membros. Visitamos algumas escolas, inclusive a que estava recebendo meu nome. Discursei sobre a importância da educação e falei sobre Benazir Bhutto, pois estava na cidade dela. "Todos nós devemos trabalhar juntos pelos direitos das meninas", disse eu. As garotas cantaram para mim e ganhei uma pintura em que eu aparecia olhando o céu. Era maravilhoso, e ao mesmo tempo esquisito, ver meu nome em uma escola — tal como acontece com a minha xará Malalai de Maiwand, que dá nome a muitas escolas no Afeganistão. Meu pai e eu planejamos que, nas próximas férias escolares, vamos às áreas montanhosas remotas do Swat para falar com pais e filhos sobre a importância de aprender a ler e escrever. "Seremos como pregadores da educação", falei.

Mais tarde, naquele mesmo dia, fomos visitar meus tios, que moram numa casinha bem pequena. Foi assim que meu pai finalmente entendeu por que eles não o hospedaram em seu tempo de estudante. No caminho, passamos pela praça Aashiqan e Rasul, e ficamos chocados ao ver uma imagem do assassino do governador Salman Tasir decorada com guirlandas de pétalas de rosa, como se ele fosse um santo. Papai se zangou. "Numa cidade com 20 milhões de pessoas não há ninguém que retire isso?"

Havia outro lugar importante que tínhamos de incluir na visita, além do passeio ao mar e aos imensos bazares onde mamãe comprou um monte de roupas. Precisávamos visitar o mausoléu do fundador do Paquistão, o grande líder Mohammad Ali Jinah. O mausoléu é um edifício de mármore branco, que inspira paz e que de certa forma parecia separado da agitação da cidade. Para nós, é um local sagrado. Era para lá que Benazir se dirigia, a fim de fazer seu primeiro discurso depois do exílio, quando explodiram o veículo em que ela viajava.

O guarda explicou que a tumba na sala principal, sob um candelabro chinês gigantesco, não abriga o corpo de Jinnah. A verdadeira tumba está no andar de baixo, onde ele jaz ao lado da irmã Fatima, que morreu muito depois. Em seguida fica a tumba do primeiro-ministro Liaquat Ali Khan, que foi assassinado.

Depois fomos ao pequeno museu na parte de trás, que expunha as gravatas-borboleta brancas, especiais, que Jinnah costumava encomendar em Paris, seus ternos com colete feitos sob medida em Londres, os tacos de golfe e um baú de viagem com compartimentos para doze pares de sapatos, inclusive os seus favoritos, de duas cores, costurados à mão. As paredes eram forradas de fotografias. Nas mais antigas, dos primeiros tempos do Paquistão, era fácil perceber, pelo rosto encovado, que Jinnah estava morrendo. Sua pele parecia fina como papel. Mas na época o fato foi mantido em sigilo. Ele fumava cinquenta cigarros por dia. O corpo estava devastado pela tuberculose e pelo câncer de pulmão quando lorde Mountbatten, o último governador britânico da Índia, concordou com a divisão do país. Mais tarde ele disse que, se soubesse que Jinnah estava à morte, teria adiado a independência da Índia e o Paquistão não existiria. Jinnah morreu um ano depois, em setembro de 1948. Então, passados menos de três anos, nosso primeiro-ministro foi assassinado. Desde o começo fomos um país desventurado.

Alguns dos discursos mais famosos de Jinnah estavam em exposição, como aquele sobre liberdade de religião para todos, no novo Paquistão. E outro no qual ele falava da importância das mulheres. Eu queria ver as fotos das mulheres de sua vida, mas a esposa, uma farsi, morreu jovem, e a filha única, Dina, ficou na Índia, onde se casou com um farsi que não se dava muito bem na nossa nação muçulmana. Ela agora mora em Nova York. Assim, as únicas fotos que encontrei foram as de sua irmã, Fatima.

Era difícil visitar o palácio e ler os discursos sem pensar que Jinnah se sentiria muito desapontado com o Paquistão. Provavelmente diria que não era o país com o qual sonhara. Queria que fôssemos independentes, tolerantes, bondosos. Queria que todos fossem livres, não importava a religião que professassem.

"Teria sido melhor não ser independente e continuar como parte da Índia?", perguntei a meu pai. Minha impressão era a de que, antes do Paquistão, só havia lutas intermináveis entre hindus e muçulmanos. Então, mesmo depois de termos nosso próprio país, as lutas continuaram — mas agora entre *mohajirs* e pachtuns e entre sunitas e xiitas. Em vez de celebrar umas às outras, nossas quatro províncias se empenham em manter acesas as disputas. Os sindhis falam frequentemente em separação e há, no Baluquistão, uma guerra que é pouco comentada porque o local é muito distante. Essas lutas indicariam que precisávamos dividir mais uma vez o país?

Quando saímos do museu, vimos lá fora alguns rapazes protestando, com bandeiras. Explicaram que eram seraiquis do sul do Punjab e queriam uma província própria.

Pareciam tantas, as coisas pelas quais as pessoas lutavam! Se cristãos, hindus ou judeus são mesmo nossos inimigos, como muitos dizem, por que nós, muçulmanos, brigamos uns com os outros? Nosso povo ficou desorientado. Pensa que o mais importante é defender o Islã e é malconduzido por aqueles que, como o Talibã, interpretam deliberadamente o Corão de maneira errada. Devíamos nos concentrar em problemas práticos. Há tantos analfabetos em nosso país! As mulheres, sobretudo, não têm nenhuma instrução. Vivemos numa nação onde pessoas explodem escolas. Não dispomos de fornecimento confiável de energia elétrica. Não se passa um único dia sem o assassinato de pelo menos um paquistanês.

Um dia, uma senhora chamada Shehla Anjum apareceu na pensão onde estávamos hospedados. Era uma jornalista paquistanesa que vivia no Alasca e queria me conhecer, depois de ter visto o documentário sobre nós no website do *New York Times*. Conversou algum tempo comigo e depois com meu pai. Notei que tinha lágrimas nos olhos. Então perguntou: "O senhor sabia que o Talibã ameaçou essa menina inocente?". Não fazíamos ideia do que

Shehla falava. Por isso ela acessou a internet e nos mostrou que o Talibã emitira naquele dia ameaças contra duas mulheres: Shah Begum, ativista em Dir, e eu, Malala. "Estas duas estão difundindo o secularismo e devem ser mortas", dizia a mensagem. Não levei muito a sério, pois existem coisas demais na internet. Caso fosse verdade, já deveríamos ter sabido disso por alguma outra fonte.

Naquela noite, meu pai recebeu uma ligação da família que vinha compartilhando a casa conosco nos últimos dezoito meses. O lugar onde moravam tinha cobertura de barro que deixava entrar chuva, enquanto nós dispúnhamos de dois quartos desocupados. Assim, foram morar em nossa casa por um aluguel simbólico, e seus três filhos estudavam de graça em nossa escola. Gostávamos que morassem conosco, pois podíamos brincar de polícia e ladrão no terraço. Eles avisaram meu pai que a polícia aparecera, querendo saber se havíamos recebido alguma ameaça. Ao ouvir isso, papai telefonou para o vice-superintendente, que lhe perguntou a mesma coisa. "Por que você quer saber? Tem alguma informação?" O oficial pediu que meu pai o procurasse quando voltássemos ao Swat.

Depois disso papai ficou inquieto e não conseguiu mais se distrair em Karachi. Dava para ver que minha mãe e ele estavam muito nervosos. Eu sabia que mamãe ainda pranteava a morte de minha tia, e que os dois se sentiam pouco à vontade com o fato de eu receber tantos prêmios e ficar exposta, mas parecia haver mais alguma coisa. "Por que vocês estão assim?", perguntei. "Estão preocupados com alguma coisa, mas não nos contam o que é."

Então eles me falaram sobre o telefonema e afirmaram que levavam as ameaças a sério. Não sei por quê, mas, quando soube que era um alvo do Talibã, não me preocupei. Todos sabemos que algum dia vamos morrer. Eu sentia que ninguém pode deter a morte, tanto faz se provocada por um câncer ou por um talibã. Então eu seguiria fazendo tudo o que queria fazer.

"Talvez a gente deva dar uma pausa em nossa campanha, Jani, e hibernar por algum tempo", papai sugeriu.

"Como? Não foi você que disse que, se acreditamos em algo maior que nossa vida, então nossas vozes vão se multiplicar, mesmo que a morte chegue?", respondi. "Não podemos desonrar nossa campanha!"

As pessoas me pediam para discursar em vários eventos. Como recusar, alegando um problema de segurança? Não podíamos fazer isso, principalmente como pachtuns orgulhosos de nossa origem. Meu pai sempre diz que o heroísmo está no DNA pachtum.

Mesmo assim, foi com o coração pesado que voltamos ao Swat. Quando meu pai foi à polícia, eles lhe mostraram um arquivo sobre mim. Disseram que o destaque nacional e internacional que eu recebia atraíra a atenção e as ameaças de morte do Talibã, e que eu precisava de proteção. Ofereceram uma equipe de guarda-costas, mas meu pai relutou. Muitos dignitários do Swat foram mortos, mesmo tendo proteção policial, e o governador do Punjab fora assassinado por seu próprio guarda-costas. Ele também achava que um grupo de guardas armados assustaria os pais dos alunos e não queria pôr outras pessoas em risco. Quando lhe fizeram ameaças, ele declarou: "Que me matem, mas apenas a mim".

Papai sugeriu me enviar para o internato em Abbottabad, como Khushal, mas eu não quis ir. Também conversou com o coronel local, para quem não seria mais seguro frequentar a escola em Abbottabad. O ideal era que eu me mantivesse discreta, afirmou, e assim tudo correria bem no Swat. Por isso, quando o governo do KPK quis me fazer embaixadora da paz, meu pai propôs que eu recusasse.

Em casa, comecei a trancar o portão principal à noite. Mamãe comentou com meu pai: "Ela sente a ameaça". Papai estava muito desolado. Vivia me dizendo para fechar as cortinas do meu quarto à noite, mas eu não fechava.

"Aba, essa é uma situação muito estranha", falei. "Quando a talibanização estava em curso, havia segurança; agora que não há mais Talibã, estamos inseguros."

"Isso mesmo, Malala", ele respondeu. "Agora a talibanização é especial, só para nós, para aqueles como você e eu, que continuamos a falar. O resto do Swat está bem. Os condutores de riquixás, os comerciantes estão todos seguros. Essa talibanização é apenas para determinadas pessoas, e estamos entre elas."

Houve outro aspecto negativo em relação ao recebimento daqueles prêmios: eu vinha faltando muito às aulas. Depois dos exames de março, a taça que foi para meu novo armário era a do segundo lugar.

19. Uma talibanização particular

"Vamos fazer de conta que é um filme da saga *Crepúsculo* e que somos vampiras na floresta", propus a Moniba. Estávamos em uma excursão escolar para Marghazar, um lindo vale verde onde o ar é fresco, onde há uma montanha alta e um rio claro como cristal. Tínhamos planejado um piquenique. Ali perto fica o White Palace Hotel, que costumava ser a residência de verão do *wali*.

Estávamos em abril de 2012, um mês depois dos exames, e assim todas nos sentíamos mais relaxadas. Éramos umas setenta meninas. Nossos pais e mestres estavam conosco. Meu pai fretara três ônibus, mas não coubemos todas; por isso, cinco de nós — eu, Moniba e outras três alunas — fomos na perua da escola. Não era muito confortável, principalmente porque também levávamos vasilhas enormes de arroz e frango para o piquenique, que pusemos no chão da perua, mas a viagem era só de meia hora. E nos divertimos, cantando durante o caminho. Moniba estava muito bonita, com sua pele clara como porcelana. "Que creme você está usando?", perguntei.

"O mesmo que você usa", ela respondeu.

Eu sabia que não podia ser verdade. "Oh, não. Olhe a minha pele escura e veja a sua!"

Visitamos o White Palace Hotel, vimos onde a rainha da Inglaterra dormiu e andamos pelos jardins de lindas flores. Infelizmente, não pudemos ver o quarto do *wali*, porque tinha se estragado com as enchentes.

Corremos um pouco pelas matas verdes, tiramos algumas fotos e entramos no rio, uma espirrando água na outra. As gotas cintilavam ao sol. Uma cachoeira descia a encosta, e sentamos por algum tempo nas pedras, ouvindo a queda-d'água. Então Moniba começou a espirrar água em mim outra vez.

"Pare, por favor. Não quero ficar com a roupa molhada!", reclamei. Eu me afastei com duas outras meninas de que Moniba não gostava. Ambas a provocaram, naquilo que chamamos de "pôr lenha na fogueira". Era a fórmula certa para outra discussão entre Moniba e mim. Aquilo me deixou de mau humor, mas me animei quando chegamos ao alto do penhasco, onde o almoço era preparado. Usman Bhai Jan, nosso motorista, nos fez rir, como sempre. A sra. Maryam levara o filho, ainda um bebê, e Hannah, a filha de dois anos de idade, que parecia uma bonequinha, mas muito sapeca.

O almoço foi um desastre. Quando foram colocar as panelas no fogo, para esquentar o frango com curry, as assistentes da escola entraram em pânico, achando que a comida não ia dar para tantas meninas. Então acrescentaram água do riacho. Dissemos que foi "o pior almoço do mundo". Estava tão aguado que uma das garotas falou: "Dava para enxergar o céu naquele caldo".

Como em todas as nossas excursões, papai nos pôs de pé numa rocha, antes de irmos embora, para falarmos sobre as nossas impressões do dia. Dessa vez, todo mundo comentou como a comida estava ruim. Meu pai ficou constrangido e, ao menos uma vez na vida, sem palavras.

* * *

Na manhã seguinte, um funcionário da escola levou leite, pão e ovos até nossa casa, para o café da manhã. Meu pai sempre atendia à porta, pois as mulheres deviam ficar dentro de casa. O homem lhe disse que o merceeiro lhe entregara uma carta fotocopiada.

Ao ler, meu pai empalideceu. Disse à minha mãe: "Por Deus, é uma propaganda terrível contra nossa escola!". E leu a mensagem em voz alta:

Caros irmãos muçulmanos,

Existe uma escola, a Khushal, dirigida por uma ONG [as ONGs têm péssima fama entre as pessoas religiosas de nosso país, e a referência a elas é um modo de despertar raiva em nosso povo], que é um centro de vulgaridade e obscenidade. Um Hadith do Santo Profeta estabelece que, se vocês virem algo ruim ou malévolo, devem detê-lo com as próprias mãos. Se não puderem fazer isso, então devem contar o fato aos outros, e, se não puderem fazer isso, devem pensar dentro de vocês o mal que isso é. Não tenho nenhuma rixa pessoal com o diretor, mas estou lhes falando o que diz o Islã. Essa escola é um centro de vulgaridade e obscenidade, e leva meninas para piqueniques em diversos locais. Se vocês não detiverem isso, terão de responder a Deus no Juízo Final. Vão e perguntem ao gerente do White Palace Hotel e ele contará o que essas meninas fizeram...

Papai pousou a folha de papel. "Sem assinatura. Anônimo." Ficamos assombrados.

"Eles sabem que ninguém vai perguntar nada ao gerente. Sabem que as pessoas vão imaginar que aconteceu algo terrível."

Mamãe o tranquilizou: "Sabemos o que aconteceu lá. As meninas não fizeram nada de errado".

Meu pai ligou para meu primo Khanjee, a fim de saber por onde as cartas tinham circulado. Ele retornou a ligação com más notícias: haviam sido distribuídas por toda parte, embora a maioria dos comerciantes as tivessem ignorado e jogado fora. Havia também cartazes enormes colados na frente da mesquita, com as mesmas acusações.

Na escola, minhas colegas estavam aterrorizadas. Disseram a meu pai: "Senhor, estão falando coisas muito ruins sobre a escola. O que nossos pais vão dizer?".

Papai decidiu reunir todas as meninas no pátio. "Por que vocês estão com medo?", perguntou. "Fizeram alguma coisa contra o Islã? Fizeram alguma coisa imoral? Não. Só brincaram na água e tiraram fotos. Então não fiquem assustadas. Isso é propaganda dos seguidores do mulá Fazlullah. Esqueçam! Vocês têm o direito de se divertir no campo, com as cachoeiras e com a paisagem, igual aos meninos."

Ele discursou com a bravura de um leão, mas percebi que seu coração estava preocupado e assustado. Somente um homem apareceu na escola e tirou a irmã de lá. Mas sabíamos que o problema não havia terminado. Logo depois disso, soubemos que ia passar por Mingora um peregrino que fizera uma caminhada pela paz desde Dera Ismail Khan, e queríamos dar-lhe as boas-vindas. Meus pais e eu estávamos indo a seu encontro quando um homenzinho se aproximou de nós, parecendo falar freneticamente em dois telefones diferentes. "Não vão por ali", avisou. "Há um homem-bomba naquele lugar!" Tínhamos prometido encontrar o peregrino da paz e por isso fizemos outro caminho. Nós nos apresentamos, pusemos uma guirlanda em seu pescoço e voltamos depressa para casa.

Durante toda aquela primavera, e durante o verão, continuaram a acontecer coisas estranhas. Chegavam desconhecidos à nossa casa, fazendo perguntas sobre minha família. Segundo meu pai, era gente dos serviços de inteligência. As visitas se tornaram mais frequentes depois que a *jirga* Qaumi do Swat organizou um encontro em nossa escola para protestar contra os planos militares de exigir que o povo de Mingora e seus comitês de defesa comunitária conduzissem patrulhas noturnas. "O Exército diz que há paz no vale. Então, por que precisamos de marchas e de patrulhas noturnas?

Mais tarde nossa escola abrigou um concurso de pintura para as crianças de Mingora, patrocinado por uma pessoa amiga de meu pai, que dirigia uma ONG de defesa dos direitos das mulheres. As pinturas deviam mostrar a igualdade entre os sexos ou apontar a discriminação contra as mulheres. Naquela manhã, apareceram na escola dois homens do serviço de inteligência. Perguntaram a meu pai o que estava acontecendo ali.

"Um concurso de pintura, assim como temos concursos de debates, concursos de culinária e concursos de ensaios. Isto aqui é uma escola!", respondeu meu pai. Os homens ficaram muito bravos, e papai também. "Todo mundo me conhece e sabe o que eu faço! Por que vocês não vão trabalhar de verdade e encontram o sr. Fazlullah e os que estão com as mãos manchadas com o sangue do Swat?"

Depois, no Ramadã, um amigo de meu pai que mora em Karachi, Wakil Khan, enviou roupas para os pobres e pediu que nós as distribuíssemos. Fomos para um grande salão, para fazer a distribuição. Antes mesmo de começarmos, vimos alguns agentes da inteligência se aproximando. "O que vocês estão fazendo? Quem comprou essas roupas?"

Em 12 de julho fiz catorze anos, o que no Islã significa entrar na idade adulta. Com meu aniversário, veio a notícia de que o Talibã havia assassinado o dono do Swat Continental Hotel, um pacifista. Ele ia de sua casa para o hotel, em Mingora Bazaar, quando atiraram nele em pleno campo.

As pessoas começaram a se preocupar outra vez. O Talibã estaria voltando? Se estivesse, agora havia uma diferença. Em 2008-9 seus membros faziam muitas ameaças às mais variadas pessoas. Agora essas ameaças eram dirigidas especificamente aos que falavam contra os militantes e contra as atitudes autoritárias do Exército.

"O Talibã não é uma força organizada como imaginamos", disse Hidayatullah, ao discutir o assunto com meu pai. "Trata-se de uma mentalidade, e essa mentalidade está espalhada por todo o Paquistão. Quem é contra os Estados Unidos, contra o sistema do Paquistão, contra a legislação inglesa, foi infectado pelo Talibã."

Em 3 de agosto, já tarde da noite, papai recebeu um telefonema alarmante de Mehbub, correspondente da Geo TV. O rapaz era sobrinho de Zahid Khan, o dono do hotel que sofrera um atentado em 2009. As pessoas costumavam dizer que ele e meu pai estão na mira do Talibã e que ambos serão assassinados; a única coisa que não sabemos é quem será o primeiro. Mehbub nos contou que o tio ia para as orações de *isha*, as últimas do dia, na mesquita que fica na rua de sua casa, quando foi atingido no rosto.

Ao saber da notícia, meu pai sentiu a terra fugir de seus pés. "Foi como se eu tivesse sido atingido", explicou depois. "Tinha certeza de que seria o próximo."

Pedimos que ele não fosse ao hospital, porque era muito tarde e porque as pessoas que atacaram Zahid Khan podiam estar à sua espera. Mas meu pai disse que não ir seria covardia. Alguns ativistas políticos se ofereceram para acompanhá-lo, mas papai achou que ficaria muito tarde se fosse esperar por eles. Então ligou para meu primo, pedindo-lhe que o levasse. Minha mãe começou a rezar.

Ao entrar no hospital, viu que apenas mais um membro da

jirga estava lá. Zahid Khan sangrava tanto que sua barba branca ficou tingida de vermelho. Mas teve sorte. Um homem disparara três vezes, de perto, com uma pistola de 9 milímetros. Mas Zahid Khan conseguiu agarrar-lhe a mão, e assim apenas o primeiro tiro pegou nele. O estranho foi que a bala entrou pelo pescoço e saiu pelo nariz. Mais tarde ele contou que se lembrava de um homenzinho de barba feita, parado, sorrindo, sem nem usar máscara. Então tudo escureceu, como se ele tivesse caído num buraco negro. A ironia era que apenas recentemente Zahid Khan voltara a ir a pé até a mesquita, porque pensava que não havia mais risco.

Depois de orar pelo amigo, meu pai falou com a mídia. "Não entendemos por que ele foi atacado, se dizem que há paz. É uma grande pergunta para o Exército e para o governo."

Amigos o aconselharam a deixar o hospital. "Ziauddin, é meia-noite e você ainda está aqui! Não seja tolo! Você é um alvo tão vulnerável e tão visado quanto Khan. Não se arrisque!"

Finalmente Zahid Khan foi transferido para Peshawar, onde seria submetido a uma cirurgia, e papai voltou para casa. Eu não tinha ido dormir porque estava preocupada demais. Depois disso, passei a verificar duas vezes todas as trancas de casa, toda noite.

Em casa, o telefone não parava de tocar. Amigos ligavam para alertar meu pai de que ele podia ser o próximo alvo. Hidayatullah foi um dos primeiros a telefonar. "Pelo amor de Deus, tenha cuidado! Podia ter acontecido com você. Eles estão atirando nos membros da *jirga*, um a um. Você é o porta-voz; como vão deixá-lo vivo?"

Meu pai estava convencido de que o Talibã ia abatê-lo e matá-lo, mas novamente recusou segurança policial. "Se eu andar por aí com um monte de seguranças, o Talibã vai usar Kalashnikovs ou homens-bomba e mais gente vai morrer. Se eu estiver sozinho, matam só a mim." Ele tampouco quis sair do Swat. "Para onde eu iria?", perguntou à minha mãe. "Não posso deixar a região. Sou o presidente do Conselho Global da Paz, o porta-voz do conselho dos anciãos, o presidente da Associação de Escolas Particulares do Swat, diretor da minha escola e chefe de minha família."

Sua única precaução foi alterar a rotina. Um dia, ia primeiro à escola primária; no outro, ia primeiro à escola das meninas; no terceiro, à escola dos meninos. Notei que, a qualquer lugar que ele fosse, observava os dois lados da rua umas quatro ou cinco vezes.

Apesar dos riscos, papai e seus amigos continuaram muito ativos, realizando protestos e atendendo a coletivas de imprensa. "Por que Zahid Khan foi atacado, se temos paz? Quem o atacou?", perguntavam. "Desde que deixamos de ser refugiados e voltamos, não vemos mais nenhum ataque ao Exército e à polícia. Os únicos alvos agora são civis e pacifistas."

O comandante local do Exército não gostou. "Repito, não há terroristas em Mingora. Nossos relatórios mostram isso." Alegou que Zahid Khan tinha sido atingido numa briga doméstica por causa de uma propriedade.

Khan ficou doze dias no hospital e depois passou um mês em casa, recuperando-se da cirurgia plástica para reconstituir o nariz. Mas não se calou. Pelo contrário, tornou-se ainda mais veemente, sobretudo contra as agências de inteligência, que, acreditava, estavam por trás do Talibã. Escreveu artigos para os jornais, dizendo que o conflito no Swat tinha sido forjado. Escreveu: "Sei quem visava a mim. O que precisamos saber é quem impôs esses militantes a nós". Solicitou ao juiz do Supremo Tribunal que montasse uma comissão judicial para investigar quem levara o Talibã para nosso vale.

Fez um desenho do homem que o atacou e disse que deviam detê-lo antes que atirasse em mais alguém. Mas a polícia não fez nada para encontrá-lo.

* * *

Depois das ameaças a mim, minha mãe não quis que eu fosse a pé a lugar nenhum. Insistiu que eu tomasse o riquixá para ir à escola e voltasse de ônibus, mesmo que a distância fosse de apenas cinco minutos a pé. O ônibus me deixava na calçada, na frente da nossa rua. Por ali sempre havia uma meninada do bairro. Às vezes, entre eles estava um garoto chamado Harum, um ano mais velho do que eu e que antigamente morava na nossa rua. Tínhamos brincado juntos na infância, e mais tarde ele me contou que era apaixonado por mim. Mas aí uma menina bonita se hospedou na casa da prima, Safina, e ele se apaixonou por ela. Então, quando a menina disse que não estava interessada, ele voltou sua atenção para mim. Depois disso, sua família se mudou para outra rua, e nós nos mudamos para a casa deles. Harum foi para a Escola de Cadetes.

Mas voltou para as férias e um dia, quando eu vinha da escola, encontrei-o na rua. Seguiu-me até a casa e pôs um bilhete no portão, onde eu pudesse enxergar. Pedi a uma menininha que o pegasse para mim. Estava escrito: "Agora você é muito conhecida, mas ainda te amo e sei que você me ama. Aqui está meu telefone. Ligue para mim".

Dei o bilhete para meu pai e ele ficou bravo. Chamou Harum e disse que ia contar para o pai dele. Foi a última vez que o vi. Depois disso, os meninos pararam de vir à nossa rua. Mas um dos garotinhos que brincavam com Atal, sempre que eu passava, perguntava, em tom insinuante: "E o Harum, como vai?". Fiquei tão farta daquilo que, um dia, pedi a Atal que levasse o menino a nossa casa. Gritei, tão zangada, que ele parou de me provocar.

Contei para Moniba o que tinha acontecido, agora que éramos amigas outra vez. Ela sempre tinha o maior cuidado no contato com meninos, porque seus irmãos vigiavam tudo. "Às vezes acho que é mais fácil ser um vampiro do *Crepúsculo* do que uma menina do Swat", comentei com um suspiro. Mas, na verdade, bem que eu gostaria que meu maior problema fosse o aborrecimento com meninos.

20. Quem é Malala?

Certa manhã, no final do verão, preparando-se para ir à escola, meu pai notou que a pintura em que eu aparecia olhando o céu, que nos haviam dado na escola em Karachi, mudara de lugar durante a noite. Ele gostava muito daquele quadro e o colocara acima da sua cama. Ficou incomodado ao ver que estava torta. "Por favor, endireite", pediu à minha mãe numa rispidez nada habitual.

Naquela mesma semana, nossa professora de matemática, a srta. Shazia, chegou histérica à escola. Contou a meu pai que tivera um pesadelo, no qual eu estava com queimaduras horríveis na perna, e que ela tentara enfaixar. Implorou que meu pai desse arroz cozido aos pobres, pois acreditamos que, quando oferecemos arroz, até mesmo as formigas e os passarinhos comerão os grãozinhos que caem ao chão e irão rezar por nós. Mas meu pai deu dinheiro em vez de arroz e ela ficou transtornada, dizendo que não era a mesma coisa.

Rimos do pressentimento da srta. Shazia, mas então eu também comecei a ter pesadelos. Não falei nada para meus pais, mas, toda vez que saía, tinha medo de que talibãs armados me saltassem à frente ou que jogassem ácido no meu rosto, como tinham feito com várias mulheres no Afeganistão. Sentia medo principalmente dos degraus que levavam até nossa rua, onde os meninos costumavam ficar. Às vezes, pensava ouvir passos atrás de mim ou imaginava figuras se esgueirando nas sombras.

Ao contrário de meu pai, tomei precauções. À noite, esperava todo mundo adormecer e ia examinar cada porta e janela. Saía para conferir se o portão da frente estava trancado. Depois verificava todos os aposentos, um por um. Meu quarto dava para a frente, com montes de janelas, e eu mantinha as cortinas abertas. Queria poder ver tudo, embora meu pai recomendasse o contrário. "Se fossem me matar, teriam feito isso em 2009", eu dizia. Mas temia que alguém pusesse uma escada no jardim, apoiasse-a na parede, subisse por ela e quebrasse minha janela.

Então eu rezava. À noite, costumava rezar muito. O Talibã pensa que não somos muçulmanos, mas somos, sim. Acreditamos em Deus mais do que eles e confiamos que Ele nos protegerá. Eu costumava recitar o *Ayat al Kursi*, o Verso do Trono da segunda *surah* do Corão, o Capítulo da Vaca. É um verso muito especial e acreditamos que nossa casa estará a salvo de *shayatin*, ou demônios, quando o recitamos três vezes, à noite. Recitá-lo cinco vezes põe nossa rua a salvo, e sete vezes faz toda a área ficar protegida. Assim, eu recitava sete vezes ou até mais. Então orava a Deus: "Abençoai-nos, primeiro nosso pai e nossa família, então a nossa rua, então toda a nossa *mohalla*, então todo o Swat". Aí eu dizia: "E então abençoai todos os muçulmanos, mas não só os muçulmanos; abençoai todos os seres humanos".

Os exames eram a época do ano em que eu mais rezava. Era a única em que minhas amigas e eu fazíamos as cinco orações diárias, como mamãe vivia insistindo que eu fizesse. Isso era especialmente difícil à tarde, quando eu não queria sair da frente da televisão. No período dos exames eu rezava a Alá para tirar notas altas, embora nossos professores costumassem nos advertir: "Deus não vai lhe dar notas altas se você não estudar muito. Deus é generoso em nos cobrir com as suas bênçãos, mas Ele é igualmente justo".

Assim, eu estudava muito. Gostava dos exames, como uma oportunidade de mostrar o que eu era capaz de fazer. Mas quando eles vieram, em outubro de 2012, senti grande pressão. Não queria ficar de novo em segundo lugar, atrás de Malka-e-Noor, como tinha acontecido em março. Daquela vez, ela me vencera não por um ou dois pontos, a diferença habitual entre nós, mas por cinco pontos! Eu andava tendo aulas adicionais com o sr. Amjad, que dirige a escola dos meninos. Na véspera dos exames, estudei até as três da madrugada e reli o livro todo.

A primeira prova da segunda-feira, 8 de outubro, era de física. Gosto de física porque trata da verdade, de um mundo determinado por princípios e leis, sem confusões ou distorções como na política, principalmente no meu país. Enquanto esperávamos o sinal para iniciar o exame, comecei a recitar, em silêncio, alguns versículos sagrados. Terminei a prova, mas sabia que tinha errado ao preencher um dos espaços em branco. Fiquei com tanta raiva de mim mesma que quase chorei. Era uma pergunta que só valia um ponto, mas me fez sentir que ia acontecer algo devastador.

Quando voltei para casa, naquela tarde, estava com sono, mas no dia seguinte o exame era de estudos paquistaneses, uma prova difícil para mim. Não queria perder ainda mais pontos e fiz um café com leite para afastar os demônios do sono. Quando minha mãe chegou, provou, gostou e tomou todo o resto. Eu não podia dizer: "Bhabi, pare, por favor, esse é o meu café!". Mas era o último pó de café da casa. Mais uma vez fiquei acordada até tarde, decorando o livro sobre a história da nossa independência.

De manhã, como sempre, meus pais entraram no quarto e

me acordaram. Não me lembro de um único dia de aula em que eu tenha acordado cedo sozinha. Mamãe preparou nosso desjejum habitual: chá com açúcar, *chapatis* e ovos fritos. Fizemos a refeição juntos, mamãe, papai, Atal e eu. Era um dia muito especial para minha mãe, pois naquela tarde ela começaria a ter aulas em nossa escola, para aprender a ler e a escrever com a srta. Ulfat, minha professora do jardim de infância.

Meu pai começou a espicaçar Atal, que estava com oito anos e andava mais atrevido do que nunca. "Ouça, Atal, quando Malala for primeira-ministra, você será o secretário dela."

Atal ficou louco da vida. "Não, não e não! Não sou menos que Malala. Vou ser eu o primeiro-ministro e ela será minha secretária." Com aquela brincadeira toda, acabei me atrasando tanto que só tive tempo de comer metade do ovo. E nem consegui me arrumar!

Fui melhor do que imaginava na prova de estudos paquistaneses. Havia perguntas sobre Jinnah e a criação de nosso país como a primeira nação muçulmana do mundo, além de questões sobre a tragédia nacional do nascimento de Bangladesh. Era estranho pensar que Bangladesh antigamente fazia parte do Paquistão, apesar de estar a 1,6 mil quilômetros de distância. Respondi a todas as perguntas e tive certeza de que me saí bem. Estava contente quando o exame terminou. Fiquei conversando com as amigas enquanto esperávamos que Sher Mohammad Baba, um assistente da escola, nos chamasse quando o ônibus chegasse.

O ônibus fazia duas viagens e naquele dia pegamos o segundo horário. Gostávamos de ficar na escola. Moniba sugeriu que, por estarmos desgastadas com o exame, permanecêssemos ali mais um pouco e conversássemos antes de ir para casa. Concordei, pois estava aliviada por ter ido tão bem no exame de estudos paquistaneses. Eu não tinha nenhuma preocupação naquele dia. Estava com fome, mas, como tínhamos quinze anos, não podíamos mais sair à rua sozinhas. Por isso pedi a uma das meninas menores que me comprasse uma espiga de milho. Comi um pouco e então dei a espiga a ela.

Ao meio-dia, Baba nos chamou pelo alto-falante. Todas descemos correndo os degraus. As meninas cobriram o rosto antes de sair e subiram na traseira do ônibus. Eu usava o lenço na cabeça, mas nunca no rosto.

Pedi ao motorista Usman Bhai Jan que nos contasse uma anedota enquanto esperávamos duas professoras. Ele tinha uma coleção inteira de piadas extremamente engraçadas. Mas naquele dia, em vez de contar uma delas, fez um truque de mágica com uma pedrinha que desapareceu. "Mostre como você fez!", todas bradamos, mas ele não mostrou.

Quando todos já estavam prontos, ele colocou a srta. Rubi e duas crianças pequenas no banco da frente, a seu lado. Outra menininha chorou, dizendo que queria ir lá também. Usman Bhai Jan disse que não havia espaço e que ela precisava se acomodar atrás, junto conosco. Mas fiquei com pena dela e o convenci a colocá-la na frente.

Mamãe tinha recomendado a Atal que tomasse o ônibus comigo. Ele vinha a pé da escola primária e gostava de viajar na parte de trás, segurando-se na traseira, o que deixava Usman Bhai Jan louco da vida, porque era perigoso. Naquele dia, Usman Bhai Jan já estava farto e não permitiu que ele fosse na parte de trás. "Sente-se aqui dentro, Atal Khan, ou não vou levá-lo", avisou. Atal teve um acesso de raiva, recusou-se a atendê-lo e foi a pé para casa, todo ofendido, com alguns amigos.

O ônibus partiu. Eu conversava com minha sábia e gentil amiga Moniba. Algumas garotas cantavam e eu acompanhava o ritmo tamborilando os dedos no assento.

Moniba e eu gostávamos de sentar na traseira aberta, para olhar lá fora. Naquela hora do dia, a estrada de Haji Baba era sempre um alvoroço de riquixás coloridos, gente a pé, homens de lambreta, todos buzinando e costurando o trânsito. Um garoto com sorvete, num triciclo vermelho enfeitado com mísseis nucleares vermelhos e brancos, nos seguiu, acenando para nós, até que uma professora o enxotou. Um homem decapitava galinhas, o sangue pingando na rua. Tamborilei com os dedos: corta, corta, corta, pinga, pinga, pinga. Engraçado... Quando eu era pequena, dizíamos que os swatis, de tão pacíficos, eram incapazes de matar uma galinha.

O ar cheirava a diesel, pão e kebab, misturados com o fedor do rio onde as pessoas ainda jogavam seus lixos e, ao que tudo indicava, nunca parariam de jogar, apesar da campanha que meu pai fazia. Mas estávamos acostumados. Além disso, logo chegaria o inverno, trazendo a neve que purificava e aquietava tudo.

O ônibus virou à direita, saindo da estrada principal, na altura do posto de controle do Exército. Na guarita, havia um cartaz com homens de olhar alucinado, barba e turbante. A legenda, em letras grandes, dizia: "Terroristas procurados". A foto do alto, de um homem de barba e turbante negro, era de Fazlullah. Tinham-se passado mais de três anos desde que se iniciara a operação militar para expulsar o Talibã do Swat. Éramos gratos ao Exército, mas não conseguíamos entender por que ainda havia soldados por toda parte, com postos de observação e de tiro no alto das casas, operando postos de controle. Até para entrar no vale as pessoas precisavam de autorização oficial.

A estrada da colina costuma ser muito movimentada, pois serve de atalho, mas naquele dia estava estranhamente calma. "Onde estão as pessoas?", perguntei a Moniba. As garotas cantavam e falavam, e nossas vozes repercutiam dentro da perua.

Mais ou menos naquele horário, minha mãe provavelmente atravessava a mágica porta de metal e entrava na escola, para sua primeira aula.

Não vi quando os dois rapazes com lenços amarrados no rosto saíram para a estrada e fizeram o ônibus parar de repente. Não tive chance de responder à pergunta deles: "Quem é Malala?". Senão, eu lhes teria explicado por que eles deviam nos deixar ir à escola — nós, suas irmãs e suas filhas.

A última coisa de que me lembro é pensar na revisão que precisava fazer para o exame do dia seguinte. O som na minha cabeça não foi o barulho dos três tiros, mas o corta, corta, corta, pinga, pinga, pinga do açougueiro decapitando as galinhas, e a imagem das pequenas poças de onde saíam pequenos filetes de sangue vermelho.

PARTE IV

ENTRE A VIDA E A MORTE

بنړي به ولې درته نه کړم   توره توپکه ورانه وي ودان کورونه

Khairey ba waley darta na kram
Toora topaka woranawey wadan korona

Armas das Trevas! Por que haveria eu de não vos amaldiçoar?
Vós transformastes lares cheios de amor em destroços

21. "Deus, eu a confio a Ti"

Assim que Usman Bhai Jan percebeu o que havia acontecido, rumou para o Hospital Central do Swat a toda a velocidade. As meninas gritavam e choravam. Eu estava deitada no colo de Moniba, a cabeça e o ouvido esquerdo sangrando. Tínhamos percorrido apenas um pequeno trecho quando um policial parou o veículo e começou a fazer perguntas, obrigando-nos a perder um tempo precioso. Uma das meninas pôs o dedo no meu pescoço para sentir minha pulsação. "Ela está viva!", berrou, e olhou para o policial. "Precisamos levá-la para o hospital. Deixe-nos em paz e vá pegar o homem que fez isto!"

Mingora parecia uma cidade grande para nós, mas na verdade é um lugar pequeno e a notícia se espalhou depressa. Meu pai estava no Clube de Imprensa do Swat para uma reunião da Associação de Escolas Particulares e tinha acabado de subir ao palco para fazer um discurso quando seu celular tocou. Ele reconheceu o número da Escola Khushal e passou o telefone a Ahmad Shah. "O ônibus escolar foi atacado a tiros", ele cochichou no ouvido de meu pai.

O rosto de papai perdeu a cor. Ele pensou que eu poderia estar nesse ônibus. Tentou se acalmar, imaginando que talvez um namorado ciumento tivesse disparado para o ar, a fim de assustar sua amada. Ele estava em uma reunião importante. Cerca de quatrocentos diretores de todo o vale tinham ido protestar contra planos do governo de impor uma autoridade regulatória central. Como presidente da associação, Ziauddin sentiu que não podia desapontar toda aquela gente. Então fez seu discurso. Mas havia gotas de suor em sua testa e, pela primeira vez na vida, ninguém precisou lhe fazer um sinal para que se apressasse e encerrasse sua fala.

Assim que terminou o discurso, ele não esperou para responder às perguntas da audiência. Saiu correndo para o hospital, com Ahmad Shah e outro amigo, Riaz, que tinha carro. O hospital ficava a apenas cinco minutos dali. Ao chegar, viram uma multidão reunida do lado de fora, com fotógrafos e câmeras de TV. Então papai soube com certeza que eu fora ferida. Seu coração afundou. Ele abriu caminho por entre as pessoas e entrou no hospital. Eu estava deitada numa maca com rodinhas, uma bandagem na cabeça, olhos fechados, o cabelo todo espalhado.

"Minha filha, você é minha filha corajosa, minha filha linda", ele repetia, beijando minha testa, minhas bochechas, meu nariz. Não entendia por que falava comigo em inglês. Acho que, de algum modo, eu sabia que ele estava ali, apesar de meus olhos fechados. Mais tarde papai diria: "Não sei explicar. Senti que ela respondia". Alguém comentou que eu tinha sorrido. Mas para meu pai não foi um sorriso. Foi um pequeno e maravilhoso instante, porque ele então soube que não tinha me perdido para sempre. Ver-me daquele jeito foi a pior coisa que lhe aconteceu. Todos os filhos são especiais, mas eu era o universo de meu pai, sua companheira de armas havia muito tempo — primeiro em segredo como Gul Makai e depois, abertamente, como Malala. Ele sempre acreditara que se o Talibã viesse atrás de alguém, esse alguém seria ele, não eu. Disse que sentiu como se tivesse sido atingido por um raio. "Eles quiseram matar dois pássaros com uma pedra só: eliminar Malala e me silenciar para sempre."

Papai estava com muito medo mas não chorou. Havia gente por todo lado. Os diretores que participavam do encontro tinham chegado ao hospital, assim como dezenas de ativistas e pessoas da mídia. Parecia que a cidade inteira estava lá. "Rezem por Malala", ele pediu. Os médicos lhe asseguraram que uma tomografia computadorizada mostrara que a bala não chegara perto do cérebro. Por isso limparam e fizeram um curativo no ferimento.

"Ziauddin! O que foi que eles fizeram?", perguntou a sra. Maryam, arremetendo porta adentro. Ela não estava na escola nesse dia, mas em casa, amamentando o bebê. Recebeu um telefonema do cunhado, para verificar se estava a salvo. Assustada, ligou a televisão e soube que houvera um atentado ao ônibus da escola. Assim que ouviu que eu tinha sido atingida, ligou para o marido, que a levou ao hospital na garupa de sua motocicleta, algo muito raro para uma respeitável senhora pachtum. "Malala, Malala! Você está me ouvindo?", ela chamou.

Gemi.

A sra. Maryam tentou descobrir mais sobre o que estava acontecendo. Um médico que ela conhecia lhe disse que a bala tinha atravessado minha testa, não meu cérebro, e que eu estava a salvo. Visitou as duas meninas da escola que tinham sido atingidas. Shazia levara dois tiros, na clavícula e na palma da mão esquerda, e fora levada ao hospital junto comigo. Kainat só percebeu seu ferimento em casa: uma bala pegara de raspão em seu braço direito. Então a família a levara para o hospital.

Meu pai sabia que devia verificar como elas estavam, mas não queria sair do lado de minha cama nem por um minuto. Seu telefone não parava de tocar. O ministro-chefe da KPK foi a primeira pessoa a ligar. "Não se preocupe, nós vamos resolver tudo", disse. "O hospital Lady Reading, em Peshawar, está esperando vocês." Mas foi o Exército que se encarregou da minha transferência. Às três da tarde o comandante local anunciou que um helicóptero das Forças Armadas me levaria, junto com meu pai, para Peshawar. Não havia tempo de pegar mamãe e por isso a sra. Maryam insistiu em ir também, pois eu poderia precisar da ajuda de uma mulher. Sua família não ficou exatamente feliz com a decisão porque ela ainda estava amamentando o bebê, que recentemente passara por uma pequena operação. Mas a sra. Maryam é como minha segunda mãe.

Fui colocada na ambulância e meu pai temeu que o Talibã atacasse de novo. Tinha a impressão de que todo mundo sabia quem estava dentro do veículo. O heliponto localizava-se a pouco mais de um quilômetro, uma viagem de cinco minutos, e papai ficou apavorado o caminho inteiro. Quando chegamos, o helicóptero ainda não havia chegado. Esperamos dentro da ambulância por um tempo que lhe pareceu interminável. Finalmente, o helicóptero aterrissou e fui levada a bordo com meu pai, meu primo Khanjee, Ahmad Shah e a sra. Maryam. Nenhum deles jamais estivera em um helicóptero. Quando decolamos, voamos sobre um evento esportivo do Exército, com música patriótica saindo dos alto-falantes. Ouvi-los cantar seu amor pelo país entristeceu meu pai. Em condições normais ele cantaria junto, mas naquele momento uma canção patriótica pareceu-lhe pouco apropriada. Afinal, havia ali uma menina de quinze anos com um tiro na cabeça, uma filha quase morta.

Lá embaixo, minha mãe assistia a tudo do terraço de nossa casa. Quando soube que eu tinha sido ferida, estava em plena aula de leitura com a sra. Ulfat, lutando para aprender palavras como "livro" e "maçã". No começo a notícia lhe chegou confusa, e ela acreditou que eu havia machucado o pé num acidente. Correu para casa e contou à minha avó, que ficava conosco o tempo todo. Rogou-lhe que começasse a rezar — acreditamos que Alá escuta mais atentamente os que têm cabelos brancos. Minha mãe então notou o ovo que eu tinha deixado pela metade no café da manhã. Havia fotos minhas recebendo os prêmios que ela não aprovara por toda a parte. Ela soluçava enquanto olhava para elas. Tudo ao redor era Malala, Malala.

Logo a casa se encheu de mulheres. Em nossa cultura, se alguém morre, as mulheres vão para a casa de quem faleceu e os homens vão para a *hujra* — não só a família e os amigos próximos, mas toda a vizinhança.

Minha mãe ficou atônita ao ver toda aquela gente. Sentou-se num colchonete de oração e recitou trechos do Corão. Disse às mulheres: "Não chorem — rezem!". Então meus irmãos entraram correndo na sala. Atal, que fora a pé da escola para casa, havia ligado a televisão e visto a notícia de que eu tinha levado um tiro. Telefonara para Khushal e ambos juntaram-se ao pranto. O telefone não parava de tocar. As pessoas garantiam à minha mãe que, apesar de eu ter sido baleada na cabeça, a bala só raspara a minha testa. Mamãe ficou muito confusa com aquelas versões diferentes — primeiro, que eu tinha machucado o pé; depois, que levara um tiro na cabeça. Pensou que eu acharia estranho ela não ter ido ao hospital, mas as pessoas lhe disseram para não ir, pois eu poderia estar morta ou prestes a ser removida. Um dos amigos de papai telefonou-lhe avisando que eu seria levada para Peshawar de helicóptero, e que ela iria por terra. O pior momento, para ela, foi quando alguém chegou com as minhas chaves da porta, encontradas no local do atentado. "Não quero chaves, quero minha filha!", minha mãe gritou. "De que servem as chaves sem Malala?" Então ouviram o som do helicóptero.

O heliponto ficava a pouco mais de um quilômetro de nossa casa. As mulheres subiram correndo para a cobertura. "Deve ser Malala!", disseram. Enquanto observava o veículo voar, minha mãe tirou o lenço da cabeça, um gesto extremamente raro para uma pachtum, e o ergueu, segurando-o com as duas mãos, como em uma oferenda. "Deus, eu a confio a Ti", disse, os olhos fixos no céu. "Não aceitamos guardas de segurança — Tu és o nosso protetor. Ela estava sob Teus cuidados e Tu tens a obrigação de enviá-la de volta."

Dentro do helicóptero, eu vomitava sangue. Meu pai ficou horrorizado, pensando que isso indicasse algum sangramento interno. Começava a perder a esperança. Mas então a sra. Maryam notou que eu tentava enxugar a boca com meu lenço. "Olhe, ela está reagindo!", exclamou. "É um sinal excelente."

Quando pousamos em Peshawar, papai presumiu que seríamos levados para o hospital Lady Reading, onde havia um ótimo neurocirurgião, o dr. Mumtaz, que fora recomendado a meu pai. Em vez disso, rumaram para o Hospital Militar Combinado, o HMC. Trata-se de um complexo com seiscentos leitos que data da época do domínio britânico. Perto dele, obras indicavam a construção de um novo bloco, um edifício alto. Peshawar é a porta de entrada para as FATA, e desde que o Exército entrara nas áreas tribais, em 2004, para capturar os talibãs, o hospital sempre estivera cheio de soldados feridos e das vítimas dos frequentes ataques suicidas dentro da cidade e em torno dela. Como acontecia em grande parte do país, blocos de concreto e postos de controle espalhavam-se dentro do HMC, como proteção contra homens-bomba.

Fui levada às pressas para a unidade de terapia intensiva, que fica num prédio separado. Acima do posto de enfermagem o relógio marcava pouco mais que cinco da tarde. Fui conduzida ao isolamento, um local cercado por paredes de vidro e uma enfermeira me colocou no soro. Na sala ao lado havia um soldado horrivelmente queimado num ataque com uma bomba caseira e com uma de suas pernas arrancada. Um rapaz entrou e se apresentou como coronel Junaid, neurocirurgião. Meu pai ficou mais perturbado ainda. Não achou que ele tinha aparência de médico. Parecia muito jovem para isso. "Ela é sua filha?", o coronel perguntou. A sra. Maryam fingiu ser minha mãe para poder entrar.

O coronel me examinou. Eu estava consciente e inquieta, mas sem falar e sem saber de nada, os olhos revirando. O coronel costurou o ferimento acima de minha sobrancelha esquerda, por onde a bala entrara, mas ficou surpreso por não ver o projétil na imagem. "Se há uma entrada, tem que haver uma saída", afirmou. Apalpou minha espinha e localizou a bala alojada perto da escápula esquerda. "Ela devia estar com a cabeça inclinada, então o pescoço estava curvado quando foi atingida", comentou.

Levaram-me para tirar outra tomografia. Então o coronel chamou meu pai para uma conversa reservada em sua sala, onde as chapas estavam expostas em uma tela. Disse-lhe que no hospital do Swat a tomografia fora feita de um único ângulo, e que a nova indicava que o ferimento era mais sério. "Olhe, Ziauddin. A tomografia mostra que a bala passou muito perto do cérebro." O coronel Junaid explicou que fragmentos de osso haviam danificado a membrana cerebral. "Podemos rezar a Deus. Vamos esperar para ver", prosseguiu. "Não vamos operar nesse estágio."

Meu pai ficou mais agitado ainda. No vale os médicos lhe disseram que era algo simples, e agora parecia muito sério. E, se era sério, por que não operavam? Ele não se sentia à vontade em um hospital militar. Em nosso país, onde o Exército tomou o poder tantas vezes, as pessoas costumam desconfiar dos militares — particularmente as do Swat, porque o Exército levara tempo demais para agir contra o Talibã. Um dos amigos de meu pai telefonou e disse: "Tire-a desse hospital. Não queremos que ela vire *shaheed millat* [mártir da nação], como Liaquat Ali Khan". Meu pai não sabia o que fazer.

"Estou confuso", confessou ao coronel Junaid. "Por que estamos aqui? Pensei que fôssemos para um hospital civil." Então pediu: "Por favor, o senhor pode pedir a presença do dr. Mumtaz?".

"E que impressão isso daria?", replicou o neurocirurgião, obviamente ofendido.

Mais tarde descobrimos que, apesar da aparência jovem, ele trabalhava como neurocirurgião havia treze anos e era o mais experiente e condecorado médico de sua especialidade no Exército paquistanês. Entrara nas Forças Armadas por causa de sua reconhecida competência, seguindo os passos de um tio, também neurocirurgião militar. O HMC de Peshawar estava na linha de frente da guerra contra o Talibã, e Junaid tratava os ferimentos a bala e a explosão diariamente. "Já cuidei de milhares de Malalas", diria ele depois.

Porém meu pai não sabia disso na época e ficou muito deprimido. "Faça o que bem entender. O médico é o senhor."

As horas seguintes foram de espera, com as enfermeiras monitorando meus sinais vitais. Ocasionalmente eu gemia baixinho, mexia a mão ou revirava os olhos. Então a sra. Maryam dizia: "Malala, Malala". Uma vez meus olhos se abriram totalmente. "Nunca notei como os olhos dela são bonitos", disse a sra. Maryam. Eu estava irrequieta e ficava tentando tirar o monitor do dedo. "Não faça isso", pediu a sra. Maryam.

"Não brigue comigo, senhora", sussurrei, como se estivéssemos na escola. A sra. Maryam era uma diretora muito rígida.

Tarde da noite minha mãe chegou com Atal. Tinham feito a viagem de quatro horas de carro, levados por Mohammad Faruk, amigo de papai. Antes que ela chegasse, a sra. Maryam lhe telefonara para avisar: "Quando vir Malala, não chore nem grite. Ela pode ouvi-la, mesmo que você ache que não". Meu pai também ligou e disse-lhe para se preparar para o pior. Queria protegê-la.

Quando minha mãe chegou, eles se abraçaram e contiveram as lágrimas. "Atal está aqui", ela me disse. "Veio ver você."

Aflito, meu irmão chorava muito. "Mamãe, Malala está tão ferida..."

Minha mãe, em estado de choque, não conseguia entender por que os médicos não me operavam para remover a bala. "Minha corajosa filha, minha linda filha", dizia, em lágrimas. Atal fazia tanto barulho que uma atendente os levou para o albergue militar do hospital, onde foram hospedados.

Meu pai estava perplexo com toda aquela gente reunida do lado de fora — políticos, dignitários do governo, ministros da província —, que viera para demonstrar solidariedade. Até mesmo o governador estava presente, e deu a papai 10 mil rupias, para ajudar a pagar o tratamento. Em nossa sociedade, quando alguém morre, a família se sente muito honrada com a visita de um dignitário. Mas papai, irritado, sentia que as pessoas estavam ali esperando minha morte, sem jamais ter feito nada para me proteger.

Mais tarde, ele foram comer e Atal ligou a televisão. Meu pai a desligou em seguida. Não suportava ver as notícias sobre o ataque. Quando ele saiu do quarto, a sra. Maryam voltou a ligá-la. Todos os canais mostravam fotos minhas, com comentários, orações e poemas comoventes. Era como se eu tivesse morrido. "Minha Malala, minha Malala", lamentou-se minha mãe, e a sra. Maryam juntou-se a ela.

Por volta da meia-noite o coronel Junaid pediu para encontrar-se com meu pai fora da UTI. "O cérebro de Malala está inchando", informou. Meu pai não entendeu o que isso significava. O médico lhe disse que meu estado se agravara. Minha consciência estava sumindo e eu estava de novo vomitando sangue. Ordenara uma terceira tomografia computadorizada e constatara que meu cérebro inchava perigosamente.

"Mas pensei que a bala não tivesse entrado no cérebro!", meu pai se queixou.

O neurocirurgião explicou que um osso estava fraturado e que fragmentos dele penetraram no cérebro, provocando o inchaço. Era preciso remover parte do crânio para dar ao cérebro espaço para se expandir, senão a pressão se tornaria insuportável. "Precisamos operar agora para lhe dar uma chance", disse o coronel. "Se não operarmos, ela pode morrer. Não quero que você olhe para trás e lamente não ter tomado nenhuma atitude."

Para meu pai, cortar uma parte do meu crânio pareceu algo muito drástico. "E ela vai sobreviver?", perguntou, desesperado, mas àquela altura recebeu poucas garantias.

Foi uma decisão corajosa do coronel Junaid, cujos superiores não estavam convencidos e ouviam de outras pessoas que eu deveria ser levada para o exterior. Aquela decisão salvou minha vida. Meu pai lhe disse para ir em frente, e o coronel avisou que traria o dr. Mumtaz para ajudar na cirurgia. A mão de papai tremia ao assinar os papéis de consentimento. Ali, preto no branco, estavam as palavras: "A paciente pode morrer".

A operação começou por volta de 1h30. Minha mãe e meu pai ficaram sentados do lado de fora da sala de cirurgia. "Deus, por favor, faça com que Malala fique boa", rezava papai. E fez barganhas com Ele. "Mesmo que eu tenha de viver no deserto do Saara, preciso dos olhos dela abertos. Não sou capaz de viver sem ela. Oh, Deus, que eu dê o resto da minha vida a minha filha; já vivi o bastante. Mesmo que ela fique com alguma sequela, permita-lhe sobreviver."

Minha mãe acabou por interrompê-lo. "Deus não é avarento. Vai nos devolver Malala como ela era." E começou a rezar com o Santo Corão na mão, de pé, virada para a parede. Permaneceu assim durante horas.

"Nunca vi ninguém rezar como ela", disse a sra. Maryam. "Tinha certeza de que Deus atenderia a tais preces."

Meu pai tentava não pensar no passado, se tinha errado em me incentivar a fazer declarações e campanhas.

Dentro da sala de cirurgia, o coronel Junaid usou uma serra para remover entre oito e dez centímetros quadrados da parte superior esquerda do meu crânio, para o cérebro ter espaço para se expandir. Então cortou o tecido subcutâneo do lado esquerdo de minha barriga e colocou o pedaço de osso ali dentro, para preservá-lo. Em seguida fez uma traquecotomia, pois o inchaço poderia bloquear minhas vias respiratórias. Retirou também coágulos de meu cérebro e a bala alojada em minha escápula. Após todos esses procedimentos fui posta em um respirador. A operação demorou quase cinco horas.

Apesar das preces de minha mãe, meu pai desconfiava que 90% das pessoas lá fora aguardavam a notícia de minha morte. Seus amigos e simpatizantes estavam muito, muito aborrecidos, mas havia outros com inveja da atenção que recebíamos. Estes acreditavam que tínhamos recebido o que merecíamos.

Papai deixou por um momento o ambiente tenso do hospital e fez um pequeno intervalo lá fora. Logo depois uma enfermeira se aproximou: "O senhor é o pai de Malala?". Mais uma vez seu coração se apertou. A profissional levou-o para uma sala.

Ele imaginou que ouviria algo como: "Sentimos muito, mas nós a perdemos". Porém, uma vez dentro da sala, ela foi direta: "Precisamos de um doador para o banco de sangue". Meu pai ficou aliviado mas perplexo. "Sou a única pessoa que ela poderia procurar?", perguntou-se. Um de seus amigos foi doar sangue em seu lugar.

Eram mais ou menos 5h30 quando os cirurgiões saíram.

Entre outras coisas, disseram a meu pai que tinham removido o pedaço de osso do crânio, colocando-o em meu abdome. Em nossa cultura os médicos não explicam quase nada aos pacientes ou a seus familiares, e meu pai humildemente perguntou: "Se não se importam, tenho uma pergunta estúpida. Ela vai sobreviver? O que os senhores acham?".

"Em medicina dois e dois nem sempre são quatro", respondeu o coronel Junaid. "Nós fizemos o nosso trabalho — removemos o pedaço de crânio. Agora precisamos esperar."

"Tenho outra pergunta estúpida", tornou meu pai. "E esse osso? O que os senhores vão fazer com ele?"

"Daqui a três meses vamos recolocá-lo no lugar", respondeu o dr. Mumtaz. "É muito simples." E deu uma batida de palmas.

Na manhã seguinte as notícias foram boas. Mexi os braços. Três cirurgiões de primeira linha da província foram me examinar. Disseram que o coronel Junaid e o dr. Mumtaz tinham feito um trabalho esplêndido e que a operação correra muito bem, mas que agora eu deveria ser posta em coma induzido porque, se recobrasse a consciência, haveria pressão no cérebro.

Enquanto eu pairava entre a vida e a morte, o Talibã emitiu um comunicado assumindo a responsabilidade pelo atentado mas negando que fora por causa de minha campanha pela educação. "Executamos o ataque e toda pessoa que fale contra nós será atacada da mesma maneira", disse Ehsanulla Ehsan, um porta-voz da organização. "Malala foi nosso alvo por seu papel pioneiro em pregar o secularismo. Era jovem mas promovia a cultura ocidental em áreas pachtum. Era pró-Ocidente; falava contra o Talibã; chamava o presidente Obama de ídolo."

Meu pai sabia a que ele estava se referindo. Depois que ganhei o Prêmio Nacional da Paz, no ano anterior, dei muitas entrevistas às redes de tv, e numa delas perguntaram quais eram meus políticos favoritos. Escolhi Khan Abdul Ghaffar Khan, Benazir Bhutto e o presidente Barack Obama. Eu tinha lido sobre Obama e o admirava porque, como jovem vindo de uma família batalhadora, ele tinha conquistado seus sonhos e ambições. Mas a imagem dos Estados Unidos no Paquistão se confundia com a dos drones, das investidas secretas a nosso território e de Raymond Davis.

Um porta-voz do Talibã disse que Fazlullah ordenara o ataque numa reunião realizada dois meses antes. "Qualquer um que se alinhe com o governo, contra nós, morrerá em nossas mãos", decretou. "Vocês verão. Outras pessoas importantes logo serão vítimas." Acrescentou que havia usado dois talibãs do Swat, que coletaram informações sobre mim, descobriram o meu trajeto para a escola e realizaram o ataque perto de um posto de controle militar deliberadamente, para mostrar que podiam atacar em qualquer lugar.

Naquela primeira manhã, poucas horas depois da cirurgia, houve uma agitação repentina, com as pessoas limpando seus uniformes e arrumando as instalações. Logo depois o general Kayani, chefe do Exército, adentrou pomposamente o hospital. "As preces da nação estão com o senhor e sua filha", ele disse a meu pai. Eu conhecera o general no fim de 2009, quando ele fora ao vale para um grande encontro após a campanha contra o Talibã.

"Estou feliz porque o senhor fez um trabalho esplêndido", eu tinha dito no encontro. "Agora só falta o senhor pegar Fazlullah." O salão se encheu de aplausos e o general Kayani se aproximou de mim, colocando a mão sobre minha cabeça como um pai.

O coronel Junaid deu ao general um informativo sobre a cirurgia e o plano de tratamento proposto. Kayani pediu-lhe que enviasse as tomografias para o exterior, a fim de que os melhores peritos o aconselhassem. Depois da visita do general ninguém mais teve permissão de ficar ao lado de meu leito, por causa do risco de infecção. Mas muita gente continuou indo ao hospital: Imram Khan, o jogador de críquete que virou político; Mian Iftikhar Hussein, ministro de Informação da província e crítico aberto do Talibã, que assassinara seu único filho; e o ministro-chefe da nossa província, Haider Hoti, com quem eu tinha aparecido em um talk-show. Nenhum deles teve autorização para entrar onde eu estava.

"Fiquem tranquilos. Malala não vai morrer", Hoti disse ao sair. "Ela ainda tem muito a fazer."

Então, por volta das três da tarde, dois médicos britânicos chegaram de helicóptero, vindos de Rawalpindi. O dr. Javid Kayani e a dra. Fiona Reynolds trabalhavam em hospitais de Birmingham e estavam no Paquistão assessorando o Exército na implantação do primeiro programa de transplante de fígado do país. Nossa nação ainda está cheia de estatísticas chocantes, e não só em educação. Uma delas diz respeito ao fato de uma em cada sete crianças paquistanesas pegar hepatite por causa, principalmente, de agulhas sujas, e muitas morrem de doença do fígado. O general Kayani estava determinado a mudar isso e o Exército mais uma vez entrara em cena onde os civis haviam falhado. Ele pedira aos médicos que lhe informassem sobre o progresso do programa antes de voarem de volta para casa, o que ocorreu um dia depois que fui baleada. Os dois entraram para vê-lo quando ele tinha dois aparelhos de TV ligados, um sintonizado em um canal local, em urdu, e a outro na Sky News, em inglês, com notícias sobre o atentado que sofri.

O chefe das Forças Armadas e o médico não são parentes, apesar do mesmo sobrenome, mas conheciam-se bem. O general comentou com o dr. Javid que estava preocupado com os relatórios conflitantes que vinha recebendo sobre meu estado, e pediu-lhe que me avaliasse antes de voltar ao Reino Unido. O dr. Javid, que é consultor de terapia de emergência no hospital Queen Elizabeth, concordou, mas pediu para levar a dra. Fiona, do hospital infantil de Birmingham, especialista em terapia intensiva infantil. Ela ficou nervosa ao saber que poderia ir a Peshawar, área a ser evitada por estrangeiros, mas, quando ouviu que eu era ativista pela educação de meninas, ficou contente em poder ajudar. Declarou que tivera a sorte de frequentar uma boa escola e formar-se em medicina.

O coronel Junaid e o diretor do hospital não ficaram contentes em vê-los. Houve alguma discussão até que o dr. Javid deixou claro quem os enviara. Os médicos britânicos não ficaram satisfeitos com o que encontraram. Primeiro, abriram uma torneira para lavar as mãos e descobriram que não havia água. Aí a dra. Fiona checou os equipamentos e murmurou algo para o dr. Javid. Perguntou quando minha pressão sanguínea fora medida pela última vez. "Duas horas atrás", veio a resposta. Ela disse que a pressão precisava ser verificada o tempo todo e perguntou à enfermeira por que não havia linha arterial. Queixou-se também de que meu nível de dióxido de carbono estava baixo demais.

Ainda bem que meu pai não ouviu o que ela disse ao dr. Javid: que eu era "salvável" — passara pela cirurgia certa na hora certa — mas que minhas chances de recuperação estavam comprometidas pelo pós-operatório. Depois de uma neurocirurgia é essencial monitorar a respiração e a troca gasosa, e os níveis de CO_2 devem ser mantidos na faixa normal. Era isso que todos os tubos e máquinas deviam monitorar. O dr. Javid afirmou que era "como pilotar um avião — só é possível com os instrumentos certos". O hospital os tinha, mas eles não estavam sendo usados de maneira adequada. Os dois médicos foram embora em seguida porque é perigoso permanecer em Peshawar depois do escurecer.

Entre os visitantes que não tiveram permissão para entrar

estava Rehman Malik, o ministro do Interior. Ele levou um passaporte para mim. Meu pai agradeceu, mas nem isso o animou. Estava muito aborrecido. Naquela noite voltou para o albergue militar, tirou o passaporte do bolso e o deu à minha mãe. "Este passaporte é de Malala, mas não sei se é para ir ao exterior ou ao céu", comentou. Ambos choraram. Ali, dentro do hospital, eles não sabiam que minha história tinha corrido o mundo e que as pessoas pressionavam para que eu fosse tratada no exterior.

Eu piorava a cada momento, e meu pai raramente atendia as ligações. Uma das poucas que atendeu foi a dos pais de Arfa Karim, uma menina do Punjab que era um gênio do computador, com quem eu falara durante os fóruns. Aos nove anos de idade, ela se tornara a mais jovem profissional do mundo certificada pela Microsoft, por seu talento para programar. Fora até convidada para conhecer Bill Gates no Vale do Silício. Mas morrera tragicamente, em janeiro, em consequência de um ataque cardíaco, após uma crise epiléptica. Tinha dezesseis anos, um a mais que eu. Quando o pai dela ligou, meu pai chorou. "Diga-me como posso viver sem minha filha", soluçou.

22. Jornada para o desconhecido

Fui baleada numa terça-feira, na hora do almoço. Na quinta-feira de manhã meu pai estava tão convencido de que eu morreria que disse a meu tio Faiz Mohammad que a aldeia devia começar a se preparar para meu funeral. Eu tinha sido colocada em coma induzido, meus sinais vitais se deterioravam, meu rosto e meu corpo estavam inchados, meus rins e pulmões falhavam. Meu pai depois me contou que fora terrível ver-me ligada a tantos tubos naquele minúsculo cubículo de vidro. Até onde ele podia ver, eu estava clinicamente morta. E ele, arrasado. "É cedo demais, ela só tem quinze anos", ele pensava. "Será que a vida dela será tão curta?"

Minha mãe ainda rezava — ela mal dormia. Faiz Mohammad lhe dissera que devia recitar a *surah* do Haj, o capítulo do Corão sobre peregrinação, e ela recitou vezes e vezes seguidas os mesmos doze versículos (58 a 70) sobre a onipotência de Deus. Disse a meu pai que sentia que eu viveria, embora sem conseguir entender como.

Naquele dia, quando o coronel Junaid foi me examinar, papai insistiu: "Ela vai sobreviver?".

"O senhor acredita em Deus?", o médico indagou.

"Sim", meu pai respondeu. O coronel parecia ser um homem de grande profundidade espiritual. Seu conselho foi apelar a Deus, porque Ele atenderia às nossas preces.

Tarde da noite, na quarta-feira, dois médicos militares especialistas em terapia intensiva chegaram de carro de Islamabad. Haviam sido enviados pelo general Kayani depois que os médicos britânicos lhe informaram que se eu fosse deixada em Peshawar sofreria dano cerebral ou poderia até morrer por causa da qualidade do pós-operatório e do alto risco de infecção. Eles queriam me transferir, mas sugeriram que nesse meio-tempo um médico de primeira qualidade me examinasse. No entanto, eles talvez tivessem chegado tarde demais.

A equipe do hospital não fizera nenhuma das mudanças que a dra. Fiona recomendara, e meu estado se agravara no decorrer da noite. A infecção se instalou. Na quinta-feira de manhã, um dos especialistas, o brigadeiro Aslam, ligou para a dra. Fiona. "Malala está muito mal", informou. Eu tinha desenvolvido uma coisa chamada "coagulação intravascular disseminada" (CID), o que significava que meu sangue não coagulava, minha pressão sanguínea estava muito baixa e meu nível de ácido no sangue elevado. A urina não passava, então meus rins falhavam e os níveis de lactato haviam aumentado. Parecia que tudo que podia dar errado, tinha dado errado. A dra. Fiona estava prestes a voltar para Birmingham — sua bagagem já seguira para o aeroporto —, mas, ao ouvir a notícia, ofereceu-se para ajudar. Duas enfermeiras do hospital de Birmingham ficaram com ela.

A dra. Fiona retornou a Peshawar na quinta-feira na hora do almoço. Avisou meu pai que eu devia ser transferida para um hospital militar em Rawalpindi que tinha a melhor terapia intensiva. Papai não entendia como uma criança tão enferma podia voar, mas a dra. Fiona lhe assegurou que fazia isso o tempo todo e que ele não precisava se preocupar. Meu pai lhe perguntou se havia alguma esperança para mim. "Se não houvesse esperança eu não estaria aqui", foi a resposta. Meu pai diz que naquele momento não conseguiu conter as lágrimas.

Mais tarde, nesse mesmo dia, uma enfermeira pingou algumas gotas em meus olhos. "Olhe, Khaista", minha mãe disse, dirigindo-se a meu pai. "A dra. Fiona está certa, porque as enfermeiras estão pondo gotas nos olhos de Malala. Não estariam fazendo isso se não houvesse uma chance." Uma das meninas baleadas, Shazia, fora transferida para o mesmo hospital, e Fiona foi examiná-la. Disse a meu pai que Shazia estava bem e que tinha lhe implorado: "Cuide de Malala!".

Fomos levados ao heliponto de ambulância, sob forte esquema de segurança, com escolta de motocicletas e luzes azuis piscando. O voo de helicóptero durou pouco mais de uma hora. A dra. Fiona mal se sentou; ficou tão ocupada, durante todo o percurso, com o equipamento diferente que meu pai teve a impressão de que ela brigava com o maquinário. Na verdade, a médica estava fazendo aquilo a que vinha se dedicando havia anos. Metade de seu trabalho no Reino Unido era transferir crianças em estado crítico; a outra metade era cuidar delas nas unidades de terapia intensiva. Mas ela nunca tinha estado numa situação como aquela. Por um lado, Peshawar era perigosa para os ocidentais; por outro, depois de pesquisar meu nome na internet, ela percebeu que aquele não era um caso comum. "Se alguma coisa tivesse acontecido com Malala a culpa teria sido jogada na 'mulher branca'. Se ela tivesse morrido, eu teria sido acusada de haver matado a Madre Teresa do Paquistão."

Assim que chegamos a Rawalpindi fomos levados de ambulância, com outra escolta militar, a um hospital chamado Instituto de Cardiologia das Forças Armadas. Meu pai ficou assustado — eles saberiam tratar de ferimentos na cabeça? Mas a dra. Fiona lhe garantiu que o hospital tinha a melhor terapia intensiva do Paquistão, com equipamentos de primeira e médicos treinados na Grã-Bretanha. Suas enfermeiras já estavam lá, à espera, e haviam explicado às colegas de cardiologia os procedimentos específicos para lidar com ferimentos na cabeça. Elas passaram as três horas seguintes comigo, trocando meus antibióticos e o sangue que eu recebia, pois eu parecia estar reagindo mal às transfusões. Finalmente disseram que minha condição era estável.

O hospital fora colocado em isolamento absoluto. Havia um batalhão inteiro de soldados de guarda, e até mesmo atiradores de elite nos telhados. Ninguém tinha permissão para entrar. Os médicos foram obrigados a vestir uniformes, os pacientes só podiam ser visitados por parentes próximos e todos passavam por estrita fiscalização de segurança. Um major ficou encarregado de minha família e a seguia por toda parte.

Meu pai estava apavorado e meu tio dizia o tempo todo: "Tenha muito cuidado. Algumas dessas pessoas podem ser agentes secretos". Minha família foi hospedada em três aposentos do albergue dos oficiais. Todos os telefones celulares foram confiscados, sob a alegação de questões de segurança. Mas talvez eles quisessem impedir meu pai de falar com a mídia. Uma pequena caminhada do albergue até o hospital exigia que meus familiares recebessem uma liberação via walkie-talkie, que demorava pelo menos meia hora. Ficavam sob proteção até mesmo quando cruzavam o gramado do albergue para ir ao refeitório. Nenhuma visita podia entrar. Nem mesmo o primeiro-ministro teve autorização de me ver. A segurança era estarrecedora porque nos últimos três anos o Talibã conseguira se infiltrar e atacar até mesmo as instalações militares mais bem guardadas — a base naval em Mehran, a base da força aérea em Kamra e o quartel-general do Exército, localizado na rua em que ficava o hospital.

Estávamos todos correndo o risco de sofrer um ataque do Talibã. Disseram a meu pai que nem meus irmãos seriam poupados. Ele estava muito preocupado porque a essa altura Khushal ainda estava em Mingora e só viria mais tarde. Não havia computadores nem internet no albergue, mas um cozinheiro amigável, Yassim Mama, costumava levar para minha família os jornais do dia e tudo de que precisassem. Yassim lhes disse que sentia orgulho de preparar-lhes a comida. Eles ficaram tão tocados pela gentileza que contaram-lhe nossa história. O cozinheiro queria nutri-los com comida e aliviar seu sofrimento. Como minha família não tinha apetite, Yassim preparava pratos cada vez mais deliciosos e tentadores, com cremes e doces. Numa das refeições, Khushal comentou que a mesa, somente com eles, parecia vazia. Sentiam-se incompletos sem mim.

Foi num dos jornais de Yassim que meu pai leu, pela primeira vez, parte da incrível reação internacional ao atentado. Era como se o mundo inteiro tivesse sido insultado. Ban Ki-moon, secretário-geral das Nações Unidas, qualificou o ataque de "um ato covarde e hediondo". O presidente Obama o descreveu como "repreensível, repugnante e trágico". Mas parte da reação no Paquistão não foi tão positiva. Enquanto alguns jornais me descreviam como "ícone da paz", outros traziam as habituais teorias conspiratórias e alguns blogueiros chegaram a questionar se eu tinha sido realmente baleada. Inventaram todo tipo de histórias, em particular na imprensa em urdu. Um jornal, por exemplo, alegava que eu criticara a ordem, dada aos homens, de deixar a barba crescer. Um das pessoas mais viperinas contra mim foi uma deputada chamada dra. Rahila Kazi, do partido religioso Jamaat e-Islami. Ela me chamou de marionete americana e mostrou uma fotografia minha sentada ao lado do embaixador Richard

Holbrooke como evidência de que eu "confraternizava com a autoridade militar americana"!

A dra. Fiona foi de grande conforto para nós. Minha mãe fala apenas pachto, e por isso não conseguia compreender nada do que a médica dizia. Fiona, para fazer-se entender, erguia o polegar quando saía de meu quarto e dizia: "Bom!". Ela se tornou mais do que médica para meus pais; foi uma espécie de guia. Sentava-se pacientemente com eles e pedia para meu pai explicar cada detalhe para minha mãe. Papai estava atônito e contente — no nosso país poucos médicos dão-se ao trabalho de explicar alguma coisa a uma mulher analfabeta. Meus pais ficaram sabendo que choviam ofertas do exterior para ajudar meu tratamento, inclusive dos Estados Unidos, onde um hospital de ponta chamado Johns Hopkins oferecera terapia gratuita. Cidadãos americanos também ofereceram auxílio, incluindo o senador John Kerry, um homem rico que visitou o Paquistão muitas vezes, e Gabrielle Giffords, congressista que levou um tiro na cabeça quando se reunia com eleitores num shopping center no Arizona. Havia ofertas de Alemanha, Cingapura, Emirados Árabes Unidos e Grã-Bretanha.

Ninguém consultou minha mãe e meu pai sobre o que deveria acontecer comigo. Todas as decisões foram tomadas pelo Exército. O general Kayani perguntou ao dr. Javid se eu deveria ser levada para o exterior ou não. O chefe do Exército dedicava um tempo surpreendente a esse assunto — o dr. Javid depois diria que ambos passaram seis horas conversando a meu respeito! Talvez, mais do que qualquer político, o general entendesse as implicações políticas do caso se eu não sobrevivesse. Ele tinha esperança de constituir um consenso político que respaldasse o lançamento de um ataque total ao Talibã. Mas aqueles que lhe são próximos dizem que o general é um homem compassivo. Seu pai foi soldado e morreu jovem, deixando-o, como filho mais velho de oito irmãos, com a responsabilidade do sustento da família. A primeira coisa que o general Kayani fez quando se tornou chefe das Forças Armadas foi melhorar a habitação, a comida e a educação para os soldados.

A dra. Fiona disse que eu talvez viesse a ter algum impedimento na fala, no braço e na perna direitos, e por isso necessitaria de extensivos recursos de reabilitação, que o Paquistão não tinha. "Se vocês estão falando seriamente em obter o melhor resultado possível, levem-na para o exterior", ela aconselhou.

O general Kayani foi categórico em relação ao não envolvimento dos americanos, em consequência das relações entre os dois países, péssimas após o episódio Raymond Davis e o ataque a Bin Laden, além da morte de alguns soldados paquistaneses num posto de fronteira por um helicóptero dos Estados Unidos. O dr. Javid sugeriu o hospital Great Ormond Street, em Londres, e outros, especializados, em Edimburgo e Glasgow. "Por que não o seu hospital?", o general Kayani perguntou.

O dr. Javid sabia que a pergunta viria. O Queen Elisabeth, em Birmingham, é conhecido por tratar soldados britânicos feridos no Iraque e no Afeganistão. Sua localização, fora do centro da cidade, oferecia privacidade. O dr. Javid telefonou para Kevin Bolger, oficial-chefe de operações na instituição. Este rapidamente concordou que era a coisa certa a fazer. Tempos depois declararia: "Nenhum de nós jamais imaginou quanto isso acabaria tomando conta do hospital". Minha transferência — menor de idade e estrangeira — para o Queen Elizabeth não era algo simples, e Bolger logo descobriu-se enredado nas burocracias britânica e paquistanesa. Nesse ínterim, o tempo corria. Embora minha condição tivesse se estabilizado, eu precisava ser transferida em 48 horas; 72 no máximo.

Finalmente a autorização para a transferência foi dada e os médicos tiveram que se defrontar com outro problema: como eu seria transferida e quem pagaria a conta. O dr. Javid sugeriu aceitar uma oferta da Real Força Aérea britânica, pois eles estavam acostumados a transportar soldados feridos do Afeganistão. O general Kayani recusou. Chamou Javid para uma reunião tarde da noite em sua casa — o general se recolhe tarde — e explicou, fumando um cigarro atrás do outro, como sempre, que não queria nenhuma força militar estrangeira envolvida. Já havia teorias conspiratórias demais flutuando no ar sobre o atentado, pessoas dizendo que eu era agente da CIA e coisas assim, e o chefe do Exército não queria alimentá-las. Isso deixou o dr. Javid numa posição difícil. O governo britânico oferecera assistência mas necessitava de um pedido formal do governo paquistanês. E meu governo relutava em fazer esse pedido, com medo de ficar desmoralizado. Felizmente, a essa altura a família que governa os Emirados Árabes Unidos entrou em cena. Ofereceu seu jato particular, que tem um hospital a bordo. Eu voaria para fora do Paquistão, pela primeira vez na vida, nas primeiras horas da segunda-feira, 15 de outubro.

Meus pais não tinham ideia dessas negociações, embora soubessem que havia discussões em andamento para me transferir para o exterior. Naturalmente presumiram que para onde quer que eu fosse levada, eles me acompanhariam. Minha mãe e meus irmãos não tinham passaporte nem documentos. No domingo à tarde meu pai foi informado pelo coronel que eu partiria para o Reino Unido na manhã seguinte e somente ele me acompanharia. Disseram-lhe que havia problemas para conseguir os outros passaportes e, por razões de segurança, ele não deveria nem mesmo dizer ao resto da família que viajaria comigo.

Meu pai, como eu já disse, compartilha tudo com minha mãe e não havia como manter isso em segredo. Ele lhe deu a notícia com o coração pesado. Mamãe estava com meu tio Faiz Mohammad, que ficou furioso e preocupado com a segurança dela e dos meu irmãos. "Se ela ficar sozinha com os dois garotos em Mingora, tudo pode acontecer!"

Meu pai ligou para o coronel: "Minha família foi informada e está descontente. Não posso deixá-los". Isso gerou outro problema enorme porque, como menor, eu não podia viajar sozinha. Muita gente tentou convencer meu pai a ir comigo, inclusive o coronel Junaid, o dr. Javid e a dra. Fiona. Papai não reage muito bem a pressões e manteve-se firme, ainda que a essa altura estivesse claro que ele criara uma enorme confusão. Ele explicou ao dr. Javid: "Minha filha agora está em boas mãos e vai para um país seguro. Não posso deixar minha esposa e meus filhos aqui sozinhos. Eles estão correndo risco. O que aconteceu com minha filha já aconteceu, e agora ela está nas mãos de Deus. Eu sou pai — meus filhos são tão importantes para mim quanto minha filha".

O dr. Javid pediu para falar com meu pai em particular. "Tem certeza de que esse é o único motivo que o mantém aqui?", indagou. Queria ter certeza de que ninguém estava pressionando meu pai.

"Minha esposa me disse que eu não poderia deixá-los", meu pai respondeu. O médico pôs a mão no ombro dele, garantiu que eu seria bem cuidada e que a família podia confiar nele. "Não é um milagre que todos vocês estivessem aqui quando Malala foi baleada?", meu pai perguntou.

"É minha crença que Deus manda primeiro a solução e depois o problema", respondeu o médico.

Papai então assinou um documento *in loco parentis*, tornando a dra. Fiona minha guardiã para a viagem ao Reino Unido. Ele chorava quando lhe deu o passaporte. Tomou-lhe a mão.

"Fiona, confio em você. Por favor, cuide de minha filha."

Em seguida, ele e mamãe se aproximaram da cabeceira de minha cama, para se despedir. Eram mais ou menos 23 horas quando me viram pela última vez no Paquistão. Eu não podia falar, meus olhos estavam fechados e somente minha respiração assegurava que eu continuava viva. Minha mãe chorou, mas meu pai tentou animá-la, pois sentia que agora eu estava fora de perigo. Todos os prazos que lhes haviam dado no início — quando disseram que as primeiras 24 horas eram perigosas, as 48, cruciais, as 72, críticas — passaram sem incidente. O inchaço cedera e os meus exames de sangue tinham melhorado. Minha família confiava que a dra. Fiona e o dr. Javid me dariam o melhor tratamento possível.

Quando meus pais voltaram para seus quartos, o sono demorou a chegar. Pouco depois da meia-noite alguém bateu à porta. Era um dos coronéis que tentara convencer meu pai a deixar minha mãe e meus irmãos em Mingora. Ele insistiu que papai devia viajar comigo, ou eu não seria levada.

"Eu lhe disse que o assunto estava resolvido", meu pai retrucou. "Por que o senhor me acordou? Não vou abandonar minha família."

Outro oficial foi chamado para conversar com ele. "O senhor precisa ir. É o pai, e se não a acompanhar ela pode não ser aceita no hospital do Reino Unido."

"Não vou mudar de ideia. Nós vamos seguir todos juntos daqui a alguns dias, quando os documentos estiverem prontos."

O coronel então disse: "Vamos até o hospital, pois há outros documentos a assinar".

Meu pai ficou desconfiado. Era mais de meia-noite e ele ficou com medo. Não quis ir sozinho e insistiu para minha mãe ir junto. Estava tão preocupado que ficou o tempo todo repetindo um verso do Santo Corão. Era da história de Yunus, que foi engolido por uma baleia, como o Jonas da Bíblia. Aquele verso foi recitado pelo profeta justamente quando estava no ventre da baleia. O texto afirma que há saída mesmo para os piores problemas e perigos, se mantivermos a fé.

Quando chegaram ao hospital, o coronel explicou que a autorização da viagem para o Reino Unido exigia a assinatura de outros documentos. Era algo simples. Meu pai tinha se sentido tão desconfortável e apavorado por causa do sigilo de todos os arranjos, dos homens de farda por toda parte e da vulnerabilidade de nossa família, que entrara em pânico e exagerara as proporções do problema. Todo o episódio fora uma questão de erro da burocracia.

Quando finalmente voltaram para o albergue, meus pais estavam com o coração apertado. Meu pai não queria que eu fosse para um país estranho sem minha família. Preocupava-o o fato de que eu poderia ficar confusa. Minha última lembrança era a do ônibus escolar, e ele se afligia com a possibilidade de que eu pudesse me sentir abandonada por eles.

Saí do hospital às 5 horas da segunda-feira, 15 de outubro, sob escolta armada. As estradas para o aeroporto foram interditadas e havia atiradores nos telhados dos prédios ao longo de todo o trajeto. O avião dos Emirados Árabes Unidos estava à nossa espera. Dizem que é o auge do luxo, com uma cama de casal, dezesseis assentos de primeira classe e um mini-hospital na parte traseira, com uma equipe de enfermeiras europeias chefiadas por um médico alemão. Só lamento não ter estado consciente para desfrutar. O avião voou para Abu Dhabi, a fim de reabastecer, e depois rumou para Birmingham, onde pousou no fim da tarde.

No albergue, meus pais aguardavam. Presumiram que seus passaportes e vistos estavam sendo emitidos e que me encontrariam em alguns dias. Mas não ouviram mais nada. Não tinham nem telefone nem acesso a computador para checar meu progresso. A espera parecia interminável.

PARTE V

UMA SEGUNDA VIDA

وطن زما زه د وطن يم ـ كه د وطن د پاره مرم خوشحاله يمه

Watan zama za da watan yam
Ka da watan da para mram khushala yama!

Sou patriota, amo meu país
E por ele sacrificaria tudo com prazer

23. "À menina do tiro na cabeça, Birmingham"

Acordei em 16 de outubro, uma semana depois do atentado. Estava a milhares de quilômetros de casa, com um tubo no pescoço para me ajudar a respirar e impossibilitada de falar. No caminho de volta para a terapia intensiva depois de mais uma tomografia, pairei entre a consciência e o sono até despertar totalmente.

A primeira coisa que pensei quando dei por mim foi "Graças a Deus não estou morta". Mas não tinha ideia de onde me encontrava. Só sabia que não estava em minha terra natal. As enfermeiras e os médicos falavam inglês, embora parecessem ser de diferentes países. Eu falava com eles, que não podiam me ouvir por causa do tubo no pescoço. Meu olho esquerdo, desfocado, fazia com que todo mundo tivesse dois narizes e quatro olhos. Perguntas de todos os tipos passaram voando pela minha mente desperta: onde eu estava? Quem tinha me trazido para cá? Onde estavam meus pais? Meu pai estaria vivo? Fiquei aterrorizada.

O dr. Javid, que estava a meu lado quando voltei a mim,

contou-me que nunca vai esquecer meu olhar de medo e desnorteamento. Falou comigo em urdu. A única coisa que eu sabia era que Alá tinha me abençoado com uma nova vida. Uma senhora simpática, com a cabeça coberta pelo *hijab*, segurou minha mão e disse "Assalaamu alaikum", que é a nossa tradicional saudação islâmica. Em seguida começou a orar em urdu e a recitar versículos do Corão. Apresentou-se como Rehanna, a capelã muçulmana. Sua voz era suave e suas palavras tranquilizadoras, e mergulhei de volta no sono.

Sonhei que não estava no hospital.

Quando acordei de novo, no dia seguinte, notei que haviam me colocado em uma estranha saleta verde, sem janelas e com luzes muito claras. Era um cubículo de terapia intensiva no hospital Queen Elizabeth. Tudo era limpo e brilhante, bem diferente do hospital de Mingora.

Uma enfermeira me deu um lápis e um bloco. Não consegui escrever direito. As palavras saíam erradas. Quis anotar o número do telefone do meu pai. Não pude espaçar os algarismos. O dr. Javid me ofereceu um tabuleiro alfabético, para eu poder indicar as letras. As primeiras palavras que indiquei foram "pai" e "país". A enfermeira me disse que eu estava em Birmingham — só que eu não tinha ideia de onde ficava Birmingham. Mais tarde levaram-me um atlas, para eu ver que se tratava de uma cidade da Inglaterra. Eu tampouco sabia o que tinha acontecido. As enfermeiras não me diziam nada. Nem mesmo o meu nome. Eu ainda era Malala?

Minha cabeça doía tanto que nem mesmo as injeções que me davam conseguiam fazer a dor cessar. Meu ouvido esquerdo sangrava e eu tinha uma sensação engraçada na mão esquerda. Enfermeiras e médicos entravam e saíam. As enfermeiras me fizeram perguntas e disseram para eu piscar duas vezes quando quisesse dizer "sim". Ninguém me contou o que estava acontecendo ou quem me levara para o hospital. Achei que nem mesmo eles sabiam. Senti que o lado esquerdo do meu rosto estava esquisito. Se eu olhasse as enfermeiras ou os médicos por muito tempo, meu olho esquerdo se enchia de água. Meu ouvido esquerdo não funcionava e meu maxilar não tinha um movimento normal. Fiz um gesto para as pessoas ficarem do meu lado direito.

Aí uma senhora gentil chamada dra. Fiona me deu um ursinho branco. Sugeriu que eu lhe desse o nome de Junaid e avisou que depois me explicaria por quê. Eu não sabia quem era Junaid, então o chamei de Lily. Ela também me trouxe um caderno rosa, para que eu pudesse escrever. As duas primeiras perguntas que fiz foram: "Por que meu pai não está aqui?" e "Meu pai não tem dinheiro. Quem vai pagar tudo isso?".

"Seu pai está em segurança, no Paquistão", ela respondeu. "E não se preocupe com dinheiro."

Eu repetia as perguntas para quem quer que entrasse no cubículo. Todos respondiam a mesma coisa. Mas eu não estava convencida. Não tinha ideia do que havia acontecido comigo e não confiava em ninguém. Se meu pai estava bem, por que não estava ali? Pensei que meus pais talvez não soubessem meu paradeiro e que podiam estar procurando por mim nos mercados e lojas de Mingora. Na verdade, não acreditava que eles estivessem em segurança. Naqueles primeiros dias minha mente ia para o mundo dos sonhos e depois voltava. Flashbacks me mostravam deitada em uma cama, com homens ao meu redor, tantos que eu não conseguia contar, e perguntando: "Onde está meu pai?". Achava que havia levado um tiro, mas não tinha certeza — seriam sonhos ou lembranças?

Os custos de tudo aquilo não me saíam da cabeça. O que eu ganhara com os prêmios já se fora quase todo, na escola e na compra de um terreno em nossa aldeia, em Shangla. Sempre que via os médicos conversando entre si, imaginava que comentassem: "Malala não tem dinheiro. Malala não pode pagar pelo tratamento". Um dos doutores era um polonês que sempre parecia triste. Achei que fosse o dono do hospital e que se sentia infeliz por eu não poder pagar. Então gesticulei para uma enfermeira, pedindo papel, e escrevi: "Por que o senhor está triste?". Ele respondeu: "Não, eu não estou triste". "Quem vai pagar?", escrevi. "Nós não temos dinheiro." "Não se preocupe, seu governo vai pagar", ele me informou. Depois disso, sempre sorria quando me via.

Sempre penso em soluções para os problemas, então imaginei que pudesse ir até a recepção do hospital e pedir para usar um telefone para ligar para meus pais. Mas meu cérebro me dizia: "Você não tem dinheiro para pagar pela ligação, nem sabe o código de área do país". Aí pensei: "Preciso começar a trabalhar para ter dinheiro para comprar um telefone e ligar para papai, para que todos possam ficar juntos de novo".

Tudo se misturava em minha mente. Achava que o ursinho que a dra. Fiona me dera fosse verde e que houvesse sido trocado por um branco. "Cadê o ursinho verde?", eu perguntava, mesmo depois de me repetirem muitas e muitas vezes que não havia ursinho verde. A cor provavelmente vinha do reflexo das paredes da unidade de terapia intensiva, mas ainda estou convencida de que havia um ursinho verde.

Eu me esquecia das palavras em inglês. Escrevi um bilhete para as enfermeiras pedindo "um arame para limpar os dentes". Eu sentia que alguma coisa ficara presa entre eles e queria pedir não um arame, mas o fio dental. Na realidade, meus dentes estavam em ordem. O problema era a língua, que estava entorpecida. A única coisa que me acalmava era a presença de Rehanna. Ela recitava orações de cura e comecei a mover os lábios, acompanhando-a às vezes, e passei a dizer *"Amin"* (nossa palavra para "amém") no fim. A televisão permaneceu desligada, exceto quando me deixaram assistir *Masterchef*, que eu costumava ver em Mingora e adorava, mas as cenas estavam borradas. Só mais tarde eu soube que as pessoas não tinham permissão de trazer jornais nem me contar nada, pois os médicos receavam que isso pudesse me causar algum trauma.

A ideia de que meu pai talvez estivesse morto me aterrorizava. Então Fiona trouxe um jornal paquistanês da semana anterior que trazia uma fotografia dele conversando com o general Kayani, com uma figura de xale sentada ao fundo, junto com meu irmão. Só pude ver seus pés. "É minha mãe!", escrevi.

Mais tarde, naquele mesmo dia, o dr. Javid entrou, com um telefone celular nas mãos. "Vamos ligar para seus pais", anunciou. Meus olhos brilharam de excitação. "Você não vai chorar, certo?" Era uma ordem. O dr. Javid podia ser rude às vezes, mas em geral era muito bonzinho, como se me conhecesse desde sempre. "Vou lhe passar o telefone. Seja forte." Fiz que sim com um gesto de cabeça. Ele digitou o número, falou algumas palavras e me deu o telefone.

Lá estava a voz de meu pai! Eu não podia falar por causa do tubo no pescoço, mas fiquei tão feliz ao ouvi-lo! Tampouco podia sorrir, porque meu rosto pouco se movia, mas era como se houvesse um sorriso dentro de mim. "Vou chegar logo", ele prometeu. "Agora descanse e daqui a dois dias estaremos aí." Mais tarde papai me contou que o dr. Javid também lhe pedira para não chorar, pois isso deixaria todos mais tristes. O médico queria que estivéssemos fortes uns para os outros. A ligação não durou muito porque meus pais não quiseram me cansar. Minha mãe me abençoou com orações.

Presumi que minha família não estava comigo porque meu pai não tinha dinheiro para pagar o tratamento. Eles provavelmente se encontravam no Paquistão para vender nosso terreno e nossa escola. Mas o terreno era pequeno e os prédios da escola, alugados. Então, vender o quê? Talvez meu pai estivesse pedindo um empréstimo a pessoas ricas.

* * *

Mesmo depois do telefonema, meus pais não ficaram totalmente tranquilos. Na verdade, não tinham ouvido minha voz e ainda estavam desligados do mundo exterior. As pessoas que os visitavam levavam notícias conflitantes. Mas um dos visitantes foi portador de boas-novas. O major-general Ghulam Kamar, chefe das operações militares no Swat, informou-os de que haviam chegado boas notícias do Reino Unido. "Estamos muito felizes que a nossa filha tenha sobrevivido", disse ele. Usou "nossa" porque agora eu era considerada filha da nação.

Contou a meu pai que as forças de segurança realizavam buscas de porta em porta por todo o vale, além de monitorar as fronteiras. Eles sabiam que o homem que me alvejara fazia parte de uma gangue de 22 talibãs, a mesma que atacara Zahid Khan dois meses antes.

Meu pai não disse nada, mas ficou ultrajado. O Exército vinha dizendo há tempos que expulsara o Talibã de Mingora, que liquidara todos os seus apoiadores. E agora o general lhe dizia que havia 22 deles em nossa cidade, e há pelo menos dois meses! O Exército também dissera que Zahid Khan fora baleado numa rixa entre famílias, e não pelo Talibã. Mas agora o general confessava que eu tinha sido alvejada pelos mesmos talibãs que o atingiram. Meu pai teve vontade de dizer: "Vocês sabiam há dois meses que os talibãs estavam no vale. Sabiam que eles queriam matar minha filha. Por que não os impediram?". Mas ele percebeu que isso não levaria a nada.

O general continuou a falar. Disse que, apesar de eu ter recobrado a consciência, havia um problema com minha visão. Meu pai ficou confuso. Como o oficial podia ter informações que ele não tinha? Ficou preocupado, pensando que eu poderia ficar cega. Imaginou sua amada filha, rosto resplandecente, caminhan-

do nas trevas por toda a vida, perguntando: "Aba, onde estou?".
Essa notícia era tão terrível que papai não conseguiu contá-la à
minha mãe. E olhem que geralmente ele era um desastre para
guardar segredos, especialmente dela! Decidiu conversar com
Deus: "Isso é inaceitável. Darei a Malala um de meus olhos". Mas
aí ficou preocupado de novo, porque aos 43 anos seus olhos talvez
já não fossem muito bons. Mal dormiu à noite. Na manhã seguinte, perguntou ao major encarregado da segurança se podia usar
o telefone dele para ligar ao coronel Junaid. Assim que o neurocirurgião atendeu, foi logo falando, aflito: "Ouvi dizer que Malala
não consegue enxergar".

"Isso é um absurdo. Se ela pode ler e escrever, como é que não
consegue enxergar? A dra. Fiona tem me mantido informado, e
um dos primeiros bilhetes que Malala escreveu foi a seu respeito."

Longe dali, em Birmingham, eu não só conseguia enxergar
como escrevi no caderno rosa: "Espelho". Queria ver meu rosto e meu cabelo. As enfermeiras me ofereceram um espelhinho
branco que guardo até hoje. Quando me vi, fiquei chocada. Meu
longo cabelo, que eu costumava passar horas penteando e arrumando, tinha ido embora, e o lado esquerdo de minha cabeça não
tinha cabelo nenhum. "Agora meu cabelo está pequeno", escrevi
no caderno. Pensei que o Talibã o tinha cortado. Na verdade, os
médicos paquistaneses haviam raspado minha cabeça sem pena.
Meu rosto estava distorcido, como se alguém o tivesse puxado
para baixo de um lado, e havia uma cicatriz ao lado de meu olho
esquerdo.

"Como foi que isso aconteceu?", escrevi, as letras ainda embaralhadas. Eu queria saber quem tinha feito aquilo. "O que houve comigo?"

Escrevi também "Apagar as luzes", pois as luzes fortes faziam minha cabeça doer.

"Uma coisa ruim aconteceu com você", disse a dra. Fiona.

"Eu levei um tiro? Meu pai levou um tiro?", escrevi.

Ela me contou que eu fora baleada no ônibus da escola e que duas amigas minhas também tinham sido atingidas, mas não reconheci seus nomes. Explicou que a bala havia entrado ao lado do meu olho esquerdo, onde estava a cicatriz, percorrido 45 centímetros, descido até meu ombro esquerdo e parado ali. O projétil poderia ter arrancado meu olho ou entrado em meu cérebro. Era um milagre eu estar viva.

Não senti nada de especial, talvez só um pouquinho de satisfação. "Então eles conseguiram." Só lamentei não haver tido a chance de falar com eles antes de me atingirem. Agora, os talibãs nunca ouviriam o que eu queria lhes dizer. Não tive um único pensamento ruim em relação ao homem que me baleou — não tive ideias de vingança. Só queria voltar para o Swat. Queria ir para casa.

Depois disso as imagens começaram a nadar em minha cabeça, mas eu não tinha certeza do que era imaginação e do que era realidade. A história da qual me lembro, quando fui baleada, é bem diferente daquela que realmente aconteceu. Em minha memória, eu estava em outro ônibus escolar com meu pai, seus amigos e uma menina chamada Gul. Íamos para casa quando de repente dois talibãs apareceram, vestidos de preto. Um deles pôs uma arma na minha cabeça, atirou e a pequena bala entrou em meu corpo. Nesse sonho, o homem também atingia meu pai. Aí tudo fica escuro, e em seguida me vejo deitada numa maca, com uma multidão de homens ao redor, e meus olhos procuram meu pai. Finalmente o encontro; tento falar com ele mas não consigo porque as palavras não saem. Outras vezes me vejo em um monte de lugares, no Mercado de Jinna em Islamabad, no Mercado Chinês, e levo um tiro. Cheguei a sonhar que os médicos eram talibãs.

À medida que fui ficando mais alerta, quis saber outros detalhes. Os profissionais que entravam no cubículo não tinham permissão de portar seus telefones; só a dra. Fiona fugia à regra. Sempre carregava seu iPhone porque é uma médica de emergências. Uma vez, quando ela o largou no cubículo, eu o agarrei e procurei meu nome no Google. Foi difícil porque a visão dupla me fazia digitar as letras erradas. Eu também queria ler meus e-mails, mas não conseguia lembrar a senha.

No quinto dia minha voz voltou, mas soava como se fosse de outra pessoa. Quando Rehanna entrou, conversamos sobre o atentado da perspectiva islâmica. "Eles me balearam", contei.

"Sim, é isso mesmo", ela respondeu. "Muita gente no mundo muçulmano não consegue acreditar que um filho do Islã possa fazer uma coisa dessas. Minha mãe, por exemplo, diria que esses homens não são muçulmanos. Algumas pessoas chamam a si mesmas de islâmicas mas suas ações não o são." Conversamos sobre como as coisas ocorrem por diferentes razões, sobre o que aconteceu comigo e sobre como a educação é um direito islâmico das mulheres e não só dos homens. Era como muçulmana que eu defendia meu direito de ir à escola.

Com minha voz de volta, conversei com meus pais pelo telefone do dr. Javid. Estava preocupada com minha voz, que parecia estranha. "Eu estou soando diferente?", perguntei a papai.

"Não, querida. Sua voz é a mesma e só vai melhorar. Você está bem?", ele quis saber.

"Sim, mas a dor de cabeça é muito forte. Não aguento essa dor."

Meu pai ficou muito preocupado. Acho que ele acabou ganhando uma dor de cabeça maior que a minha. Em todos os telefonemas, daí por diante, ele perguntava: "A dor de cabeça está aumentando ou diminuindo?".

Passei a responder que estava bem. Não queria aborrecê-lo e não me queixava nem mesmo quando tiravam os grampos da minha cabeça e me davam injeções no pescoço. "Quando é que vocês vêm para cá?"

A essa altura eles já estavam trancados no albergue militar de

Rawalpindi havia uma semana, sem notícias de quando poderiam viajar a Birmingham. Minha mãe estava tão desesperada que disse a meu pai: "Se não houver novidade até amanhã, vou entrar em greve de fome". Mais tarde, nesse dia, meu pai foi conversar com o major encarregado da segurança e contou-lhe o que mamãe prometera fazer. O major pareceu assustado. Dez minutos depois disseram a meu pai que a família seguiria para Islamabad ainda naquele dia. Lá com certeza dariam um jeito em tudo.

Meu pai retornou para junto de minha mãe e lhe disse: "Você é uma grande mulher. Sempre achei que os ativistas da família eram Malala e eu, mas você realmente sabe como protestar!".

Eles foram transferidos para a Casa da Caxemira, em Islamabad, um albergue para membros do Parlamento. A segurança continuava rígida: quando meu pai pediu um barbeiro, um policial ficou sentado a seu lado o tempo todo, para o homem não cortar sua garganta.

Ao menos tinham lhes devolvido os telefones e podíamos falar com maior facilidade. Antes de conversarmos, o dr. Javid ligava para meu pai com antecedência para saber a que horas ele poderia falar, para ter certeza de que estaria desocupado. Mas, quando ligava, a linha quase sempre dava ocupada. Meu pai vive no telefone! Então eu disse os onze dígitos do celular de minha mãe e o dr. Javid pareceu atônito. Nesse momento ele soube que minha memória estava boa. No Paquistão, meus pais ainda estavam no escuro, sem saber quando viajariam. O dr. Javid não se surpreendeu com tanta demora. Telefonou para alguém e então garantiu a meu pai que o problema não era com o Exército, mas com o governo.

Mais tarde descobriríamos que, em vez de fazer de tudo para colocar meus pais no primeiro avião para Birmingham, o ministro do Interior, Rehman Malik, tinha esperança de voar com eles para dar uma entrevista coletiva conjunta no hospital, e esse arranjo levou tempo. O ministro também queria garantias de que minha família não fosse pedir asilo político na Grã-Bretanha, o que seria constrangedor para seu governo. No fim, acabou perguntando diretamente a meus pais se esse era o plano deles. Foi engraçado, porque minha mãe não tinha ideia do que era asilo e meu pai nunca chegou a pensar nisso — ele tinha outras coisas na cabeça.

Já hospedados na Casa da Caxemira, meus pais receberam a visita de Sonia Sahid, a mãe de Shiza, a amiga que organizara a viagem das meninas da Escola Khushal para Islamabad. Ela presumira que a família viajara para o Reino Unido comigo e ficou horrorizada quando descobriu que todos ainda estavam no Paquistão. Meus pais lhe contaram que haviam sido informados de que não havia passagens aéreas para Birmingham. Sonia arranjou-lhes roupas, pois eles haviam deixado tudo no Swat, e conseguiu o telefone do gabinete do presidente Zardari. Meu pai ligou e deixou uma mensagem. À noite o presidente conversou com ele e prometeu que tudo seria resolvido. "Sei o que é ser obrigado a ficar longe dos filhos", disse, referindo-se a seus anos na prisão.

Quando fiquei sabendo que minha família estaria em Birmingham em dois dias, fiz um pedido: "Tragam minha mochila da escola, por favor. Se não conseguiram ir até o vale para pegá-la, não faz mal. Comprem livros novos para mim porque o exame de fim de curso será em março". Claro que eu desejava ser a primeira da classe. Queria especialmente o livro de física porque é a matéria na qual tenho mais dificuldade. Precisava praticar cálculos porque minha matemática não é tão boa.

Eu imaginava que estaria de volta ao vale em novembro.

Minha família só chegaria a Birmingham dez dias depois. A mim, pareceram cem. Ficar no hospital era monótono e eu não estava dormindo bem. Olhava o relógio do quarto para o qual fora transferida. A passagem do tempo me dava certeza de que eu estava viva — e de que, pela primeira vez na vida, acordava cedo. Ficava ansiosa toda manhã, esperando o ponteiro maior marcar 7 horas, horário em que as enfermeiras entravam. Elas e a dra. Fiona levaram jogos para que eu me distraísse e jogavam comigo. O Queen Elizabeth não é um hospital infantil, e por isso tiveram que providenciar alguns jogos. Um de meus favoritos era o *Connect 4*. Geralmente eu empatava com Fiona, mas conseguia vencer as enfermeiras. A equipe do hospital tinha pena de mim, tão longe de casa e da família, e todos eram muito bonzinhos, em especial Yma Choudhury, a alegre diretora de operações, e Julie Tracy, a enfermeira-chefe, que sentava e segurava minha mão.

A única coisa que eu tinha comigo do Paquistão era um xale bege que o coronel Junaid comprara para mim e entregara para a dra. Fiona. Eles não tinham ideia de como eu era conservadora ou o que uma garota adolescente do vale do Swat vestiria. Foram até as lojas Next e British e voltaram com uma sacola de camisetas, pijamas, meias e até sutiãs. Yma me perguntou se eu queria *shalwar kamiz* e eu fiz que sim. "Qual é a sua cor favorita?", ela perguntou. "Rosa", foi minha resposta.

Todos estavam preocupados com o fato de eu não estar comendo. Mas a comida do hospital não me apetecia e eu temia que não fosse *halal*. As únicas coisas que eu ingeria eram os milkshakes nutricionais. A enfermeira Julie descobriu que eu gostava de Cheesy Wotsits e trouxe alguns pacotes. "De que você gosta?", perguntaram. "De frango frito", respondi. Yma descobriu que havia um Kentucky Fried Chicken *halal* em Small Heath; então passaram a ir lá todas as tardes, comprar frango com batatas fritas. Um dia ela até preparou um curry para mim.

Para me manter ocupada, arrumaram um aparelho de DVD. Um dos primeiros filmes que puseram foi *Driblando o destino*, pensando que a história de uma menina sikh que desafia as normas culturais de sua sociedade e joga futebol me atrairia. Fiquei chocada quando as garotas tiraram suas blusas e ficaram somente com tops. Pedi que as enfermeiras desligassem o aparelho. Depois disso providenciaram desenhos animados e filmes da Disney. Assisti a todos os três *Shrek* e *O espanta tubarões*. Meu olho esquerdo ainda apresentava problemas e por isso eu o cobria quando assistia aos filmes. Meu ouvido esquerdo sangrava, de modo que eu precisava ficar pondo bolinhas de algodão. Um dia perguntei a uma enfermeira: "O que é este calombo?", pondo a mão dela no meu umbigo. Minha barriga estava grande e dura e eu não sabia por quê.

"É a parte de cima do seu crânio", ela respondeu. Fiquei chocada.

Depois que comecei a falar, voltei a andar. Não tinha sentido nenhum problema com meus braços e pernas na cama, fora a minha mão esquerda, que estava rija porque a bala tinha parado no meu ombro; assim, não percebi que não podia caminhar direito. Meus primeiros passos deram tanto trabalho que eu parecia ter corrido cem quilômetros. Os médicos me disseram que eu ficaria bem; só precisava de um monte de fisioterapia para que meus músculos voltassem a funcionar.

Um dia apareceu outra Fiona, Fiona Alexander, encarregada da assessoria de imprensa do hospital. Achei engraçado. Não conseguia imaginar o Hospital Central do Swat com uma assessoria de imprensa. Até ela conversar comigo, eu não fazia ideia da atenção que atraíra. Quando voei do Paquistão para Birmingham, algumas fotos minhas vazaram. Anunciaram que eu ia para o Reino Unido e a mídia logo descobriu que meu destino era Birmingham. Um helicóptero da Sky News sobrevoou o hospital em círculos e 250 jornalistas de lugares distantes como a Austrália e o Japão foram me procurar. Fiona Alexander passara vinte anos como jornalista, tinha sido editora do *Birmingham Post*. Sabia, portanto, como abastecê-los com notícias e impedi-los de entrar. O hospital começou a dar informativos diários sobre meu estado de saúde.

Pessoas simplesmente apareciam, querendo me ver — ministros do governo, diplomatas, políticos, até mesmo um enviado do arcebispo da Cantuária. A maioria trazia buquês, alguns impressionantemente lindos. Um dia Fiona Alexander me trouxe um saco de cartões, brinquedos e quadros. Era Eid ul-Azha, o grande Eid, nosso principal feriado religioso, e pensei que alguns muçulmanos os tinham enviado. Então vi as datas de postagem, 10 de outubro, 11 de outubro, dias antes, e percebi que não tinha nada ver com Eid. Era gente do mundo todo desejando-me uma recuperação rápida, muitas delas crianças. Fiquei atônita e Fiona riu. "Você ainda não viu nada." Ela me disse que havia sacos e mais sacos, cerca de 8 mil cartões ao todo, muitos endereçados simplesmente "Malala, Hospital de Birmingham". Um deles fora postado "À menina do tiro na cabeça, Birmingham", e chegara! Havia ofertas de adoção, como se eu não tivesse família, e até uma proposta de casamento.

Rehanna me disse que milhões de crianças e adultos do mundo todo me apoiaram e rezaram por mim. Então percebi que as pessoas salvaram minha vida. Eu tinha sido poupada por alguma razão. Também recebi outros presentes. Havia caixas e caixas de chocolates e ursinhos de toda forma e tamanho. O mais precioso, talvez, tenha sido o pacote enviado por Bilawal e Bakhtawar, filhos de Benazir Bhutto. Dentro havia dois xales que haviam pertencido à sua falecida mãe. Enterrei o nariz neles e tentei sentir o perfume dela. Mais tarde achei num deles um longo fio de cabelo preto, que tornou o presente ainda mais especial.

Percebi que o Talibã, involuntariamente, tinha tornado minha campanha global. Enquanto eu estava deitada naquela cama, esperando dar os primeiros passos em um mundo novo, Gordon Brown, enviado especial da onu para a educação e ex-primeiro-ministro da Grã-Bretanha, dera início a uma petição sob o slogan "Eu sou Malala", para exigir que não fosse negada escola a nenhuma criança a partir de 2015. Havia mensagens de chefes de Estado, ministros, astros de cinema e de uma neta de sir Olaf Caroe, o último governador britânico de nossa província. Ela dizia que se sentia envergonhada por não saber ler nem escrever pachto, embora seu avô tivesse sido fluente no idioma. Beyoncé me escreveu um cartão e postou uma foto dele no Facebook, Selena Gomez tuitou sobre mim e Madona dedicou-me uma canção. Havia até uma mensagem de minha atriz favorita e ativista social, Angelina Jolie — eu mal podia esperar para contar a Moniba.

Na época não percebi que não voltaria para casa.

24. "Arrancaram o sorriso dela"

No dia em que meus pais viajaram para Birmingham, eu saí da terapia intensiva e fui para o quarto 4, ala 519, que tinha janelas; então pude olhar para fora e ver a Inglaterra pela primeira vez. "Cadê as montanhas?", perguntei. Como o dia estava nublado e chuvoso, imaginei que elas talvez estivessem ocultas. Na época eu não sabia que aquela era uma terra de pouco sol. Tudo que eu podia ver eram casas e ruas. As casas eram de tijolos, todas exatamente iguais. Tudo parecia muito calmo e organizado, e era estranho ver a vida das pessoas continuando como se nada tivesse acontecido.

O dr. Javid me contou que meus pais estavam a caminho e inclinou minha cama, para que eu estivesse sentada na hora de recebê-los. Eu sentia uma enorme agitação interna. Nos dezesseis dias passados desde a manhã em que saí de casa, em Mingora, eu estivera em quatro hospitais e viajara milhares de quilômetros. Pareciam dezesseis anos. A porta se abriu e ouvi vozes familiares dizendo "Jani" e "Pisho". Em seguida meus pais beijavam minhas mãos, pois temiam me tocar.

Não consegui me controlar e chorei o mais alto que pude. Todo aquele tempo sozinha no hospital eu não tinha chorado nem quando me deram as injeções no pescoço, nem quando tiraram os grampos de minha cabeça. Mas agora não conseguia parar. Meu pai e minha mãe também choravam. Era como se aquele pesadelo tivesse sido tirado do meu coração. Senti que a partir de então tudo correria bem. Fiquei contente até mesmo ao ver meu irmão Khushal, pois precisava de alguém com quem brigar. "Sentimos sua falta, Malala", disseram meus irmãos, já interessados nos brinquedos e nos presentes. Claro que Khushal e eu em pouco tempo estávamos brigando de novo. Bastou que ele pegasse meu notebook para jogar video game.

Fiquei chocada com a aparência de meus pais. Estavam cansados da longa viagem do Paquistão até Birmingham, mas não era só isso. Pareciam mais velhos. Pude ver que ambos tinham cabelos grisalhos. Tentaram esconder, mas percebi que estavam perturbados com meu aspecto. Antes de entrarem, o dr. Javid avisou: "A moça que vocês vão ver está apenas 10% recuperada. Ainda há 90% por fazer". Eles, porém, não tinham ideia de que metade da minha face estava paralisada e que eu não podia sorrir. Meu olho esquerdo mostrava-se protuberante, metade do cabelo tinha sumido e minha boca, retorcida para o lado, parecia puxada para baixo. Então, quando eu tentava sorrir, parecia mais uma careta. Era como se meu cérebro tivesse esquecido que eu tinha o lado esquerdo do rosto. Eu tampouco conseguia ouvir daquele lado, e falava em linguagem de bebê, como se fosse uma criancinha.

Meus pais foram colocados num albergue da universidade, entre estudantes. A direção do hospital julgou contraproducente que eles ficassem no hospital. Seriam assediados por jornalistas, e os diretores queriam nos proteger nesse estágio crítico de minha recuperação. Eles viajaram com muito pouca coisa, exceto pelas roupas que usavam e por aquilo que Sonia, a mãe de Shiza, lhes dera. Quando deixaram o Swat, em 9 de outubro, não tinham ideia de que não voltariam para lá. Retornaram ao albergue e choraram feito crianças. Sempre fui uma menina feliz. Meu pai vangloriava-se de minha "risada celestial". Agora se lamentava com minha mãe: "Aquele lindo rosto simétrico, aquele rosto resplandecente, se foi; Malala perdeu o sorriso e a risada. Os talibãs são muito cruéis. Arrancaram o sorriso dela". E acrescentou: "Pode-se dar a alguém olhos ou pulmões, mas não se pode restaurar um sorriso".

O problema era provocado por um nervo facial. Os médicos não tinham certeza sobre até que ponto fora danificado e se podia se regenerar, ou se tinha sido cortado. Garanti a mamãe que a mim não importava que meu rosto não tivesse simetria. Logo eu, que sempre dera importância à minha aparência, ao aspecto do meu cabelo! Mas quando você vê a morte, as coisas mudam. "Não importa se eu não puder sorrir ou piscar direito", eu disse a ela. "Continuo sendo eu, Malala. O importante é que Deus me deu a vida." Ainda assim, toda vez que meus pais vinham ao hospital e eu ria, ou tentava sorrir, a expressão da minha mãe se tornava sombria. Era como um espelho ao contrário — quando havia riso no meu rosto, havia aflição no dela.

Meu pai a fitava e via uma pergunta nos olhos: por que Malala ficara assim? A menina que ela trouxera ao mundo e criara durante quinze anos tinha sido sorridente. Um dia meu pai lhe perguntou: "Pekai, me diga a verdade. O que você pensa... Foi culpa minha?".

"Não, Khaista", ela respondeu. "Você não mandou Malala roubar nem matar nem cometer crimes. Era uma coisa nobre."

Mesmo assim, meu pai preocupava-se com o futuro toda vez que eu sorria, temendo que a paralisia facial permanecesse como um lembrete do atentado. Não foi a única coisa que eles encontraram mudada em mim. No vale eu era uma menina muito frágil e sensível, que chorava por qualquer coisa. No hospital, porém, não me queixava nem mesmo quando sentia dores terríveis. O hospital não autorizou outras visitas, apesar dos numerosos pedidos. Os médicos queriam que eu me concentrasse na reabilitação. Quatro dias depois da chegada de meus pais, um grupo de políticos foi ao hospital, provenientes de três países que haviam me ajudado: Rehamn Malik, ministro do Interior do Paquistão, William Hague, ministro britânico das Relações Exteriores, e o xeque Abdullah bin Zayed, ministro do Exterior dos Emirados Árabes Unidos. Não tiveram permissão de me ver mas receberam informativos dos médicos e se encontraram com meu pai. Ele ficou aborrecido quando Rehamn Malik pediu: "Diga a Malala que ela deveria dar um sorriso à nação". Ele não sabia que essa era uma coisa que eu não podia fazer.

Malik revelou que o homem que me atacara era um talibã chamado Ataullah Khan, que, segundo ele, fora preso em 2009 durante a operação militar no Swat, mas acabara sendo solto três meses depois. Relatos na mídia diziam que ele se graduara na Universidade Jehanzeb. Malik também contou que o ataque fora concebido no Afeganistão e que estabelecera uma recompensa de 1 milhão de dólares pela captura de Ataullah. Prometeu que o encontrariam. Duvidamos disso, pois ninguém fora pego — nem o assassino de Benazir Bhutto, nem quem estava por trás do acidente aéreo que matou o general Zia, nem o assassino do primeiro-ministro Liaquat Ali Khan.

Só duas pessoas foram presas depois do atentado que sofri — nosso pobre e querido motorista Usman Bhai Jan e o contador da escola, que recebera a ligação de Jan, contando o que tinha acontecido. O contador foi solto alguns dias depois, mas Jan ainda estava sob custódia do Exército, pois diziam que precisavam dele para identificar pessoas. Estávamos muito aborrecidos com aquilo. Por que haviam prendido Usman Bhai Jan e não Ataullah?

As Nações Unidas anunciaram que iam designar o 10 de novembro, um mês após o atentado, o Dia de Malala. Não prestei muita atenção, pois me preparava para uma grande operação no dia seguinte, a fim de reparar meu nervo facial. Os médicos haviam feito testes com impulsos elétricos e o nervo não respondeu. Então concluíram que estava cortado. Precisavam operar depressa ou minha face permaneceria paralisada. O hospital começara a dar atualizações regulares aos jornalistas sobre como meu estado evoluía, mas não lhes contou sobre a operação.

Fui levada para a sala de cirurgia em 11 de novembro. O cirurgião, Richard Irving, me explicou que aquele nervo controlava minha face esquerda e que sua função era abrir e fechar meu olho esquerdo, mover meu nariz, erguer a sobrancelha esquerda e me fazer sorrir. Reparar o nervo era um trabalho tão delicado que levou mais de oito horas. Primeiro, o cirurgião liberou meu canal auditivo, tirando tecido cicatrizado e fragmentos de osso; então descobriu que meu tímpano esquerdo estava danificado. Aí seguiu o nervo facial desde o osso temporal, onde ele penetra no crânio, até a saída, e no caminho foi removendo mais fragmentos de osso que restringiam o movimento de meu maxilar. Descobriu que faltavam dois centímetros inteiros do nervo, no ponto onde ele sai do crânio, e redirecionou-o para a frente de meu ouvido, a partir de sua passagem normal atrás da orelha, para compensar a falta.

A operação correu bem, mas depois dela precisei esperar três meses até o lado esquerdo de meu rosto começar a funcionar pouco a pouco. Fiz exercícios faciais todos os dias, na frente de um pequeno espelho. O dr. Irving me disse que depois de seis meses o nervo começaria a funcionar, mas que eu nunca seria exatamente a mesma. Para minha alegria, eu podia sorrir e piscar o olho, e semana a semana meus pais viam meu rosto ganhar cada vez mais movimentos. Embora o rosto fosse meu, eram meus pais que estavam mais felizes por tê-lo de volta. Depois o dr. Irving disse que aquele era o melhor resultado que ele tinha visto em vinte anos de cirurgia de nervo facial. O meu estava 86% recuperado.

Outro bom resultado foi que minhas dores de cabeça melhoraram e comecei novamente a ler. Comecei com *O mágico de Oz*, o primeiro de uma pilha que me foi enviada por Gordon Brown. Adorei ler sobre Dorothy e como, mesmo tentando voltar para casa, ela parava para ajudar os necessitados, como o leão covarde e o homem de lata. Dorothy precisou superar um monte de obstáculos para chegar aonde queria. Pensei que se você quiser atingir um objetivo, encontrará várias barreiras no caminho, mas deve continuar. Fiquei tão animada com o livro que li bem depressa e depois contei a história a meu pai. Ele ficou feliz porque achou que se eu me lembrava tão bem da história e era capaz de narrar os detalhes, era porque minha memória devia estar boa.

Meus pais ficaram preocupados com minha memória quando eu lhes disse que não me lembrava do atentado e continuava esquecendo os nomes de minhas amigas. Eles não eram nada sutis. Um dia meu pai perguntou: "Malala, você pode cantar alguns *tapae* em pachto?". Cantei um verso de que gostávamos: "Quando você começar uma viagem na ponta do rabo de uma cobra/ Acaba na cabeça dela, num mar de veneno". Para nós, o *tapa* se referia a como as autoridades do Paquistão haviam usado os talibãs, no início, e agora estavam metidos na confusão que eles próprios tinham criado. Então eu disse: "Na verdade, há um *tapa* que quero reescrever".

Meu pai pareceu intrigado. *Tapae* são a sabedoria secular coletada da nossa sociedade, não se mudam. "Qual deles?", perguntou.

"Este aqui", eu disse:

Se os homens não puderem vencer a batalha, oh meu país
Então as mulheres entrarão em cena e o honrarão.

که د زلـمو نـه پـوره نـه شوه
گـرانـه وطنـه جیـنکی بـه دي ګـتی نـه

Eu queria mudar para:

Estejam os homens vencendo ou perdendo a batalha, oh meu
país,
As mulheres entrarão em cena e o honrarão.

که دزلـمو نـه شوه کـه نـه شوه
گـرانـه وطنه جیـنکی بـه دي ګـتی نـه

Meu pai riu e repetiu a história para todo mundo, como sempre faz.

Trabalhei duro na academia e com os fisioterapeutas para que meus braços e minhas pernas voltassem a funcionar e fui recompensada em 6 de dezembro, com meu primeiro passeio fora do hospital. Eu confessara a Yma que adorava a natureza e ela arranjou as coisas para que dois funcionários me levassem, junto com minha mãe, para um passeio no Jardim Botânico de Birmingham, que ficava não muito longe do hospital. Não permitiram que meu pai nos acompanhasse porque acharam que ele seria reconhecido, por ter aparecido muito na mídia. Mesmo assim fiquei muito feliz: era meu primeiro momento no mundo exterior, vendo Birmingham e a Inglaterra.

Disseram-me para sentar no centro do banco traseiro do carro, afastada das janelas — o que foi chato, porque eu queria ver tudo naquele novo país. Não percebi que estavam tentando proteger minha cabeça de algum solavanco. Quando entramos no jardim e vi todas as plantas e árvores verdes, foi uma recordação poderosa de casa. Eu ia dizendo: "Esta existe no meu vale"; "Também temos esta aqui". Tenho muito orgulho das belas plantas do meu vale. Foi estranho constatar que, para os outros visitantes, aquele era simplesmente um dia normal. Senti-me como Dorothy no fim da viagem. Minha mãe estava tão empolgada que telefonou para meu pai. "Pela primeira vez estou feliz", disse. O frio era intenso, de gelar, e então entramos no café para tomar um delicioso chá com bolo, chamado *cream tea*.

Dois dias depois recebi a primeira visita de alguém de fora da família — o presidente do Paquistão, Asif Zardari. A equipe do hospital preferia que ele não viesse, pois sabia que a mídia entraria em frenesi, mas meu pai não podia recusar a visita. O sr. Zardari era nosso chefe de Estado, e decidira que o governo paquistanês pagaria todas as minhas despesas médicas, que acabariam saindo em torno de 200 mil libras. Além disso, o governo alugara um apartamento para meus pais no centro de Birmingham. A visita aconteceu no sábado, 8 de dezembro, e parecia saída de um filme de James Bond.

Um grande número de jornalistas reuniu-se do lado fora do hospital desde cedo, presumindo que o presidente iria até lá. Em vez disso, fui embrulhada numa enorme parca roxa com capuz, levada até a entrada dos funcionários, no térreo, e dali segui, de carro, até os escritórios do hospital. Passamos ao lado de jornalistas e fotógrafos, alguns em cima de árvores, e eles nem notaram. No escritório, fiquei sentada, entretida com um jogo chamado Elf Bowling no computador — e ganhando de meu irmão Atal, mesmo sendo aquela a primeira vez que eu jogava. Quando Zardari e sua comitiva chegaram, em dois carros, foram conduzidos à porta dos fundos. Além dele, havia cerca de mais dez pessoas, inclusive o chefe do estado-maior, seu secretário militar e alto-comissário paquistanês em Londres, que assumira da dra. Fiona o papel de meu guardião oficial no Reino Unido até meus pais chegarem.

O presidente foi informado pelos médicos para não fazer menção a meu rosto. Sua filha mais nova, Asifa — alguns anos mais velha que eu —, foi a primeira a entrar. Deram-me um lindo buquê de flores. O sr. Zardari tocou minha cabeça, conforme nossa tradição, mas meu pai estava preocupado porque àquela altura eu só tinha pele, e nenhum osso, para proteger o cérebro. Minha cabeça, sob o xale, estava côncava. Depois, o presidente sentou-se com meu pai, que lhe disse que fôramos afortunados por eu ter sido levada para o Reino Unido. "Ela poderia ter sobrevivido no Paquistão, mas talvez não tivesse a chance da reabilitação e teria ficado desfigurada", disse meu pai. "Agora o sorriso dela vai voltar."

O sr. Zardari pediu ao alto-comissário que oferecesse a meu pai o posto de adido educacional na embaixada do Paquistão, para que ele tivesse um salário e um passaporte diplomático. Assim, não precisaria pedir asilo para permanecer no Reino Unido. Meu pai ficou aliviado, pois vinha se perguntando como pagaria as despesas. Gordon Brown convidou-o para ser seu consultor nas Nações Unidas, um posto não remunerado. O sr. Zardari não se opôs, dizendo que ele poderia fazer as duas coisas. Depois do encontro, o presidente descreveu-me para a mídia como "uma menina extraordinária e um orgulho para o Paquistão". Em meu país, porém, nem todos concordavam com isso. Embora meu pai tivesse tentado esconder, eu sabia que algumas pessoas diziam que fora ele o responsável pelo tiro. Outros comentavam que eu nem mesmo tinha sido baleada, e que havíamos encenado tudo para poder viver no exterior.

O ano de 2013 começou bem. O hospital me deu alta em janeiro e pude voltar a viver com minha família. O alto-comissário do Paquistão havia alugado dois apartamentos mobiliados, com serviços incluídos, no centro de Birmingham. Os apartamentos ficavam no décimo andar, o mais alto em que havíamos estado. Provoquei minha mãe porque, após o terremoto no Paquistão — quando estávamos num edifício de três andares —, ela prometeu nunca mais morar num prédio de apartamentos. Meu pai me disse que no começo ela sentia tanto medo que disse: "Vou morrer neste elevador!".

Estávamos felizes por viver de novo como uma família. Mas meu irmão Khushal, como sempre, era um chato. Os garotos estavam entediados por ficar enfurnados, longe da escola e dos amigos, esperando que eu me recuperasse. Depressa percebi que podia tratá-los como bem entendesse que ninguém ralharia comigo. Ao observar, pela grande vidraça, a neve caindo lá fora, desejei poder correr atrás dos flocos, como costumávamos fazer no vale. Às vezes passeávamos um pouco, para eu ir ganhando força, mas logo eu me cansava.

O apartamento ficava perto da Broad Street, uma famosa rua de lojas, casas noturnas e clubes de strip. Na praça havia uma fonte e um café-bar com paredes de vidro, através das quais podiam-se ver homens e mulheres conversando e se misturando de um modo que seria impensável no Swat. Fomos às lojas, apesar de eu não gostar de fazer compras. À noite nossos olhos se arregalavam com as roupas exíguas que as mulheres usavam — minúsculos shorts, quase calcinhas, e pernas nuas sobre saltos altos, mesmo no inverno. Minha mãe ficava tão horrorizada que gritava "*Gharga shoma!*" — "Estou me afogando" — e implorava a meu pai: "Por favor, me leve para Dubai. Não posso viver aqui!". Mais tarde demos risada daquilo. "As pernas delas são feitas de ferro para que não sintam frio?", minha mãe perguntava.

Fomos avisados para não ficar até tarde na Broad Street nas noites de fins de semana, pois podia ser perigoso. Isso nos fez rir. Que lugar podia ser mais inseguro do que aquele de onde vínhamos? Havia talibãs decapitando pessoas? Eu não disse nada a meus pais, mas me encolhia quando um homem de aparência asiática se aproximava. Eu achava que todo mundo andava armado.

Uma vez por semana eu me comunicava por Skype com minhas amigas em Mingora, e elas me diziam que ainda guardavam meu lugar na classe. A professora levara para a classe meu exame de estudos paquistaneses feito no dia do atentado. Eu tinha tirado a nota máxima, mas, como não fiz as outras provas, Malka--e-Noor foi a primeira da classe. Fiquei preocupada por estar ficando para trás. Agora a competição era entre Malka-e-Noor e Moniba. "É chato não ter você como competidora", me disse Malka-e-Noor.

Eu ficava mais forte a cada dia, mas ainda precisava de cirurgias. Ainda me faltava o osso do alto da cabeça. Além disso, os médicos também estavam preocupados com minha audição. Não entendia as palavras de meus pais quando estávamos no meio de muita gente. E dentro de meu ouvido havia um barulhinho que só eu podia ouvir. No sábado, 2 de fevereiro, eu estava de volta no Queen Elizabeth para ser operada — dessa vez por uma mulher, Anwen White. Ela primeiro removeu o osso do crânio que estava guardado em minha barriga, mas resolveu não recolocá-lo. Ele não estava bem conservado e havia risco de infecção. Então fez uma coisa chamada cranioplastia de titânio (agora eu sei um monte de termos médicos!) e ajustou uma placa de titânio especialmente moldada, presa com oito parafusos, para fazer o papel do osso do crânio e proteger meu cérebro.

Enquanto eu estava em cirurgia, o dr. Irving, que havia reparado o nervo danificado, corrigiu o problema de meu tímpano. Colocou ali um pequeno dispositivo eletrônico chamado "implante coclear" e me disse que em um mês eu seria capaz de ouvir. Fiquei na sala de cirurgia cinco horas e passei por três operações. Voltei ao apartamento cinco dias depois. Em algumas semanas um receptor foi encaixado atrás de minha orelha e ouvi um "bip bip". No início os sons pareciam vindos de um robô, mas com o passar do tempo isso foi melhorando.

Nós, seres humanos, não percebemos como Deus é grande. Ele nos deu um cérebro extraordinário e um coração amoroso e sensível. Abençoou-nos com a capacidade de falar e expressar nossos sentimentos, dois olhos para ver um mundo de cores e beleza, dois pés que caminham pela estrada da vida, duas mãos que trabalham para nós, um nariz que aspira fragrâncias deliciosas e dois ouvidos para escutar palavras de amor. Como descobri quando não conseguia ouvir direito, ninguém sabe quanto vale cada órgão até perder um deles.

Agradeço a Alá pelos médicos que trabalharam duro por minha recuperação e por nos enviar para um mundo onde podemos trabalhar pela sobrevivência. Algumas pessoas escolhem caminhos bons e algumas escolhem caminhos ruins. A bala atirada por um homem me atingiu, fez meu cérebro inchar, roubou a minha audição e cortou o nervo do lado esquerdo de meu rosto em menos de um segundo. E depois desse segundo milhões de pessoas rezaram por mim, por minha vida, e médicos talentosos me deram meu próprio corpo de volta. Eu era uma boa menina. Meu coração tinha apenas o desejo de ajudar as pessoas. Não fiz nada com o objetivo de receber prêmios ou dinheiro. Sempre rezei a Deus: "Quero ajudar as pessoas. Por favor, me ajude a fazer isso".

Um talibã disparou três tiros à queima-roupa em três meninas e não matou nenhuma delas. Parece uma história improvável, e dizem que minha recuperação foi milagrosa. Minha amiga Shazia, atingida duas vezes, recebeu uma bolsa de estudos do Atlantic College, no País de Gales, e veio para o Reino Unido. Espero que Kaina também venha. Deus impediu que eu fosse para o túmulo. Tenho a sensação de que esta é uma segunda vida. Muita gente rezou a Deus para que Ele me poupasse, e fui poupada por um motivo: usar a minha vida para ajudar as pessoas. Quando me falam do que aconteceu, da maneira como fui baleada, penso que se trata da história de Malala, "a menina baleada pelo Talibã". Não sinto que se trate de uma história sobre mim.

Epílogo
Uma criança, um professor, um livro, uma caneta...

Birmingham, agosto de 2013

Em março nos mudamos do apartamento para uma casa alugada numa rua arborizada, mas a sensação é de que estamos acampados nela. Nossos pertences ainda estão no Swat. Por todo lado há caixotes de papelão cheios de cartas e cartões gentis que as pessoas mandaram, e numa sala há apenas um piano que nenhum de nós sabe tocar. Minha mãe se queixa dos murais com deuses gregos nas paredes e dos querubins esculpidos no teto.

A casa, grande e vazia, fica atrás de um portão de ferro eletrificado. Por isso, às vezes, parece que estamos naquilo que no Paquistão chamamos de subcadeia, um tipo de prisão domiciliar luxuosa. Nos fundos há um grande jardim com montes de árvores e um gramado verde para eu e meus irmãos jogarmos críquete. Mas não há terraços onde brincar, nem crianças fazendo competição de pipas nas ruas, nem vizinhos para pedir um prato de arroz emprestado ou a quem pedir três tomates. Estamos exatamente a uma parede da casa ao lado, mas parecem quilômetros de distância.

Quando olho para fora, vejo minha mãe vagando pelo jardim, a cabeça coberta, dando comida aos pássaros. Ela parece cantar o *tapa* de que mais gosta: "Não mate as pombas do jardim./ Você mata uma e as outras não virão". Está dando aos pássaros os restos do jantar de ontem e tem lágrimas nos olhos. Comemos aqui praticamente a mesma coisa que comíamos lá em casa — arroz e carne no almoço e no jantar. No café da manhã nos servimos de ovos fritos, *chapatis* e às vezes mel, uma tradição iniciada por meu irmão menor, Atal — embora sua descoberta predileta sejam os sanduíches com Nutella. Mas sempre há restos. Minha mãe está triste com o desperdício de comida. Sei que ela se lembra das crianças que alimentávamos em nossa casa, para que não fossem à escola de barriga vazia, e que deve estar imaginando como elas estarão se arranjando agora.

Quando eu voltava da escola, em Mingora, sempre encontrava a casa cheia; agora não consigo acreditar que costumava pedir um dia de paz e alguma privacidade para fazer minha lição de casa. Aqui, os únicos sons são o dos pássaros e do Xbox de Khushal. Fico sozinha, sentada no quarto, montando quebra-cabeças e ansiando por visitas.

Não tínhamos muito dinheiro e meus pais sabiam o que era passar fome. Minha mãe nunca recusava comida para ninguém. Certa vez, uma mulher pobre, com calor, faminta e com sede, bateu à nossa porta. Minha mãe a deixou entrar e lhe deu comida. A mulher ficou tão feliz! "Bati em cada porta na *mohalla*, e esta foi a única que estava aberta", ela disse. "Que Deus sempre a mantenha aberta, onde quer que estejam."

Sei que a minha mãe se sente sozinha. Ela é muito sociável — todas as mulheres da vizinhança costumavam se reunir, à tarde, em nossa varanda dos fundos, e mulheres que trabalhavam em outras casas vinham descansar. Aqui, está sempre ao telefone, falando com alguém do Paquistão. Para ela, viver aqui é difícil, pois não fala inglês. Nossa casa tem todas as facilidades, mas no começo tudo eram mistérios e alguém precisou nos mostrar como usar o forno, a máquina de lavar e a TV.

Como de hábito, meu pai não ajuda na cozinha. Eu o provoco: "Aba, você fala em direitos das mulheres, mas é minha mãe que cuida de tudo! Você nem ajuda a lavar a louça do chá".

Há ônibus e trens, mas ficamos inseguros de usar. Minha mãe sente falta das compras no Mercado Chinês. Mas ficou mais contente desde que meu primo Shah veio para ficar. Ele tem carro e a leva para as compras, mas não é a mesma coisa — ela não pode conversar com as amigas e vizinhas sobre o que comprou.

Quando uma porta bate na casa, minha mãe leva um susto — atualmente, assusta-se com tudo. Muitas vezes chora e me abraça. "Malala está viva!", comemora. Agora me trata como se eu fosse a filha caçula, e não a mais velha.

Sei que meu pai também chora. Chora quando jogo o cabelo para o lado e ele vê a cicatriz em minha cabeça, e chora quando acorda do cochilo da tarde e ouve as vozes dos filhos no jardim, percebendo com alívio que uma delas ainda é a minha. Sabe que as pessoas dizem que o atentado foi culpa dele, por ter incentivado que eu me manifestasse, como se eu não pensasse com minha própria cabeça. Para ele é duro. Tudo pelo que trabalhou por quase vinte anos foi deixado para trás: a escola que construiu do nada e que agora abriga, em três prédios, mais de mil alunos e setenta professores. Sei que tinha orgulho do que construíra, um menino pobre de uma aldeiazinha espremida entre as Montanhas Branca e Negra. Ele diz: "É como plantar uma árvore e alimentá-la — você tem o direito de sentar à sombra dela".

O sonho da vida dele era ter uma escola bem grande no Swat, oferecendo educação de qualidade. Também sonhava em viver em paz, em uma democracia. No vale, conquistara respeito e status em consequência de suas atividades e do auxílio que dava às pessoas. Nunca imaginou viver no estrangeiro e fica muito aborrecido quando as pessoas insinuam que queríamos vir para o Reino Unido. "Uma pessoa que tem dezoito anos de educação, uma bela vida, família... Você se desfaz dela porque ela defende educação para meninas?" Às vezes ele diz que passamos de PDIS a PEDS — de pessoas internamente deslocadas para pessoas externamente deslocadas. Frequentemente, durante as refeições, conversamos sobre nossa terra e tentamos nos lembrar das coisas. Sentimos falta de tudo, até mesmo do corregozinho fedido. Meu pai diz: "Se eu soubesse que isso aconteceria, teria olhado para trás uma última vez, exatamente como o Profeta fez quando deixou Meca para migrar para Medina. Ele olhou para trás muitas e muitas vezes". Algumas coisas do Swat já parecem histórias de um lugar distante, sobre o qual li.

Meu pai passa grande parte do tempo indo a conferências sobre educação. Sei que para ele é estranho o fato de que agora as pessoas queiram ouvi-lo por minha causa, e não o contrário. Eu costumava ser conhecida como filha dele; agora ele é conhecido como meu pai. Quando foi à França para receber um prêmio em meu nome, disse à plateia: "No meu lado do mundo a maior parte das pessoas é conhecida pelos filhos que têm. Sou um dos poucos pais sortudos conhecidos pela filha que têm".

Um belo uniforme novo está pendurado na porta do meu quarto, verde-garrafa em vez de azul-real, de uma escola onde ninguém nem sonha em ser atacado por ir à aula ou em alguém explodir o prédio. Em abril eu já estava suficientemente recuperada para começar a ir à escola em Birmingham. É maravilhoso fazer isso sem precisar sentir medo, como eu sentia em Mingora, sempre olhando em volta a caminho da escola, apavorada com a possibilidade de um talibã aparecer de repente.

É uma boa escola. Muitas disciplinas são as mesmas que eu aprendia lá no vale, mas aqui os professores usam PowerPoint e computadores em vez de giz e quadro-negro. Há algumas matérias diferentes — música, arte, informática, economia doméstica (em que aprendemos a cozinhar) — e temos laboratório de ciências, o que é raro no Paquistão. Mesmo que eu tenha acertado apenas 40% das questões na prova de física, ela ainda é a minha matéria predileta. Adoro aprender sobre Newton e os princípios básicos que regem o universo.

Mas, como acontece com minha mãe, ando muito sozinha. É hora de fazer boas amizades, como eu tinha em casa. Aqui, as meninas me tratam de maneira diferente. Me veem como "Malala, a ativista dos direitos das meninas". Na Escola Khushal eu era simplesmente Malala, a mesma garota de juntas flexíveis que eles sempre conheceram, que adorava contar piadas e fazer desenhos para explicar as coisas. Ah, e que estava sempre brigando com seu irmão e melhor amigo! Acho que toda classe tem uma menina bem-comportada, uma menina muito inteligente ou gênio, uma menina muito popular, uma menina linda, uma menina um pouco tímida, uma menina notória... mas aqui ainda não descobri quem é quem.

Como aqui não tenho a quem contar minhas piadas, eu as guardo para contar a Moniba quando conversamos por Skype. Minha primeira pergunta sempre é: "Quais são as últimas da escola?". Adoro saber quem está brigando com quem, e quem levou bronca de que professor. Moniba foi a primeira da classe nos exames mais recentes. Minhas colegas ainda guardam uma carteira para mim, com meu nome, e na entrada da escola dos garotos o sr. Amjad colocou um grande cartaz meu, e diz que o saúda toda manhã, antes de entrar em seu escritório.

Descrevo para Moniba a vida na Inglaterra. Digo-lhe que as ruas têm filas de casas idênticas, ao contrário de Mingora, onde tudo é diferente e desorganizado, e uma choupana de barro e pedras pode estar ao lado de uma casa grande como um castelo. Conto como as construções são sólidas, capazes de aguentar inundações e terremotos, mas não têm terraço em cima para brincar. Digo-lhe que gosto da Inglaterra porque as pessoas seguem regras, respeitam os policiais e tudo acontece na hora certa. O governo é responsável e ninguém precisa saber o nome do chefe do Exército. Vejo mulheres em empregos que não poderíamos imaginar no Swat. Elas são policiais e guardas de segurança; dirigem grandes empresas e se vestem exatamente como querem.

Não penso com frequência no atentado, apesar de todo dia, quando me olho no espelho, observar as marcas que ele me deixou. A cirurgia no nervo fez o máximo possível. Mas nunca mais serei exatamente a mesma. Não consigo piscar direito e meu olho esquerdo se fecha bastante quando falo. Hidayatullah disse que devíamos ter orgulho do meu olho. "É a beleza do sacrifício dela", foram suas palavras.

Um homem chamado Ataullah Khan disse que atirou em mim. A polícia não conseguiu encontrá-lo, mas está investigando e quer me entrevistar.

Apesar de não me lembrar exatamente do que aconteceu naquele dia, às vezes tenho flashbacks. Eles vêm de maneira inesperada. O pior foi em junho, quando estávamos em Abu Dhabi, a caminho de realizar *Umrah* na Arábia Saudita. Fui a um shopping center com minha mãe, que queria comprar uma burca especial para orar em Meca. Eu não quis. Disse que usaria apenas o meu xale, pois o uso da burca não é obrigatório. Quando andávamos pelo shopping, de repente vi um monte de homens a meu redor.

Achei que estivessem esperando por mim com armas, prontos para atirar. Fiquei aterrorizada mas não falei nada. Disse a mim mesma: "Malala, você já se deparou com a morte. Esta é a sua segunda vida. Não tenha medo — se você tiver medo, não poderá seguir adiante".

Acreditamos que quando tivermos a primeira visão da Caaba, o cubo negro em Meca — que é o nosso lugar mais sagrado —, qualquer desejo no coração é concedido por Deus. Quando oramos na Caaba, pedimos paz no Paquistão e educação para as meninas. Fiquei surpresa ao me descobrir em lágrimas. Mas quando fomos a outros lugares santos no deserto de Meca, onde o Profeta viveu e pregou, fiquei chocada por estarem atulhados de garrafas vazias e embalagens de biscoitos. Parecia que o povo negligenciava a preservação da história. Achei que tinham esquecido o Hadith de que a limpeza é metade da fé.

Meu mundo mudou muito. Nas prateleiras da nossa sala há prêmios do mundo inteiro — Estados Unidos, Índia, França, Espanha, Itália, Áustria, e muitos outros lugares. Fui até indicada para o prêmio Nobel da paz, a pessoa mais jovem de todos os tempos. Quando ganhava prêmios pelo meu trabalho na escola, eu ficava feliz, pois trabalhava duro para merecê-los. Mas esses outros prêmios são diferentes. Sou grata por eles, mas só me lembram quanto ainda falta fazer para atingir a meta de educação para todo menino e toda menina. Não quero ser lembrada como a "menina que foi baleada pelo Talibã" mas como "a menina que lutou pela educação". Esta é a causa para a qual estou dedicando minha vida.

Passei meu aniversário de dezesseis anos em Nova York, onde falei nas Nações Unidas. Ficar de pé ali e me dirigir a uma audiência naquele enorme salão, onde tantos líderes mundiais já discursaram, foi assustador, mas eu sabia o que queria falar. "Esta é a sua chance, Malala", disse a mim mesma. Havia apenas quatrocentas pessoas sentadas ali, mas imaginei milhões. Não escrevi o discurso tendo em mente apenas os delegados da ONU; escrevi para cada pessoa que possa fazer alguma diferença. Queria atingir as pessoas que vivem na miséria, as crianças forçadas a trabalhar e aquelas que sofrem com o terrorismo e a falta de educação. No fundo do meu coração eu esperava alcançar toda criança que pudesse ganhar coragem com as minhas palavras e se levantar por seus direitos.

Usei um dos xales brancos de Benazir Bhutto sobre meu *shalwar kamiz* predileto, e conclamei os líderes mundiais a prover educação gratuita para todas as crianças do mundo. "Que possamos pegar nossos livros e canetas", eu disse. "São as nossas armas mais poderosas. Uma criança, um professor, um livro e uma caneta podem mudar o mundo." Só fiquei sabendo como meu discurso foi recebido quando a audiência me aplaudiu de pé. Minha mãe estava em lágrimas e meu pai disse que eu tinha me tornado a filha de todo mundo.

Mais uma coisa aconteceu nesse dia. Minha mãe se permitiu ser fotografada publicamente pela primeira vez. Como vivia em *purdah* e nunca mostrara o rosto diante de uma câmera, foi um grande sacrifício para ela.

No café da manhã do dia seguinte, no hotel, Atal perguntou: "Malala, não entendo por que você é famosa. O que você fez?". Todo o tempo que passamos em Nova York ele ficou mais empolgado com a Estátua da Liberdade, com o Central Park e com seu jogo favorito, *Beyblade*!

Depois do discurso recebi mensagens de apoio do mundo inteiro, mas houve principalmente silêncio em meu próprio país. Entretanto, no Twitter e no Facebook vi parte de meus irmãos e de minhas irmãs do Paquistão voltando-se contra mim. Acusavam-me de falar por "um desejo adolescente de fama". Um deles disse: "Esqueçam a imagem do seu país, esqueçam a escola. Ela acabou conseguindo o que buscava, um vida de luxo no exterior".

Não me importo. Sei que dizem essas coisas porque se cansaram de ver líderes e políticos fazendo promessas que nunca cumprem. As coisas no Paquistão pioram dia a dia. Os intermináveis ataques terroristas deixaram a nação toda em choque. As pessoas perderam a confiança umas nas outras, mas eu gostaria que todo mundo soubesse que não quero apoio para mim mesma, quero apoio para minha causa de paz e educação.

A carta mais surpreendente que recebi depois do discurso foi de um comandante do Talibã que recentemente fugiu da prisão. Seu nome é Adnan Rashid, ex-membro da força aérea paquistanesa. Estivera na prisão desde 2003 por tentar assassinar o presidente Musharraf. Disse que o Talibã me atacara não pela minha campanha por educação, mas porque eu tentava "difamar os esforços [deles] de estabelecer um sistema islâmico". Disse que estava escrevendo porque ficara chocado com o atentado e gostaria de ter me avisado antes. Escreveu que eles me perdoariam se eu voltasse ao Paquistão, vestisse uma burca e fosse para uma *madrasa*.

Os jornalistas me incentivaram a responder a ele, mas pensei: "Quem é esse homem para dizer isso?". O Talibã não é o nosso governante. A vida é minha, e escolho como quero vivê-la. Mohammed Hanif escreveu um artigo dizendo que o bom da carta do Talibã era que eles assumiam a responsabilidade pelo atentado e calavam muita gente, que dizia que eu não tinha sido baleada.

Sei que vou voltar ao Paquistão, mas sempre que digo a meu pai que quero ir para casa, ele acha desculpas. "Não, Jani, seu tratamento ainda não acabou", ele diz, ou: "Estas escolas são boas. Você deveria ficar aqui e acumular conhecimento para poder usar suas palavras poderosamente".

Ele tem razão. Quero aprender a usar a arma do conhecimento. Aí serei capaz de lutar mais efetivamente por minha causa.

Hoje todos sabemos que a educação é nosso direito básico. E não só no Ocidente; o Islã também nos deu esse direito. Diz que toda menina e todo menino devem ir à escola. No Corão está escrito que Deus quer que tenhamos conhecimento. Ele quer que saibamos por que o céu é azul, sobre os oceanos e as estrelas. A luta é grande. No mundo existem 57 milhões de crianças fora da escola primária. Delas, 32 milhões são meninas. É triste, mas meu país, o Paquistão, ocupa um dos piores lugares: 5,1 milhões de crianças não vão sequer à escola primária, mesmo que na nossa Constituição esteja escrito que toda criança tem esse direito. Há quase 50 milhões de adultos analfabetos, dois terços mulheres — como minha própria mãe.

Meninas continuam a ser mortas e escolas, explodidas. Em março de 2013 houve um ataque a uma escola de moças em Karachi que havíamos visitado. Uma bomba e uma granada foram lançadas no playground, justamente na hora que começaria uma cerimônia de entrega de prêmios. O diretor-geral, Abdur Rashid, foi morto, e oito crianças entre cinco e dez anos ficaram feridas. Outra, de oito anos, tornou-se deficiente. Quando minha mãe ouviu a notícia, começou a chorar. "Quando nossas crianças estão dormindo, não tocamos num só fio de cabelo delas. Mas há pessoas com armas que atiram e jogam bombas. Eles não se importam que as vítimas sejam crianças." O ataque mais chocante aconteceu em junho, na cidade de Quetta, quando um homem-bomba explodiu um ônibus que levava quarenta alunas para um colégio feminino. Catorze morreram. As feridas foram seguidas pelos terroristas até o hospital, onde algumas enfermeiras foram baleadas.

Não é só o Talibã que mata crianças. Às vezes são ataques de drones, às vezes guerras, às vezes a fome. E às vezes é a própria família. Em junho, duas meninas da minha idade foram assassinadas em Gilgit, que fica um pouco ao norte do Swat, por terem postado um vídeo on-line em que apareciam dançando na chuva com seus vestidos e *hijabs*. Tudo indica que um meio-irmão as matou.

Atualmente, o Swat é mais pacífico do que outros lugares, mas ainda há militares por toda parte, quatro anos depois de supostamente terem expulsado o Talibã. Fazlullah ainda está solto e nosso motorista, em prisão domiciliar. O vale, que um dia foi um paraíso para os turistas, agora é visto como um local a temer. Estrangeiros que querem nos visitar precisam obter um certificado de não objeção das autoridades, em Islamabad. Hotéis e lojas de artesanato estão vazios. Vai demorar muito até que os turistas retornem.

Durante o último ano estive em muitos lugares, mas meu vale continua sendo o mais lindo do mundo. Não sei quando vou vê-lo de novo, mas sei que vou. Eu me pergunto o que aconteceu com o caroço de manga que plantei no nosso jardim no Ramadã. Imagino se alguém o está regando, para que um dia as futuras gerações possam apreciar a fruta.

Hoje, ao me olhar no espelho, lembrei que uma vez pedi a Deus alguns centímetros a mais. Ele acabou me fazendo alta como o céu, tão alta que não consegui me medir. Então ofereci as cem *raakaf nafl* que tinha prometido se crescesse.

Amo Deus. Agradeço a meu Alá. Converso com Ele todo dia. É o maior. Ao me dar uma altura para alcançar as pessoas, Ele também me deu grandes responsabilidades. Paz em todo lar, toda rua, toda aldeia, todo país — esse é o meu sonho. Educação para toda criança do mundo. Sentar numa cadeira e ler livros com todas as minhas amigas, em uma escola, é um direito meu. Ver todo ser humano com um sorriso de felicidade é o meu desejo.

Eu sou Malala. Meu mundo mudou, mas eu não.

Glossário

Aaya — versículo do Sagrado Corão.

Aba — "papai", termo afetivo em pachto.

ANP — Sigla em inglês do Partido Nacional Awami (Awami National Party), partido nacionalista pachtum.

Baba — termo afetivo para avô ou homem mais velho.

Badal — vingança.

Bhabi — termo afetivo em urdu, literalmente "esposa do meu irmão".

Bhai — "meu irmão", termo afetivo em urdu.

Chapati — pão achatado, sem fermento, feito de farinha e água.

Dyna — van ou caminhão com a parte traseira aberta.

FATA — sigla em inglês das Áreas Tribais sob Controle Federal (Federally Administered Tribal Areas), região do Paquistão fronteiriça com o Afeganistão, sob um sistema de governo indireto iniciado durante a colonização britânica.

Hadith — dito ou ditos do Profeta Mohammad.

Haj — peregrinação a Meca, um dos cinco pilares do Islã (ao lado de profissão de fé, oração diária, jejum durante o Ramadã e atos de caridade), que todo muçulmano sem deficiência nem impedimento deve realizar uma vez na vida.

Haram — atos e comportamentos proibidos pelo Islã.

Hijab — lenço ou xale usado pelas muçulmanas para cobrir o cabelo e o pescoço.

Hujra — tradicional local para reuniões masculinas.

Imam — pregador local.

ISI — sigla em inglês para Serviços Internos de Inteligência (Inter Services Intelligence), maior agência de inteligência do Paquistão.

Jamaat e-Islami — Partido do Islã, partido conservador paquistanês.

Jamaat Ulema-e-Islam (JUI) — Assembleia de Clérigos Islâmicos, partido conservador paquistanês, estreitamente ligado ao Talibã afegão que advoga estrita imposição da lei islâmica.

Jani — querida.

Jani mun — alma gêmea.

Jihad — guerra santa ou conflito interno.

Jirga — assembleia tribal.

Jumar tika — corrente de ouro que as mulheres usam sobre a testa.

Kafir — infiel.

Khaista — bem-apessoado.

Khan — líder político local.

Khyber Pakhtunkhwa (KPK) — literalmente, Área dos Pachtuns, chamada até 2010 de Província da Fronteira Noroeste, uma das quatro províncias do Paquistão.

Lashkar — milícia local.

Lashkar-e-Taiba (LET) — literalmente, Exército dos Puros, um dos mais antigos e poderosos grupos militantes, ativo na Caxemira e com estreitos laços com a ISI.

Madrasa — escola de instrução islâmica.

Maulana, mufti — erudito islâmico.

Melmastia — hospitalidade.

Mohalla — distrito.

Muttahida Qaumi Movement (MQM) — partido com sede em Karachi, representando muçulmanos que fugiram da Índia na partilha (1947).

Nang — honra.

Pachtunwali — tradicional código de comportamento dos pachtuns.

Pakistan Muslim League (PML) — Liga Muçulmana do Paquistão, partido político conservador fundado em 1962 como sucessor da Liga Muçulmana, o único partido importante do Paquistão na partilha, que foi banido em 1958 junto com todos os outros partidos.

Pakistan People's Party (PPP) — Partido do Povo do Paquistão, partido de centro-esquerda fundado por Zulfikar Ali Bhutto em 1967, posteriormente liderado por sua filha Benazir Bhutto e atualmente liderado pelo viúvo de Benazir, Asif Zardari, e seu filho Bilawal.

Pir — santo hereditário.

Pisho — gato.

Purdah — segregação ou reclusão das mulheres, com uso do véu.

Qaumi — nacional.

Raakat nafl — orações adicionais, além das cinco diárias obrigatórias.

Sabar — paciência.

Sayyed — homem santo, aqueles que alegam descender do Profeta.

Shalwar kamiz — traje tradicional de túnica solta e calça comprida, usado tanto por homens como por mulheres.

Sherbet — sorvete.

Surah — capítulo do Santo Corão.

Swara — prática que consiste na entrega de uma mulher para dar como resolvido um litígio tribal.

Talib — originalmente, estudante de religião; mais tarde veio a significar membro do grupo Talibã.

Tapa — gênero de poesia popular pachtum com dois versos, o primeiro com nove sílabas, o segundo com treze.

Tarbur — literalmente, "primo"; também significa, ironicamente, "inimigo".

Tehrik-e-Nifaz-e-Sharia-e-Mohammadi (TNSM) — Movimento pela Imposição da Lei Islâmica, também conhecido como Talibã do Swat, fundado em 1992 por Sufi Mohammad e mais tarde dominado por seu genro, *maulana* Fazlullah.

Tehrik-i-Taliban-Pakistan (TTP) — Talibã paquistanês.

Umrah — peregrinação menor a Meca que pode ser feita em qualquer época do ano.

Wali — soberano.

Acontecimentos importantes no Paquistão e no Swat

14 de agosto de 1947 — É criado o Paquistão, primeiro Estado muçulmano do mundo; o principado do Swat se junta ao Paquistão, mas conserva seu status especial

1947 — Primeira Guerra Indo-Paquistanesa

1948 — Morte do fundador do Paquistão, Mohammad Ali Jinnah

1951 — Assassinato do primeiro primeiro-ministro paquistanês, Liaquat Ali Khan

1958 — O general Ayub Khan toma o poder no primeiro golpe militar no Paquistão

1965 — Segunda Guerra Indo-Paquistanesa

1969 — O Swat torna-se parte da Província da Fronteira Noroeste

1970 — Realização das primeiras eleições nacionais do Paquistão

1971 — Terceira Guerra Indo-Paquistanesa; o Paquistão Oriental torna-se independente, com o nome de Bangladesh

1971 — Zulkifar Ali Bhutto torna-se o primeiro primeiro-ministro eleito

1977 — O general Zia ul-Haq toma o poder em um golpe militar

1979 — Zulkifar Ali Bhutto é enforcado; invasão soviética do Afeganistão

1988 — O general Zia e oficiais seniores do Exército são mortos em acidente aéreo; eleições em que Benazir Bhutto torna-se a primeira mulher a ocupar o posto de primeira-ministra no mundo islâmico

1989 — Retirada soviética completa do Afeganistão

1990 — Governo de Benazir Bhutto dissolvido

1991 — Nawaz Sharif torna-se primeiro-ministro

1993 — Exército obriga Nawaz Sharif a renunciar; Segundo governo de Benazir Bhutto

1996 — O Talibã toma o poder em Cabul

1996 — Segundo governo de Benazir Bhutto dissolvido

1997 — Sharif forma seu segundo governo

1998 — Índia e Paquistão realizam testes nucleares, separadamente

1999 — Benazir Bhutto e o marido, Asif Ali Zardari, são condenados por corrupção; Benazir vai para o exílio e Zardari é encarcerado; o general Pervez Musharraf toma o poder por meio de um golpe de Estado

2001 — Ataques de 11 de setembro ao World Trade Center e ao Pentágono; começa o bombardeio do Afeganistão pelos Estados Unidos; derrubado o governo Talibã; Osama bin Laden foge para o Paquistão

2004 — Exército do Paquistão começa operações militares contra os talibãs, nas FATA; primeiro ataque ao Paquistão por um drone americano; Zardari vai para o exílio

2005 — Maulana Fazlullah monta a Mulá FM no Swat; terremoto no Paquistão mata mais de 70 mil pessoas

2007 — Exército invade a Mesquita Vermelha em Islamabad; Benazir Bhutto retorna ao Paquistão; Fazlullah estabelece tribunais islâmicos; o general Musharraf envia tropas para o Swat; ataque do Talibã paquistanês; assassinato de Benazir Bhutto

2007-9 — Talibã estende sua influência no Swat

2008 — Zardari torna-se presidente; Musharraf vai para o exílio

15 de janeiro de 2009 — Fazlullah anuncia que todas as escolas de meninas devem fechar no Swat

Fevereiro de 2009 — Governo do Paquistão fecha acordo de paz com o Talibã

Abril de 2009 — O acordo é rompido com a tomada do Swat pelo Talibã

Maio de 2009 — O exército paquistanês dá início a operações militares contra o Talibã, no Swat

Julho de 2009 — Governo do Paquistão declara o Talibã expulso do Swat

Dezembro de 2009 — Barack Obama anuncia o envio de mais 33 mil soldados para o Afeganistão, elevando as tropas da onu a 140 mil homens

2010 — Inundações por todo o Paquistão matam 2 mil pessoas

2011 — Governador de Punjab, Salman Tasir, é assassinado; Osama bin Laden é morto em Abbottabad; Malala ganha o Prêmio Nacional Paquistanês da Paz

9 de outubro de 2012 — Malala é baleada

2013 — Musharraf retorna ao Paquistão e é preso; eleições são realizadas, a despeito da violência do Talibã; Nawaz Sharif vence e torna-se primeiro-ministro pela terceira vez

12 de julho de 2013 — Malala discursa na onu, em Nova York, no dia em que completa dezesseis anos, e clama por educação gratuita para todas as crianças do mundo

Agradecimentos

O ano de 2012 me mostrou duas coisas: o extremo ódio do homem e o ilimitado amor de Deus. Tanta gente me ajudou que seria necessário um livro inteiro, novo, para mencionar todos. Eu gostaria de agradecer a todas as pessoas, no Paquistão e no mundo, que rezaram por mim; às crianças, aos estudantes e outros que me apoiaram, que se ergueram quando eu caí, e pelas pétalas dos buquês e cada letra dos cartões e mensagens que recebi. Tive muita sorte por nascer em uma família cujo pai respeita minha liberdade de pensamento e expressão, e que me fez parte de sua caravana da paz; e cuja mãe encoraja a mim e a meu pai em nossa campanha por paz e educação.

Fui também abençoada com as professoras, especialmente a srta. Ulfat, que me ensinou muito mais do que continham os livros: paciência, tolerância e modos.

Muita gente descreveu minha recuperação como milagrosa, e por isto eu gostaria de agradecer particularmente a médicos e enfermeiras do Hospital Central do Swat, do HMC de Peshawar e do ICFA em Rawalpindi, em especial meus heróis, o coronel Junaid e o dr. Mumtaz, que fizeram a cirurgia certa na hora certa, impedindo que eu morresse. Obrigada ao brigadeiro Aslam, que salvou meus principais órgãos do colapso após a cirurgia.

Sou extremamente grata ao general Kayani, que se interessou por meu tratamento, e ao presidente Zadari e sua família, cujo amor e cuidado me mantiveram forte. Obrigada ao governo dos Emirados Árabes Unidos e ao príncipe herdeiro Mohammad bin Zayed pelo uso de seu avião.

O dr. Javid Kayani me fez rir nos dias soturnos e foi como um pai para mim. Foi ele o homem por trás do meu tratamento no Reino Unido e pela reabilitação de primeira classe. A dra. Fiona Reynolds foi uma grande fonte de conforto para meus pais no Paquistão e para mim no Reino Unido; também agradeço a ela por ousar me contar a verdade sobre minha tragédia.

A equipe do hospital Queen Elizabeth, em Birmingham, foi incrível. Julie e seu grupo de enfermeiras sempre me trataram com muita gentileza, e Beth e Kate foram, além de enfermeiras, irmãs amorosas. Gostaria de agradecer particularmente a Yma Choudhury, que tomou grande cuidado comigo, assegurando que eu tivesse tudo de que precisava, mesmo dando as corridas diárias ao KFC.

O dr. Richard Irving merece menção especial pela cirurgia para restaurar os movimentos de meu rosto e meu sorriso, bem como a dra. Anwen White, que restaurou meu crânio.

Fiona Alexander não só administrou soberbamente a mídia como foi muito além, chegando a arranjar escola para mim e para meus irmãos, sempre com um sorriso.

Rehanna Sadiq foi de um conforto maravilhoso, com sua terapia espiritual.

Obrigada a Shiza Shahid e sua família por toda a sua incrível gentileza e por ajudar a criar o Fundo Malala, e a sua companhia, a McKinsey, por apoiá-la nessa ação. Obrigada a todas as pessoas e organizações parceiras que me ajudaram a criar o Fundo, especialmente a Megan Smith, a Fundação das Nações Unidas, Vital Voices, e ao BeeSpace. Sou grata também a Samar Minallah pelo grande apoio a nossa causa e ao Fundo Malala.

Enormes agradecimentos a todos na Edelman, especialmente Jamie Cook e sua colega Laura Crooks. Meu pai teria ficado louco sem vocês!

Obrigada também a Gordon Brown, que aproveitou o que aconteceu comigo para criar um movimento mundial pela educação, e à maravilhosa equipe em seu escritório. E a Ban Ki-moon, por ser tão incentivador desde o começo.

Agradeço ao ex-alto-comissário do Paquistão em Londres, Wajid Shamsul Hasan, e especialmente a Aftab Hasan Khan, chefe da chancelaria, e sua esposa, Erum Gilani, que foram um grande apoio. Éramos estranhos e eles nos ajudaram na adaptação a este país, a achar um lugar para morar. Obrigada também ao motorista Shahid Hussein.

Pelo livro, nossos agradecimentos especiais a Christina, que transformou em realidade o que era apenas um sonho. Nunca imaginamos que alguém que não fosse de Khyber Pakhtunkwa ou do Paquistão pudesse demonstrar um amor e uma compreensão tão excepcionais por nosso país.

Fomos extremamente afortunados por ter uma agente literária como Karolina Sutton, que se lançou neste projeto e na nossa causa com tanta paixão e comprometimento. Também agradecemos ao incrível time de editores. Judy Clain e Arzu Tahsin estavam determinados a contar nossa história da melhor maneira possível.

Obrigada a Abdul Hai Hakar, meu mentor e grande amigo de meu pai, que revisou o livro meticulosamente, e a Inam ul-Rahim, também amigo de meu pai, pelas valiosas contribuições sobre a história de nossa região.

Gostaria de agradecer também a Angelina Jolie, pela generosa contribuição ao Fundo Malala.

Obrigada a professoras e professores da Escola Khushal, que conservaram a escola viva e a mantiveram na ausência de meu pai.

Agradecemos a Deus pelo dia em que uma senhora chamada Shahida Choudhury entrou em nossa vida. Ela se tornou um incrível apoio para a nossa família e com ela aprendemos o verdadeiro significado da palavra "voluntária".

Por último, mas não menos importante, gostaria de agradecer a Moniba por ser uma amiga tão boa e incentivadora, e a meus irmãos Khushal e Atal por me manterem ainda uma criança.

Malala Yousafzai

Todo estrangeiro que já teve a boa fortuna de visitar o Swat saberá como sua gente é hospitaleira, e eu gostaria de agradecer a todos que ali me ajudaram, particularmente Maryam e as professoras, os professores e alunos da Escola Khushal, a Ahmad Shah em Mingora, e a Sultan Rome por me levar para conhecer Shangla. Gostaria de agradecer também ao general Asim Bajwa, ao coronel Abid Ali Askari, ao major Tarik e à equipe de relações públicas da ISI por facilitar minha visita. Agradeço também a Adam Ellick, por generosamente ceder suas anotações.

No Reino Unido, a equipe do hospital Queen Elizabeth não poderia ter sido mais prestativa, especialmente Fiona Alexander e o dr. Kayani. Meu agente David Godwin foi maravilhoso, como sempre, e tive o privilégio de contar com editores como Judy Clain e Arzu Tahsin. Sou grata também a Martin Ivens, meu editor no *Sunday Times*, por me permitir o tempo necessário para a realização deste importante projeto. Meu marido Paulo e meu filho Lourenço não poderiam ter sido mais compreensivos, pois este livro assumiu o comando de minha vida.

Acima de tudo, sou grata a Malala e sua maravilhosa família, por compartilharem sua história comigo.

Christina Lamb

Sobre o Fundo Malala

Minha meta ao escrever este livro era erguer a voz em nome de milhões de meninas ao redor do mundo às quais é negado o direito de ir à escola e realizar seu potencial. Espero que minha história possa inspirar as garotas a erguer suas vozes e a abraçar o poder que têm dentro de si, mas minha missão não acaba aqui. Minha missão, nossa missão, exige que atuemos decisivamente para educar meninas, a fim de que desenvolvam e assumam seu potencial para mudar suas vidas e suas comunidades.

Foi por isso que criei o Fundo Malala.

O Fundo Malala acredita que cada menina e menino tem a capacidade de mudar o mundo, e tudo de que precisam é uma chance. Para dar às meninas essa chance, o Fundo aspira a investir esforços para dar poder às comunidades locais, no sentido de que elas desenvolvam soluções inovadoras, construídas a partir das abordagens tradicionais, e que forneçam não apenas alfabetização básica, mas ferramentas, ideias e redes que possam ajudar as meninas a encontrar suas vozes e a criar uma comunidade melhor.

Espero que todos vocês se juntem a esta causa e que possamos trabalhar juntos para tornar a educação e o fortalecimento das meninas uma verdadeira prioridade de uma vez por todas.

Por favor, junte-se à minha missão.

Descubra mais em malala.org.

Participe das conversas no facebook.com/MalalaFund e no twitter.com/MalalaFund.

1ª EDIÇÃO [2013] 21 reimpressões

ESTA OBRA FOI COMPOSTA POR ACOMTE EM MINION E
IMPRESSA PELA GEOGRÁFICA EM OFSETE SOBRE PAPEL PÓLEN
SOFT DA SUZANO PAPEL E CELULOSE PARA A
EDITORA SCHWARCZ EM MAIO DE 2016